統計學圖鑑

栗原伸一、丸山敦史 著

譯者 李貞慧　　審定 陳耀茂

楓葉社

統計學是
科學的
文法

卡爾·皮爾生（1892）

前言

猶記得不久之前，紐約時報送給即將畢業的大學生一篇報導，標題如下 。

「今天我只對即將畢業的你們說一句話，那就是『統計』。」

該篇報導中，Google首席經濟分析師提及「今後十年最有吸引力的工作將是Statistician（統計專家）。」事實上眾所周知包含Google在內，全球頂尖企業如微軟、IBM等早已展開相關人才的爭奪戰。

日本也一樣。最近我常受邀擔任統計講座的講師，學生都是社會人士。學生們都很後悔，「大學時如果更認真學習統計學就好了」。學生們也告訴我，公司多需要會統計分析的人才，而且又多缺乏這種人才。

本書以「學校或公司需要統計分析，自己卻不知從何著手」、「雖讀過基本入門書籍，實際分析時卻不知該選哪種手法」等為目標讀者群，仔細地由統計的基礎一路說明到應用。

Ohmsha於2011年推出的《統計學入門一由檢定到多變量分析、實驗設計法一》，受到非預期的空前好評。本書意不在照貓畫虎（其實有一點啦……），而是以統計學的內容和構成為基礎，透過大量的圖表和插圖，打造出一本有如圖鑑的書籍，讓讀者們只要隨手翻閱，就可以輕輕鬆鬆學好統計學。至於無法以試算表軟體計算的分析方法，本書則提供以免費軟體「R」計算的方法。本書所使用的資料，讀者們都可以自Ohmsha官網下載 。

在大學同事丸山敦史老師的協助下，我有信心本書可謂史上最簡單明瞭的統計學書籍（雖然很不好意思有點自吹自擂）。

就讓我們一起來開啟統計學的大門，進行科學性的數據分析吧！

2017年8月

作者代表　**栗原伸一**

1） 截至2017年8月，本篇報導仍刊載於以下URL。
http://www.nytimes.com/2009/08/06/technology/06stats.html

2） 書籍相關／下載服務
http://www.ohmsha.co.jp/data/link/bs01.htm

3） 本書使用的軟體「R」為免費軟體，書中提供圖片為日文使用介面，讀者可自行上網下載，更換語言設定。

目錄

序章　何謂統計學？

何謂統計學？ 2
統計學可以做的事 4

第 1 章　敘述統計學

1.1 各種平均數 8
1.2 資料的離散① 分位數與變異數 10
1.3 資料的離散② 變異係數 12
1.4 變數相關性① 相關係數 14
1.5 變數相關性② 等級相關 16

第 2 章　機率分配

2.1 機率與機率分配 20
2.2 機率均等的分配 均勻分配 22
2.3 擲硬幣的分配 二項分配 23
2.4 吊鐘型分配 常態分配 24
2.5 無尺度的分配 標準常態分配 26
2.6 知道資料的位置 σ 區間 29
2.7 分配的形態 偏度與峰度 30
2.8 很少見的分配 波瓦生分配 32
2.9 同時處理複數資料 χ^2分配 34
2.10 χ^2值的比 F分配 36
2.11 替代常態分配 t 分配 37

第 3 章　推論統計學

3.1 由樣本掌握母體特徵 推論統計學 42
3.2 巧妙推論母數 不偏估計 44
3.3 未受限的資料數量 自由度 46
3.4 樣本統計量的分配① 平均數的分配 48

3.5 樣本統計量的分配② 比例的分配 50
3.6 樣本統計量的分配③ 變異數的分配 51
3.7 樣本統計量的分配④ 相關係數的分配 52
3.8 偏離真值 系統誤差與偶然誤差 54
3.9 樣本平均數相關的二大定理 大數法則與中央極限定理 56

第 4 章 信賴區間估計

4.1 有範圍的估計① 母體平均數的信賴區間 60
4.2 有範圍的估計② 母體比例的信賴區間 64
4.3 有範圍的估計③ 母體變異數的信賴區間 65
4.4 有範圍的估計④ 母體相關係數的信賴區間 66
4.5 模擬估計母數 拔靴法 68

第 5 章 假設檢定

5.1 判斷是否有差異 假設檢定 72
5.2 二大假設 虛無假設和對立假設 74
5.3 假設檢定的步驟 76
5.4 特定值（母體平均數）和樣本平均數的檢定 78
5.5 假設檢定的二大錯誤 型一失誤和型二失誤 84
5.6 特定值（母體比例）和樣本比例的檢定 86
5.7 特定值（母體變異數）和樣本變異數的檢定 87
5.8 真有相關關係嗎？ 不相關的檢定 88
5.9 平均數差異檢定① 獨立雙樣本 90
5.10 平均數差異檢定② 成對雙樣本 96
5.11 比例差異檢定 獨立雙樣本 98
5.12 驗證不低劣 不劣性試驗 100

第 6 章 變異數分析與多重比較

6.1 用實驗確認效果 單因子變異數分析 104
6.2 多樣本的變異數同質性檢定 Bartlett 檢定 110
6.3 考慮個體差異 重複量數單因子變異數分析 112

6.4 找出交互作用 雙因子變異數分析 114
6.5 不可重複檢定 多重檢定 120
6.6 重複檢定（多重比較法）①
Bonferroni法和Scheffe法 122
6.7 重複檢定（多重比較法）②
Tukey法和Tukey-kramer法 124
6.8 重複檢定（多重比較法）③
Dunnett法 128

第 7 章 無母數分析方法

7.1 不取決於分配的檢定 無母數分析方法 132
7.2 質化資料檢定 獨立性檢定（皮爾生 χ^2檢定）........ 136
7.3 2×2交叉表檢定 費雪精確性檢定 142
7.4 獨立雙樣本的等級資料檢定
曼恩－惠尼U檢定 144
7.5 成對雙樣本的等級資料檢定 符號檢定 148
7.6 成對雙樣本量化資料無母數檢定
魏克生符號檢定 150
7.7 獨立多樣本等級資料檢定
K－W檢定 152
7.8 成對多樣本等級資料檢定 弗里曼檢定 154

第 8 章 實驗設計法

8.1 費雪實驗設計三原則① 重複 158
8.2 費雪實驗設計三原則② 隨機 160
8.3 費雪實驗設計三原則③ 局部控制 162
8.4 各種實驗配置 164
8.5 減少實驗次數 直交表實驗法 166
8.6 直交表實驗法應用① 品質工程（參數設計）........ 172
8.7 直交表實驗法應用② 聯合分析 174
8.8 如何決定樣本大小 檢定力分析 176

第 9 章　迴歸分析

9.1　尋找原因與結果的關係 迴歸分析 186
9.2　將資料套用到公式 最小平方法 188
9.3　評估迴歸線精度 判定係數 191
9.4　評估迴歸線斜率 t檢定 192
9.5　檢討分析合宜程度 殘差分析 195
9.6　複數原因時的迴歸分析 多元迴歸分析 196
9.7　自變數之間的問題 多元共線性 198
9.8　選擇有效的自變數 變數選擇法 200
9.9　說明質化資料差異的變異① 虛擬截距 201
9.10　說明質化資料差異的變異② 虛擬斜率 202
9.11　二元變數的迴歸分析 普羅比迴歸分析 204
9.12　分析到事件發生為止的時間① 存活曲線 208
9.13　分析到事件發生為止的時間② 存活曲線比較 210
9.14　分析到事件發生為止的時間③ Cox比例風險模式 211

第 10 章　多變量分析

10.1　匯集資訊 主成分分析........ 216
10.2　發現潛在要因 因素分析 220
10.3　敘述因果結構 結構方程模式（SEM）分析 226
10.4　分類個體 集群分析 234
10.5　分析質化資料關聯性 對應分析 242

第 11 章　貝氏統計學與大數據

11.1　活用知識和經驗的統計學 貝氏統計學 248
11.2　萬能公式 貝氏定理 250
11.3　由結果回溯原因 事後機率 252
11.4　用新資料更為正確 貝氏修正 256
11.5　大數據分析① 何謂大數據 258
11.6　大數據分析② 關聯分析 260
11.7　大數據分析③ 趨勢預測和SNS分析 262

附錄A …… 265
附錄B …… 271
索引 …… 287
作者簡介 …… 300

【專欄】

統計學的歷史 …… 3
標準分數 …… 28
各種機率分配的關係 …… 38
敘述統計學中的樣本和母體 …… 43
Excel的E是錯誤（Error）的E？ …… 53
Excel的函數 …… 67
為什麼不驗證要主張的假設呢？ …… 77
p值至上主義再見 …… 83
極少見的不相關和切斷效果 …… 89
一開始就是Welch檢定？ …… 94
正確的繪圖法 …… 97
平方和的種類 …… 119
一開始就當成只有二組OK嗎？（以及最佳多重比較法的選擇方法） …… 129
何種量化資料可用無母數分析方法？ …… 134
就算有離群值也想用有母數分析！ …… 147
另一種估計方法（最大概似法） …… 190
輸出結果的判讀方法（彙整） …… 199
表面上的關係 …… 203
羅吉特迴歸分析 …… 207
各式統計分析軟體 …… 213
應該用哪種分析方法？ …… 233
乳癌檢查爭論 …… 255

【偉人傳】

偉人傳① 卡爾・皮爾生 13
偉人傳② 法蘭西斯・高爾頓 15
偉人傳③ 凱特勒 39
偉人傳④ 南丁格爾 39
偉人傳⑤ 尼曼與皮爾生 75
偉人傳⑥ 羅納・愛默・費雪 111
偉人傳⑦ 法蘭克・魏克生 147
偉人傳⑧ 托馬斯・貝葉斯 257

Now you see.

序章　何謂統計學？

01

何謂統計學？

不僅是在自然科學領域，連在心理學等社會科學領域中，統計學現在都已經成為不可或缺的學問。

統計學

- 統計學是將數據資料整理為統計量（平均數等）和圖表，以掌握其特徵的學問。

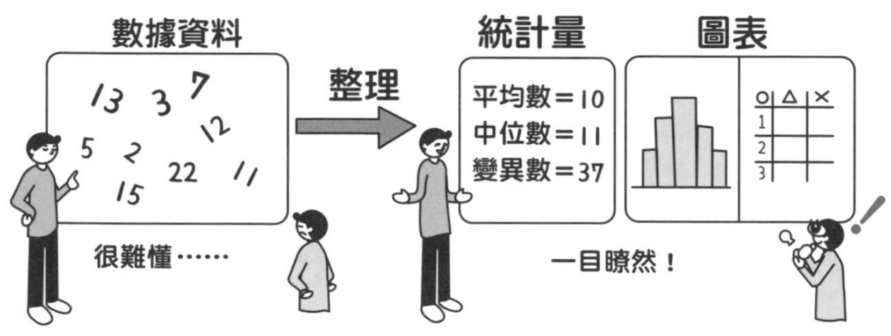

統計學種類

- 包含掌握手邊資料特徵的敘述統計學、利用樣本去掌握其背後母體特徵的推論統計學、受行銷等領域重視的貝氏統計學等。

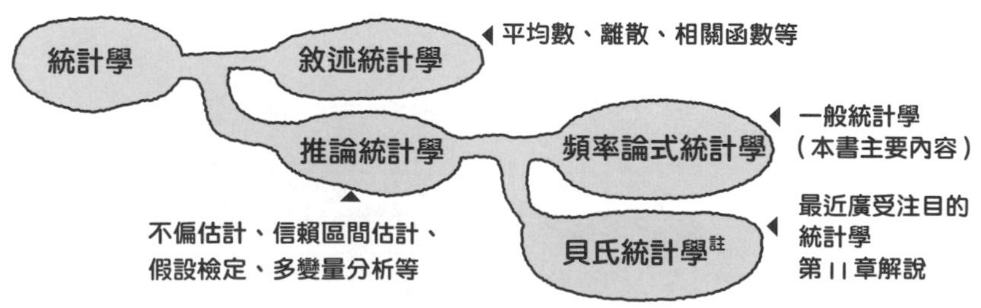

註：也有人認為貝氏統計學不屬於推論統計學。

統計（statistics）… 測量分析目標群體特徵的數據集合。也可用來表示統計學。

統計學（statistics）… 有系統地掌握目標群體特徵的方法，又分成敘述統計學和推論統計學。

雖說要談歷史，但統計學畢竟是一門學問，不是某一天有人突然靈光一現的結果。本專欄將陸續為讀者們介紹奠定現代統計學基礎的偉大統計學家中，特別重要的人物。在那之前，先簡單彙整一下統計學發展的歷史。

①統計學起源：人口普查

「統計學」是一門學問，但如果只說「統計」，資料集合的含意就比較強烈。統計（學）的英語是statistics，其語源為表示國家狀態的status，由此可知統計（學）的起源是國家為徵收稅賦與勞役所實施的人口普查。舉例來說，古埃及就有為了建造金字塔而實施人口普查的記錄，日本飛鳥時代也有田地面積的相關調查。

②第一次統計分析：源自流行病學的敘述統計學

黑死病橫行倫敦的17世紀中期，約翰・葛蘭特（John Graunt）進行全球首見的統計分析。他利用教會保存的統計資料（死亡記錄），確認幼年期的死亡率較高，與都市死亡率高於鄉村等事實，顯示出一般人以為是偶然發生的社會現象，只要大量觀察也可得出一定的法則。之後卡爾・皮爾生（Karl Pearson）將這種敘述統計學發揚光大。

③用機率論來推論全體：推論統計學

進入二十世紀，費雪（Ronald Aylmer Fisher）、戈塞（William Sealy Gosset）等數學家終於到達用小樣本（有限資料）推論母體特徵（母數）的階段。此外近年來，認為母數本身為機率分配的貝氏統計學也備受矚目。令人驚訝的是，和現代生活及研究息息相關的推論統計學誕生至今還不到一百年呢。

02

統計學可以做的事

統計學其實已經是每個人生活中不可或缺的存在。統計學可以做什麼呢？以下是一些具體事例。

敘述統計學

- 掌握手邊資料的特徵（平均數或離散）和趨勢。
- 以許多（大樣本）資料為對象的統計學。

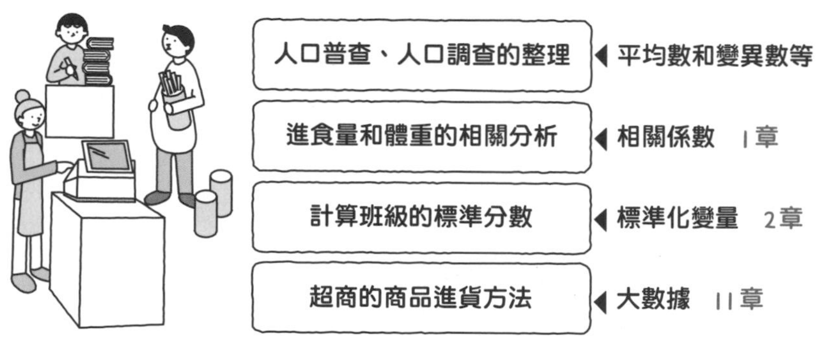

推論統計學

- 使用樣本資訊推論母體特徵。
- 主要內容為不偏估計、信賴區間估計、假設檢定。

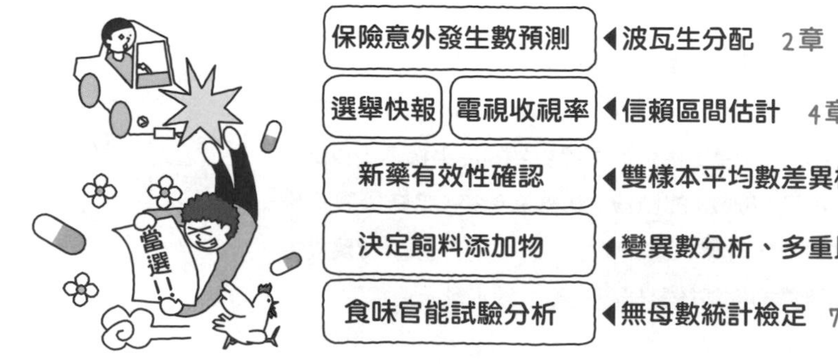

敘述統計學（descriptive statistics）··· 用平均數和變異數等統計量與圖表，掌握觀察到的資料特徵的學問。
推論統計學（inferential statistics）··· 由觀察到的資料來估計或檢定背後母體特徵的學問。

實驗設計法

- 讓實驗成功的作法集。
- 也有節省時間和空間的方法。

實驗的順序和配置	費雪三原則	8章
產品品質管理	直交表實驗法	8章
決定受試者（資料）數	檢定力分析	8章

多元迴歸分析、多變量分析

- 一次處理許多變量（變數）的手法的總稱。
- 用單純模型掌握複雜問題，並預測與評價。

二手車收購的鑑價	多元迴歸分析	9章
由檢查結果診斷疾病	普羅比迴歸分析	9章
企業經營診斷	主成分分析	10章
新進員工適性測驗	因素分析	10章
品牌定位	對應分析	10章

貝氏統計學

- 可彈性導入知識、經驗、新數據。
- 可慢慢學習提高精度。

垃圾郵件分類、機器翻譯、影像解析、Web 存取記錄分析 → 貝氏統計學 11章

實驗設計法（experimental design）⋯ 有關空間與時間的配置法、樣本大小之決定、實驗效率的方法論。
貝氏統計學（Bayesian statistics）⋯ 彈性導入知識、經驗、新數據的統計學，以貝氏估計為核心。

Data is here.

第一章 敘述統計學

各種平均數

平均數就是資料的中心數值。

算術平均數

- x的算術平均數公式如下：x為變數，n為資料個數。

算術平均數 $\bar{x}=(x_1+x_2+x_3+\cdots\cdots+x_{n-1}+x_n)\div n$

$\bar{x}$為x上方加一條橫線

- 這裡有一年來的每月電費資料。同理可證，想知道這一年一個月平均電費是多少時，請利用上述的算術平均數公式計算。

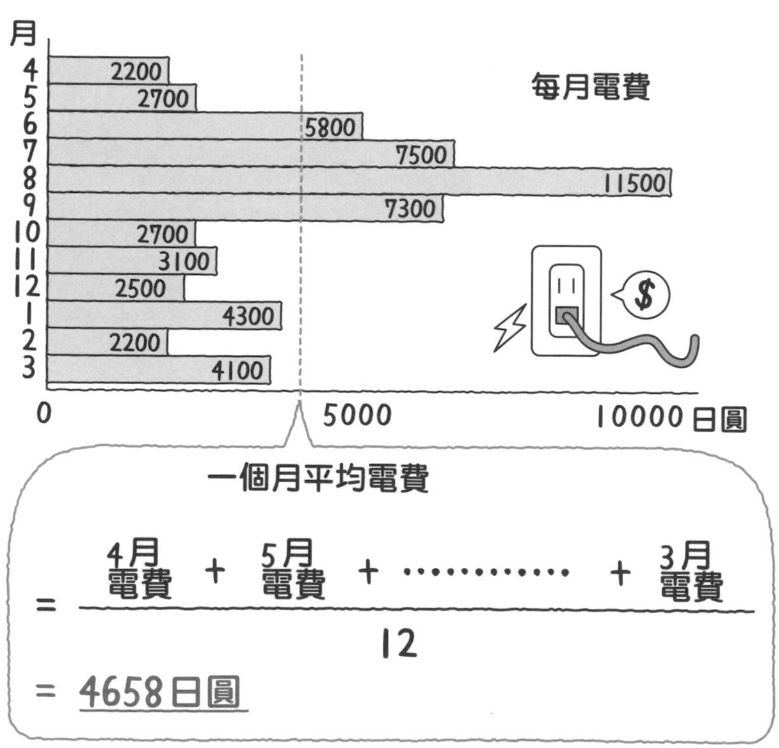

算術平均數（arithmetic mean）… 用資料總和除以資料個數所得的數值，很容易受到離群值的影響。也稱為相加平均數。

▶▶▶ 幾何平均數

● x的幾何平均數公式如下：

$$\text{幾何平均數}\quad \overline{x_G} = \sqrt[n]{x_1 \cdot x_2 \cdot x_3 \cdots\cdots x_{n-1} \cdot x_n}$$

G為“Geometric”
$\sqrt[n]{x}$為x的n次根號

● 幾何平均數適合用來求出每年成長率，或去年同期比等數值的平均數。

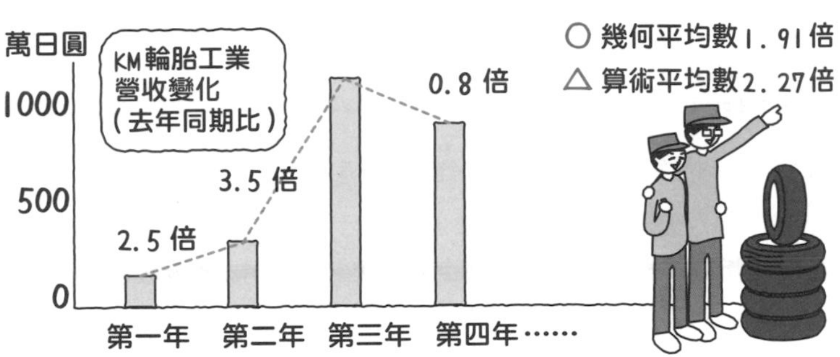

▶▶▶ 調和平均數

● x的調和平均數計算如下：

$$\text{調和平均數}\quad \overline{x_H} = \frac{n}{\frac{1}{x_1}+\frac{1}{x_2}+\frac{1}{x_3}+\cdots+\frac{1}{x_{n-1}}+\frac{1}{x_n}}$$

H為“Harmonic”

● 調和平均數用於移動一定距離時，求平均速度。

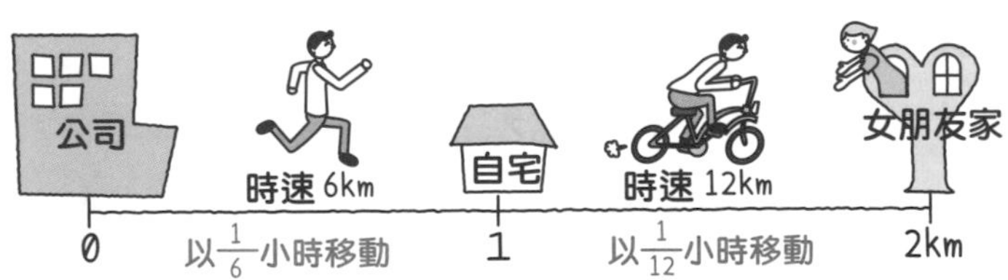

2km的距離以$\frac{1}{6}+\frac{1}{12}=\frac{1}{4}$小時移動，所以$2 \div \frac{1}{4}=8$km/h。

這個結果和從公司回家，及由自宅到女朋友家的速度的調和平均數（如下所示）一致。

$$\overline{x_H} = \frac{2}{\frac{1}{6}+\frac{1}{12}} = 8\text{km/h}$$

○ 調和平均數 8km/h
△ 算術平均數 9km/h

幾何平均數（geometric mean）••• 用於計算成長率或平均利率。也稱為相乘平均數。
調和平均數（harmonic mean）••• 用於計算速度或電阻平均數。算術平均數≧幾何平均數≧調和平均數。

資料的離散①

～分位數與變異數～

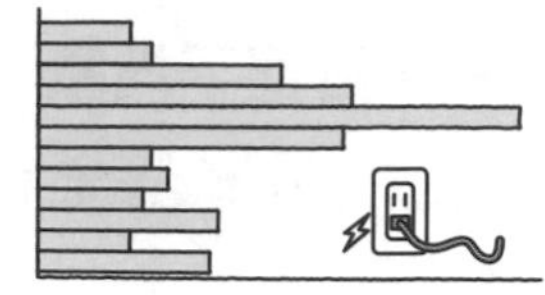

光看平均數無法看出資料的離散程度。
因此就引進最大值、最小值、分位數、四分位距、變異數（標準差）等指標，以掌握資料的離散程度。

分位數

- 將n個資料依序由小排到大，分成k等分時的分割點，就稱為分位數。
- 常用的分位數為四分位數（k=4）。數值由小至大依序為第1四分位數、第2四分位數、第3四分位數。第2四分位數位於全體中央，又被稱為中位數。

← 四 分 位 距 →

2200 2200 2500	2700 2700 3100	4100 4300 4800	7300 7500 11500

第1四分位數（2600）　第2四分位數（中位數）（3600）　第3四分位數（6050）

四分位距(interquartile range, IQR)

- 第3四分位數減第1四分位數。資料愈集中在中位數附近，四分位距愈小。

離差(deviation)

- 資料數值和平均數的差異。離差（絕對值）大的資料愈多，就可說這個資料組極為離散。

$$離差\ (d_i) = 觀察值\ (x_i) - 平均數\ (\bar{x})$$

變異數

- 離差是每一個資料數值和平均數的差異，變異數則將所有資料和平均數的差異視為一個指標。計算公式見下頁：

四分位數（quartile）⋯ 將資料依大小排序並分成四等分時，每個分割點的數值。
中位數（median）⋯ 將資料依大小排序時，位於正中央的數值。不易受離群值影響。

$$變異數\quad s^2=\{(x_1-\bar{x})^2+(x_2-\bar{x})^2+\cdots\cdots+(x_n-\bar{x})^2\}\div n$$

$$=\frac{1}{n}\sum_{i=1}^{n}(x_i-\bar{x})^2$$

- 右邊的第 1 項目為離均差平方和，變異數的正平方根稱為標準差（S）。

▶▶▶離群值

- 大幅偏離平均數的數值稱為離群值。

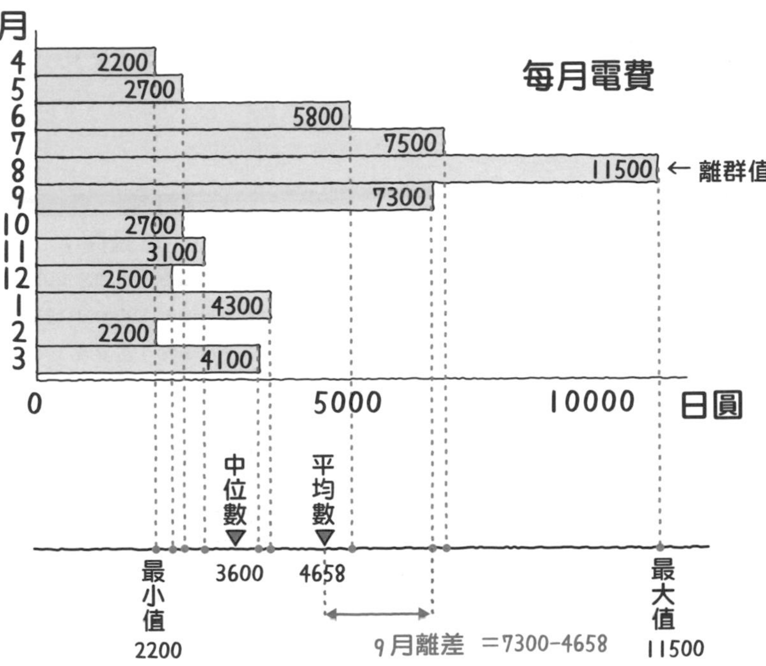

平均電費為 4658 日圓，
最大值為 11500 日圓
哪個季節電費比較高呢？

變異數（variance）••• 表示資料在平均數周邊離散程度的指標。是離均差平方和的平均數。
標準差（standard deviation）••• 變異數的正平方根。單位和資料相同，便於使用。

1 3

資料的離散②

～變異係數～

▶▶▶ 變異係數

- 用於比較二個資料的離散程度。
- 變異係數計算公式如下：

$$\text{變異係數 (CV)} = \text{標準差}(s) \div \text{平均數}(\bar{x})$$

- 哪一種肉的價格變動較大呢？

牛肉（100公克）

256 日圓	260 日圓	266 日圓	269 日圓
257 日圓	257 日圓	266 日圓	267 日圓
264 日圓	266 日圓	262 日圓	260 日圓

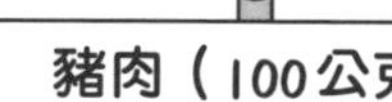

豬肉（100公克）

194 日圓	195 日圓	195 日圓	202 日圓
196 日圓	193 日圓	200 日圓	192 日圓
191 日圓	191 日圓	195 日圓	196 日圓

牛肉		豬肉
262.5 日圓	算術平均數 $\bar{x}$	195.0 日圓
4.25 日圓	標準差 s	3.19 日圓
0.016	變異係數 CV	0.016

- 牛肉的標準差較大，但變異係數相同。可知兩者的離散程度相同。

用次數分配表求出平均數和變異數的方法

資料如附有次數分配表（如下），可用組代表值（組的中位數）求出平均數和變異數的近似值。

組	組代表值	次數
255-259 日圓	257 日圓	3
260-264 日圓	262 日圓	4
265-269 日圓	267 日圓	5

平均數＝（組代表值 × 次數和）÷ 資料個數

$= (257\times3+262\times4+267\times5)\div12 = 262.8$

變異數＝（組代表值 − 平均數）的平方的平均數

$= ((257-262.8)^2\times3+(262-262.8)^2\times4+(267-262.8)^2\times5)\div12 = 15.97$

變異係數（coefficient of variation）･･･ 標準差除以平均數的結果。用於比較單位不同的組間的離散程度。

HELLO I AM...

卡爾・皮爾生

Karl Pearson（1857-1936）

現今的敘述統計學如標準差、相關係數、直方圖等，都是在卡爾・皮爾生手上集大成。1857年，皮爾生出生於倫敦，父親是律師，但他體弱多病，差點連高中學業都無法完成。上大學後他沉浸在數學的世界，畢業後為學習物理學留學德國，但卻在當地對文學、法學、社會主義產生濃厚興趣。他將原本的名字Carl改成Karl，據說也是因為受到當時著名的經濟學者卡爾・馬克思（Karl Marx）的影響。1880年皮爾生回國後仍持續研究法學，但沒多久就回歸數學的世界，在倫敦幾所大學擔任過應用數學教授。

帶領「應用數學家」皮爾生進入統計學世界的人，就是他的大學同事，亦即動物學家韋爾登（Walter Frank Raphael Weldon）。韋爾登受到法蘭西斯・高爾頓（Francis Galton）的影響，試圖以統計方法解開生物進化的奧祕，所以求助數學高手皮爾生。皮爾生因此和韋爾登一起用統計方法試圖解決遺傳與進化的問題，在這個過程中發展出近代統計學不可或缺的概念和方法。皮爾生的活躍受到肯定，1911年高爾頓過世後，皮爾生做為高爾頓的繼承人，成為倫敦大學學院（University College Lodon, UCL）優生學院第一屆教授，創立全球第一個（應用）統計學院。

皮爾生的豐功偉業中，最重要的功績就是創立並發展運用卡方分配的檢定方法。他提倡的「適合度檢定」，內容和本書第7章說明的「獨立性檢定」幾乎相同，他在適合度檢定中，獨創以服從卡方分配的統計量，做為測量觀察次數和期望次數之間一致性的尺度（惟卡方分配本身是由大地測量學家赫爾默特〔F. R. Helmert〕先發現的）。此外，皮爾生除了整理出第一張充實的統計表外，也創立了動差法（method of moments），也就是一種母數估計法。

皮爾生晚年因費雪和兒子伊根・皮爾生（Egon Sharpe Pearson）的推論統計學竄起，不再受到矚目，但近年隨著1892年出版的《科學的文法》（*The Grammar of Science*）再次受到矚目，又在全球得到重新評價的機會。他的這本書就是所謂的科學哲學書，力主「如果把科學比喻成語言，統計學就相當於文法，是必要不可或缺的存在」，據說連愛因斯坦和夏目漱石都深受其影響，英語版目前在網路上免費公開中。

變數相關性①

～相關係數～

所謂的相關，指的就是二個變數如廣告宣傳費和營收、氣溫和收成量、玩電玩的時間和成績等之間，「一個變數增加另一個也會增加」、「一個變數增加另一個就減少」的線性關係。

▶▶▶皮爾生積差相關係數

- 表示相關程度的指標，為-1到1之間的數值。
- 變數x和變數y的相關係數可用以下公式計算。

$$\text{相關係數}\quad r=\frac{(x_1-\bar{x})(y_1-\bar{y})+(x_2-\bar{x})(y_2-\bar{y})+\cdots+(x_n-\bar{x})(y_n-\bar{y})}{\sqrt{(x_1-\bar{x})^2+(x_2-\bar{x})^2+\cdots+(x_n-\bar{x})^2}\sqrt{(y_1-\bar{y})^2+(y_2-\bar{y})^2+\cdots+(y_n-\bar{y})^2}}$$

消費者	蘋果購買量（x）	柑橘購買量（y）	$x-\bar{x}$	$y-\bar{y}$
1	1	2	-2.5	-0.5
2	2	1	-1.5	-1.5
3	5	4	1.5	1.5
4	6	3	2.5	0.5
平均	3.5	2.5	0	0

$$r=\frac{(-2.5)(-0.5)+(-1.5)(-1.5)+(1.5)(1.5)+(2.5)(0.5)}{\sqrt{(-2.5)^2+(-1.5)^2+(1.5)^2+(2.5)^2}\sqrt{(-0.5)^2+(-1.5)^2+(1.5)^2+(0.5)^2}}=0.76$$

- r接近1則正相關（一個變數增加另一個也會增加，或一個變數減少另一個也會減少）性強，散布圖上的點呈左下右上分布。
- 反之，r接近-1則負相關（一個變數增加另一個就減少，或一個變數減少另一個就增加）性強，散布圖上的點呈左上右下分布。
- r=0稱為零相關，但不代表無相關（雖無直線相關，卻有曲線相關）散布圖上的點呈圓形分布。

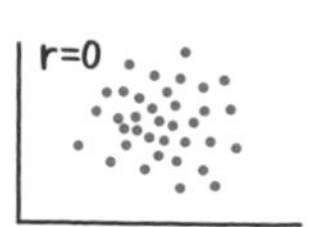

相關係數（coefficient of correlation）… 表示二個變數之間的關聯性（相關）有多強的指標。愈接近1正相關愈強，愈接近-1負相關愈強。數值為0時則零相關。

HELLO I AM...

法蘭西斯・高爾頓

Francis Galton（1822-1911）

如「皮爾生相關係數」名稱所示，將相關係數確定下來的人是卡爾・皮爾生，但最早想到這個概念的人，卻是皮爾生的老師，也是優生學家的高爾頓。

1822年，高爾頓出生於伯明罕一個富裕的銀行人家，背負著父親的期望，不情不願地進入醫學院就讀，可是最後卻跑到劍橋大學去學數學。大學畢業後父親過世，剛好讓他得以投入非洲探險，有機會接觸到各色人種，因此將他推上了優生學的道路。

1875年，高爾頓試圖確認人類的身高和遺傳有關，以做為優生學的根據之一。首先，他利用容易蒐集資料的豌豆，調查種子重量是否會在親子之間遺傳，結果和他假設的一樣，比較重的豌豆種子成長後結出的種子也比較重。除此之外，他還有了一個頗有意思的發現。他發現上一代種子的重量離散程度，大於下一代種子重量的離散程度。高爾頓因此認為生物的所有性狀之所以不會日趨極端，可一直維持種的理由，正是因為這種現象，亦即世代間逐漸朝平均數（祖先的平均）退化所造成的結果。之後，他將這種現象稱為「迴歸」，並實際在英國測量龐大的親子身高資料，確認在人類身上也會發生這種現象（下圖）。所以他提出了相關係數，做為顯示這種親子間身高關係強弱的尺度。

高爾頓生涯共留下超過340篇的論文和書籍。四分位距和中位數也是高爾頓提出的概念，他甚至也提出了預測天氣所需的多元迴歸分析的基礎想法。此外，他也有助於確立利用指紋識別犯人身分的調查方法，是一位多產且才華洋溢的科學家。晚年接受遠親南丁格爾（Florence Nightingale）的諮詢，成為他在大學創立統計學院的契機，對於近代統計學貢獻良多，於89歲時辭世。

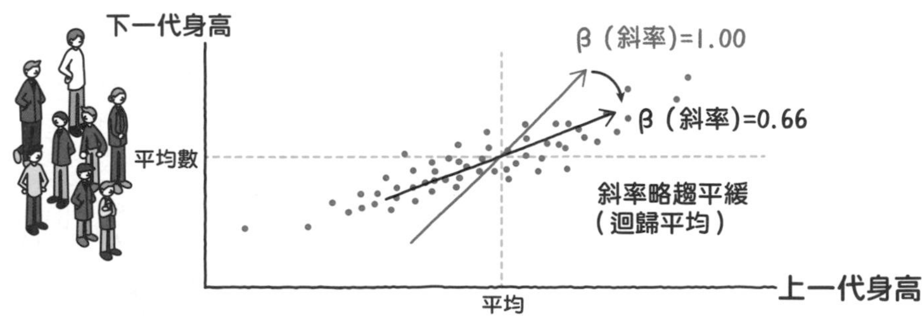

1 5

變數相關性②

～等級相關～

只能利用等級資料時，或二個變數之間設想有曲線性關係（散布圖呈曲線狀）時，就使用等級相關係數。

▶▶▶斯皮爾曼等級相關係數

- 對等級資料算出的皮爾生積差相關係數，就是斯皮爾曼等級相關係數。
- 如為連續變數（連續值變數），要先轉換成等級資料。

消費者	x 等級	y 等級	$x-\bar{x}$	$y-\bar{y}$
1	1	2	-1.5	-0.5
2	2	1	-0.5	-1.5
3	3	4	0.5	1.5
4	4	3	1.5	0.5
平均	2.5	2.5	0	0

斯皮爾曼等級相關係數

$$\overset{\text{rho}}{\rho} = \frac{(-1.5)(-0.5)+(-0.5)(-1.5)+(0.5)(1.5)+(1.5)(0.5)}{\sqrt{(-1.5)^2+(-0.5)^2+(0.5)^2+(1.5)^2}\sqrt{(-0.5)^2+(-1.5)^2+(1.5)^2+(0.5)^2}} = 0.60$$

▶▶▶肯德爾等級相關係數

- 著重在x的等級和y的等級是否一致，測量相關程度的指標。
- 有關消費者1的等級資料（X_1、Y_1）和消費者2的等級資料（X_2、Y_2），

① $x_1<x_2$且$y_1<y_2$，或者$x_1>x_2$且$y_1>y_2$時→判定為等級一致

② $x_1<x_2$且$y_1>y_2$，或者$x_1>x_2$且$y_1<y_2$時→判定為等級不一致。

等級相關係數（coefficient of rank correlation）••• 測量二個等級變數之間相關性強弱的指標。有斯皮爾曼等級相關係數和肯德爾等級相關係數。要使用哪種方法並沒有明確的準則。

- 三位消費者的等級資料如被視為「等級一致」就畫〇，「等級不一致」則畫×。

消費者	x 等級	y 等級	消費者 1	消費者 2	消費者 3
1	1	2			
2	2	1	×		
3	3	4	〇	〇	
4	4	3	〇	〇	×

	消費者 1	消費者 2	消費者 3	合計
〇數量	2	2	0	4
× 數量	1	0	1	2

- 假設A=〇數量、B=× 數量，n=資料對數（本例為4）時，可用以下公式求出肯德爾等級相關係數。有相同等級時計算公式不同。

肯德爾等級相關係數 τ

$$\tau = \frac{(A-B)}{(\text{自n個取出2個的排列組合數量})}$$

$$= \frac{4-2}{\frac{1}{2}\cdot 4\cdot (4-1)} = 0.33$$

有關排列組合數量

- 由A、B、C、D中取出二個時的排列組合共有6種，亦即(A・B)、(A・C)、(A・D)、(B・C)、(B・D)、(C・D)。此時(A・B)、(B・A)視為相同的組合。
- A、B、C、D、E時則有10種排列組合，亦即(A・B)、(A・C)、(A・D)、(A・E)、(B・C)、(B・D)、(B・E)、(C・D)、(C・E)、(D・E)。
- 一般從n個中取出二個時的排列組合數量可用$\frac{1}{2}n\cdot(n-1)$求出。此外自n個取出x個的排列組合數量，則可用${}_nC_x = \frac{n!}{x!(n-x)!}$求出。（x!讀為x的階乘，計算方式為$x!=x\times(x-1)\times\cdots\times2\times1$。）

排列組合（combination）… 由不同的n個物品中取出x個的方法。

Where is
“everywhere” ?

第2章　機率分配

機率與機率分配

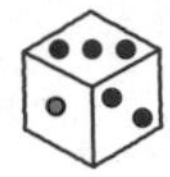

擲骰子和丟硬幣會出現哪一面？不實際丟丟看不會知道結果。但結果可以預測（期待），如丟硬幣「有50%的可能會出現正面」。
結果雖然由偶然決定，但思考可預測決定方法的事情時，我們會使用機率和機率分配。機率分配也就是推論統計學的基礎。

事件

- 指根據實驗或觀測觀察等某種行為（試驗）而產生的結果。以擲骰子為例，「出現幾的點數」就是事件。

機率

- 將某事件有多容易發生的程度（偶然性的程度）化成數值的結果。合計所有事件的機率，結果就是1（100%）。

隨機變數

- 試驗後才知道結果的變數，稱為隨機變數。只取一些間斷數值如1、2、3、……的隨機變數，就稱為離散型隨機變數，而像身高、體重、營收等可能是一定範圍內任意值的隨機變數，就稱為連續型隨機變數。

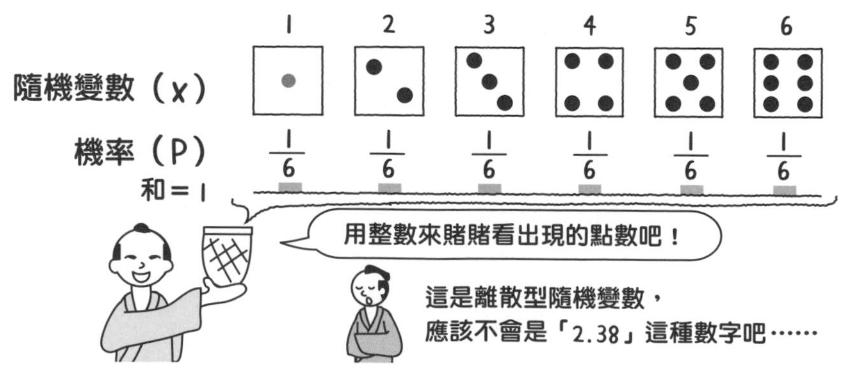
1 2 3 4 5 6
隨機變數（x）
機率（P）
1/6 1/6 1/6 1/6 1/6 1/6
和＝1
用整數來賭賭看出現的點數吧！
這是離散型隨機變數，
應該不會是「2.38」這種數字吧……

隨機變數（random variable）••• 用機率來定義要取的值有多容易出現的變數。

▶▶▶機率分配

● 表示隨機變數所取的值，以及該數值實現機率的關係。機率分配的種類如下所示。

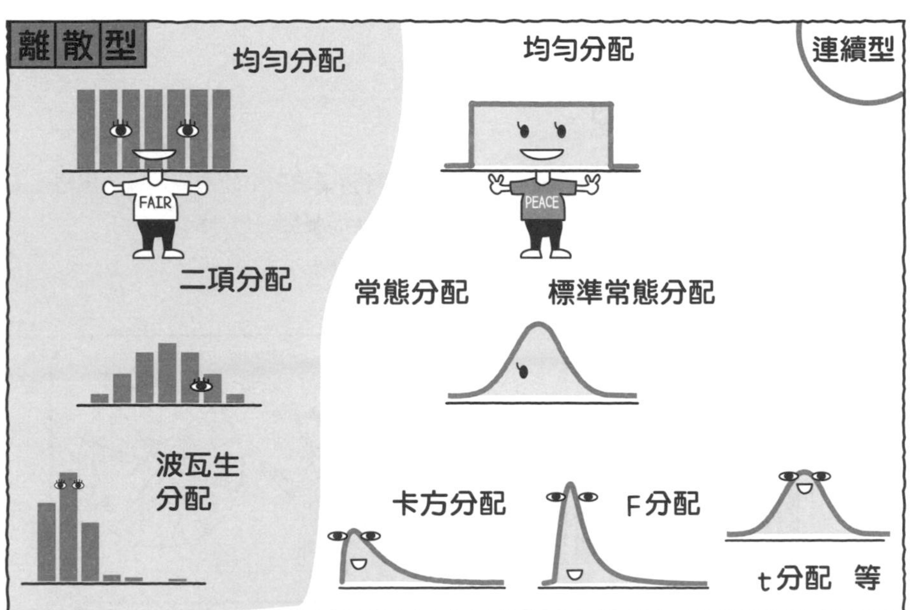

母體

● 如果想知道日本人的身高，「所有日本人的身高」就是研究對象。這個全部的研究對象就稱為母體。

● 母體的分配（以這個例子來說，指的就是日本人的身高分配），就稱為母體分配。

● 母體分配的平均數和變異數，分別稱為母體平均數（μ）和母體變異數（σ^2），這些統稱為母數（θ）。

機率分配（probability distribution）••• 看機率分配，就知道哪種隨機變數值容易實現或難以實現。如果對象是人數、個數等就使用離散型隨機變數；如果是身高、體重等就使用連續型隨機變數。

機率均等的分配

～均勻分配～

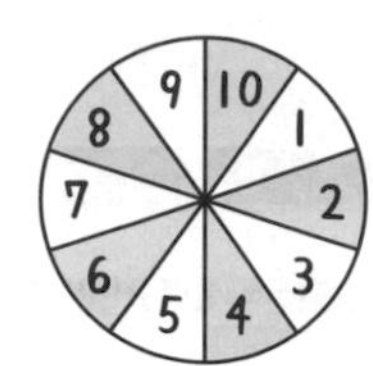

各事件發生機率（出現機率）均相等的分配。

離散型均勻分配

- 擲骰子每個點數出現的機率、射飛鏢決定號碼時各號碼被射中的機率等等，出現機率相等，隨機變數為1、2、3、……等間斷數值時，此即服從均勻分配。
- 取$x=\{1,\cdots,n\}$的值時，平均數為$\mu=\frac{n+1}{2}$、變異數為$\sigma^2=\frac{n^2-1}{12}$。

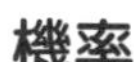

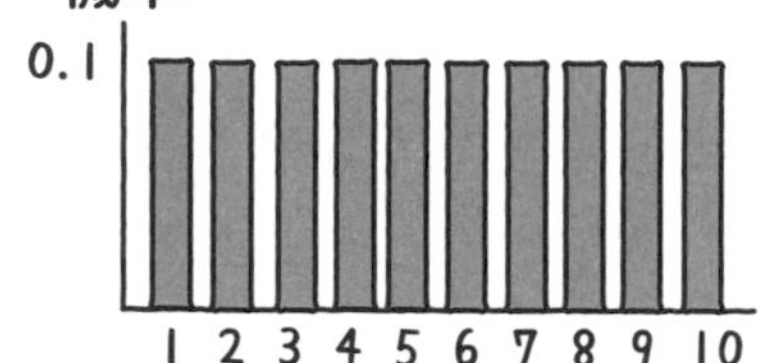

連續型均勻分配

- 測量由飛鏢鏢靶固定位置（下圖以基準來表示），到飛鏢射中的位置的角度，以此數值為隨機變數。此隨機變數可連續取0到360的數值，就遵守這種分配。
- x在〔α，β〕之間時，則$\mu=\frac{\alpha+\beta}{2}$、$\sigma^2=\frac{(\beta-\alpha)^2}{12}$。

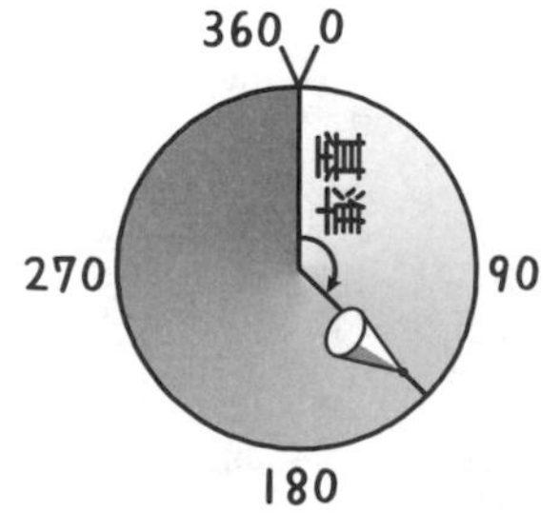

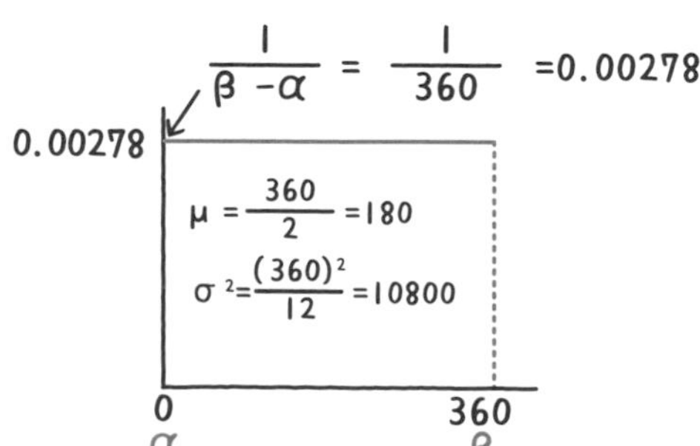

均勻分配（uniform distribution）⋯ 所有隨機變數值都有相同機率的分配。可分成離散型和連續型。用於擲一顆骰子時出現的點數、圓形鏢靶上飛鏢射中點的位置（中心角）等的機率分配。

擲硬幣的分配

～二項分配～

二項分配是有關成功、失敗等事件的分配。

不是成功就是失敗這種只有二種結果的試驗（實驗或觀察等行為），就稱為伯努利試驗（Bernoulli Trials）。

- 擲硬幣出現正面時視為「成功」（記作x＝1），出現反面時視為「失敗」（記作x＝0）。

- 1次試驗的成功機率 $Pr(x=1)=\frac{1}{2}=0.5$　　Pr就是"Probability"
- 1次試驗的失敗機率 $Pr(x=0)=1-Pr(x=1)=\frac{1}{2}=0.5$
- 第1次成功，第2次和第3次失敗的機率

$$Pr(x=1, x=0, x=0)=Pr(x=1)\times Pr(x=0)^2=0.5\times 0.5^2=0.125$$

- 3次試驗中1次成功2次失敗的機率

〔3次試驗中1次成功2次失敗的排列組合數〕×Pr（x＝1, x＝0, x＝0）
＝3×0.125＝0.375

有三種
$({}_3C_1=3)$

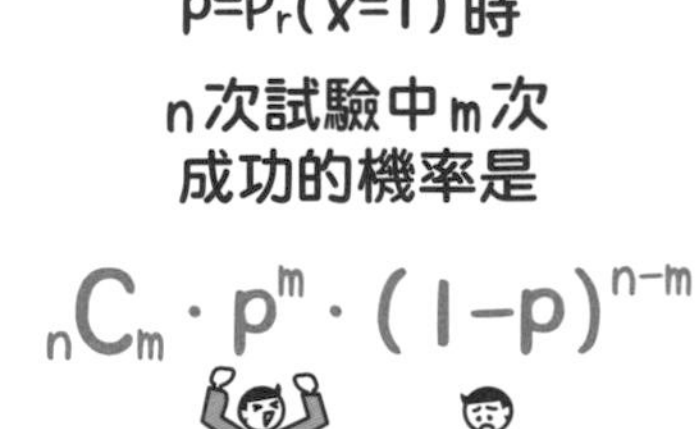

二項分配（binominal distribution）••• 用於擲硬幣出現正面（反面）的次數、採用某治療症狀獲得改善的人數等之機率分配。也稱為伯努利分配。

2 4

吊鐘型分配

～常態分配～

常態分配是以平均數為中心的「吊鐘型分配」。
檢定等大多以常態分配為前提，可說是學習統計學時最重要的分配。

▶▶▶由二項分配到常態分配

- 增加二項分配的試驗次數，其分配就會趨近常態分配。
- 在此進行擲硬幣模擬，看看分配的形狀受試驗次數影響的樣子。
- 首先，擲硬幣成功（出現正面）時得1分，失敗時（出現反面）則為0分。接著丟擲10枚硬幣，記錄總得分。然後重複丟10枚硬幣，記錄總得分的過程。

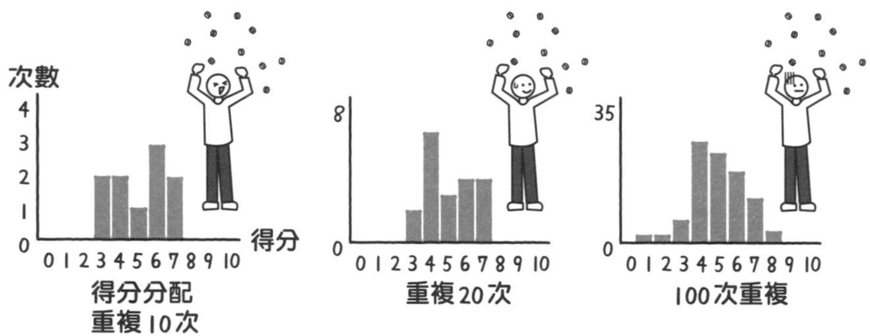

重複1000次

曲線就會十分近似常態分配的形狀。

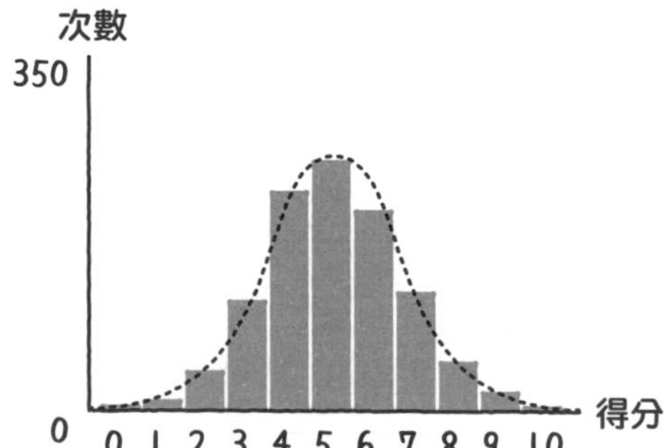

常態分配（normal distribution）…左右對稱且容易觀察到平均數附近數值（離平均數愈遠愈難觀察到）的機率分配。也稱為高斯分配。二項分配的試驗次數極多時，就會近似常態分配。

身邊的常態分配

- 編製10歲男童身高的次數分配圖，做為身邊常態分配的例子。
- 縱軸為相對次數（次數除以總次數），因此也可稱之為相對次數分配圖。一看就知道此分配圖很像常態分配。
- 在像常態分配這種連續型機率分配中，可想成 x 是位於一定區間如〔144,148〕內的機率。

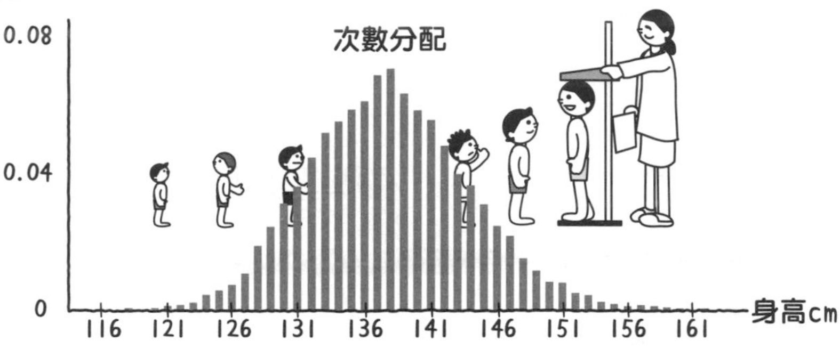

↓ 用常態分配計算近似機率

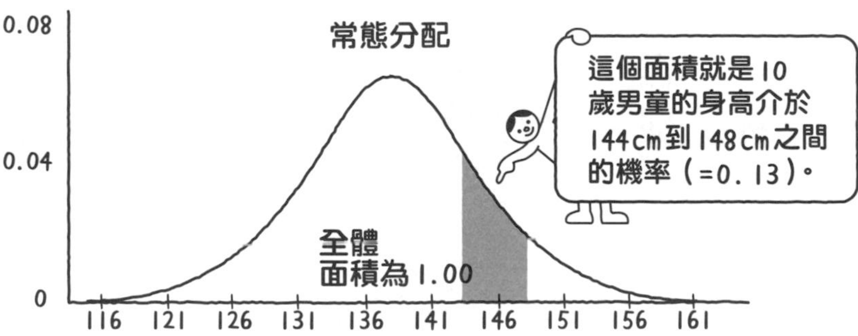

常態分配的公式（機率密度函數）

常態分配的函數由以下公式求出。

$$f(x)=\frac{1}{\sqrt{2\pi}\sigma}e^{-\frac{(x-\mu)^2}{2\sigma^2}}$$

其中 μ 為隨機變數 x 的平均數，σ 為 x 的標準差，e為數學常數（Napier's constant，亦即2.718……）。積分此函數即可計算機率。

機率密度函數（probability density function）… 隨機變數值（x）和機率（p）之間的函數關係。連續型可想成是微小區間（dx）的機率。機率密度函數與橫軸圍起的範圍面積就是1。

2 | 5

無尺度的分配
～標準常態分配～

所謂標準化，就是將資料的平均數轉換為0，將標準差（變異數）轉換為1。轉換後的資料就稱為標準化變數。使用時不需要考慮到尺度（單位）。標準化後的常態分配，就稱為標準常態分配（z分配）。

▶▶▶ 標準化

● 用右邊的公式進行標準化。
這裡的 μ 是平均數，σ 是標準差

標準化變數 $z_i=\dfrac{x_i-\mu}{\sigma}$

NO	原始資料（x_i）	離差（$x_i-\bar{x}$）	標準化變量（z_i）
1	-10	-5.2	-1.05
2	-8	-3.2	-0.65
3	-7	-2.2	-0.44
4	-3	1.8	0.36
5	4	8.8	1.78
平均數（μ）	-4.8	0.0	0.00
標準差（σ）	4.96	4.96	1.00

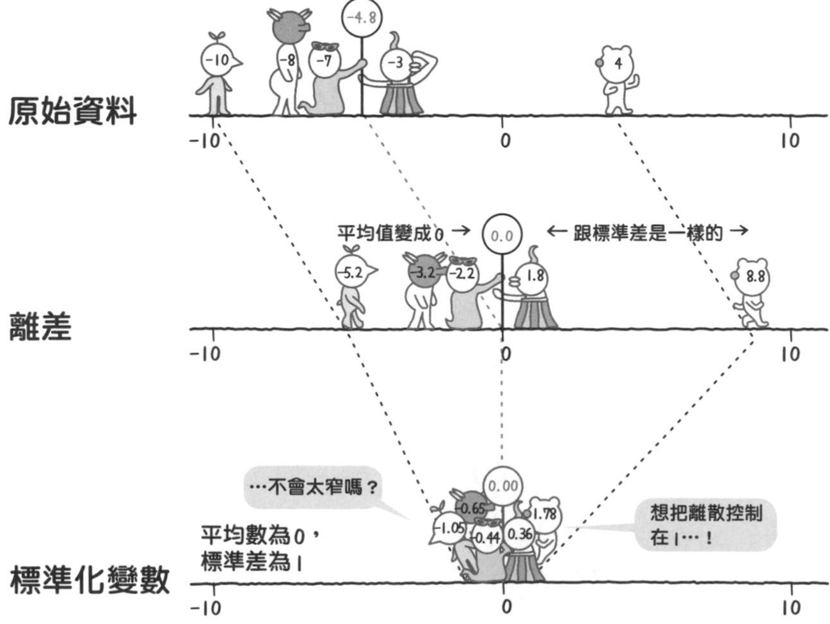

標準常態分配（standard normal distribution, z-distribution）…標準化為平均數0、標準差1的資料（標準化變量z）的常態分配，也稱為z分配。

哪一科的成績比較好？？

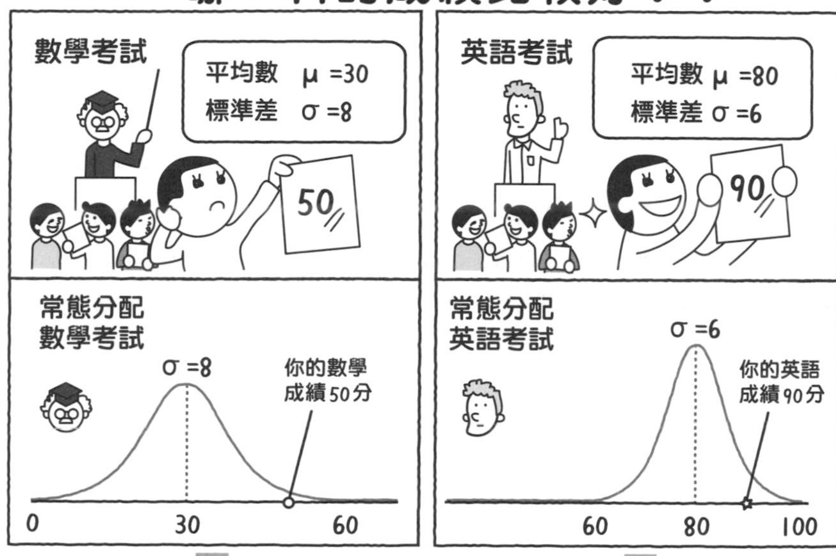

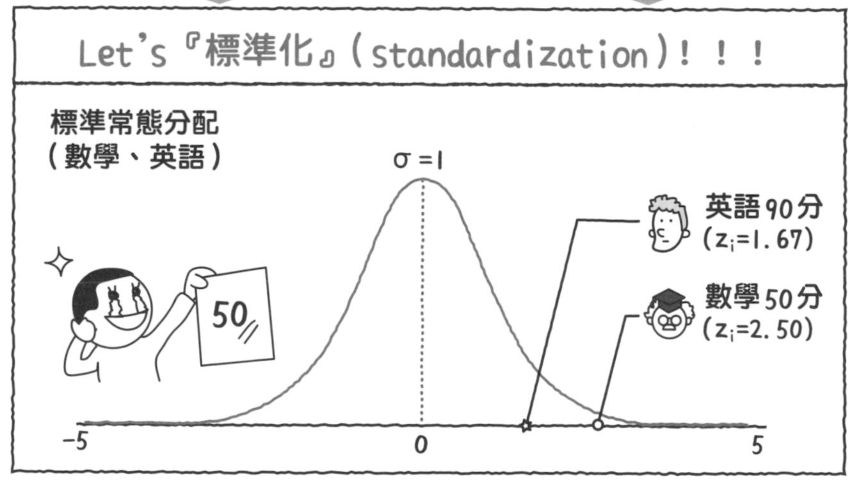

- 比較50分的數學和90分的英語，看起來好像英語的成績比較好。可是一轉換成標準化變數後，就發現數學的分數在班上的排名比較前面。（參閱下一頁專欄）

標準化變數（standardized variate）⋯ 經「（變數值－平均數）／標準差」的轉換後的隨機變數，以z來表示。標準化變量的平均數為0，標準差為1。不受單位的影響，可進行變數之間的比較。

專欄

標準分數

考高中和大學的時候，大家應該常聽到標準分數（日文稱為偏差值）這個詞。但你知道這個詞是什麼意思嗎？

每次考試難易度不同，所以光比較得分無法了解學力到底是提升了，還是下降了。為了知道是很難的考試考80分，還是很容易的考試考80分，離差（80分－平均得分）就是一個好工具。平均分數愈低離差愈大，也就表示是在很難的考試考出了高分。

再者，就算是平均得分30分的考試，幾乎所有考生都考30分左右，或者是有人考滿分有人考0分，這兩種情形中的80分，意義完全不同。

考慮到這些差異，標準分數就是能更正確衡量學力的指標。

$$\text{標準分數}\quad T_i = 50 + 10 \times \left(\frac{x_i - \mu}{\sigma}\right)$$

上述公式（ ）中的式子就是x的標準化變量，把x乘10再加上50，就可以轉換成平均數為50，標準差為10的標準分數。

上一頁的例子中，

$$T_{數學} = 50 + 10 \times \left(\frac{50-30}{8}\right) = 50 + 10 \times 2.50 = 75.0$$

$$T_{英語} = 50 + 10 \times \left(\frac{90-80}{6}\right) = 50 + 10 \times 1.67 = 66.7$$

比較容易知道學力是否有差異。

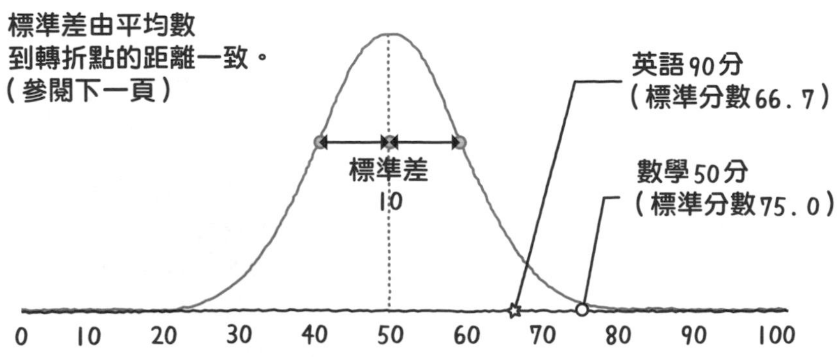

知道資料的位置

～σ區間～

標準化後就可以大概知道資料位於標準常態分配的哪個位置。

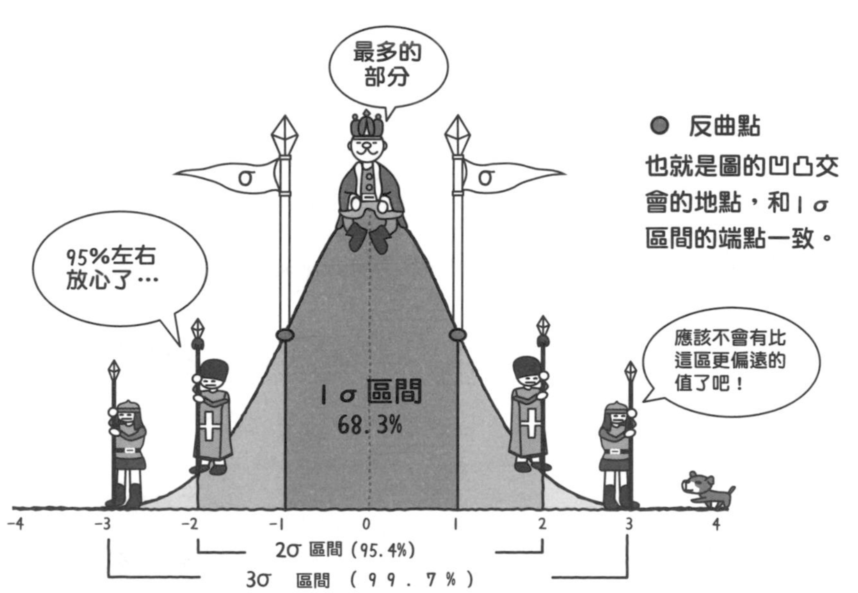

● z的值落在3σ區間以外（小於-3或大於3）時，這筆資料是在常態分配下不太可能出現的數值，也就是很可能是離群值。

0.0000034

六標準差活動就是要設定一個經營和品質的管理目標，將錯誤或不良品的發生機率抑制在6σ區間以外，也就是百萬分之3.4的水準的想法（活動）。據說這種想法起源自1980年代後半的美國摩托羅拉公司。

2 7

分配的形態

～偏度與峰度～

常態分配是左右對稱，很完美的吊鐘型分配。然而，有許多分配的形狀並非如此。偏度與峰度就是用來衡量樣本分配的形狀偏離常態分配多遠的指標。

偏度

- 分配是左右對稱，還是右邊較長（偏左邊）、左邊較長（偏右邊）？顯示分配偏離平均數的程度的指標，就是偏度。
- 要由樣本資料計算偏度時，要用以下公式計算。公式中的n是資料數量，$\bar{x}$是x的平均數，s則是標準差。

偏度 $$S_w = \frac{1}{n}\left\{\left(\frac{x_1-\bar{x}}{s}\right)^3+\left(\frac{x_2-\bar{x}}{s}\right)^3+\cdots+\left(\frac{x_n-\bar{x}}{s}\right)^3\right\} = \frac{1}{n}\sum_{i=1}^{n}\left(\frac{x_i-\bar{x}}{s}\right)^3$$

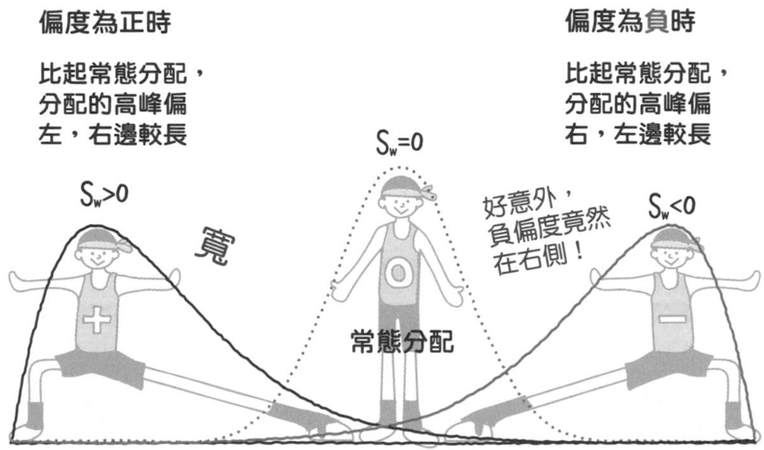

偏度為正時
比起常態分配，
分配的高峰偏
左，右邊較長
偏度為負時
比起常態分配，
分配的高峰偏
右，左邊較長
S_w=0
S_w>0
寬
好意外，
負偏度竟然
在右側！
S_w<0
常態分配

偏度（skewness）••• 表示不對稱性的指標，衡量和常態分配相比時朝上下（左右）偏離的程度。小數值側（下方）的尾巴較長時為負偏度，大數值側（上方）的尾巴較長時為正偏度。

▶▶▶峰度

- 顯示分配突起程度的指標為峰度。

- 要由樣本資料計算峰度時，要用以下公式計算：

峰度 $$S_k = \frac{1}{n}\left\{\left(\frac{x_1-\bar{x}}{s}\right)^4+\left(\frac{x_2-\bar{x}}{s}\right)^4+\cdots+\left(\frac{x_n-\bar{x}}{s}\right)^4\right\}-3 = \frac{1}{n}\sum_{i=1}^{n}\left(\frac{x_i-\bar{x}}{s}\right)^4-3$$

就是把偏度公式中的3次方變成4次方，然後再減3而已……

峰度為正時

突起程度比常態分配明顯，有較集中的趨勢

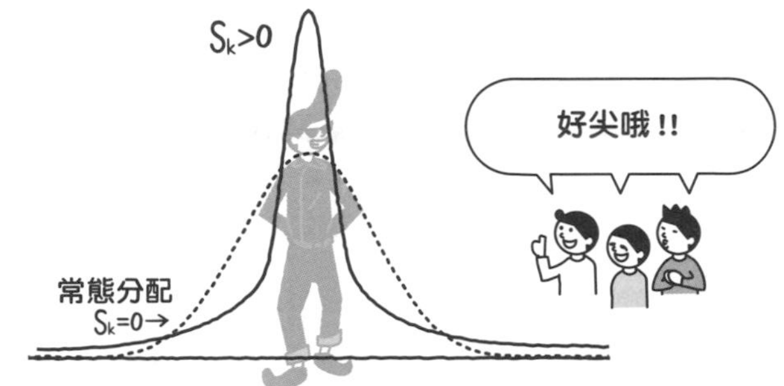

峰度為負時

曲線較平緩，有比較分散的趨勢

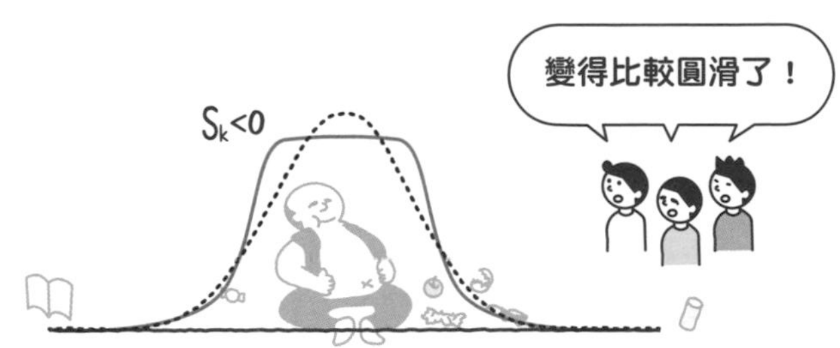

離群值檢測

如果偏度或峰度大幅偏離0時，有可能是資料中混入了極大（小）的數值。

	資料						偏度 S_w	峰值 S_k
正確資料	131	140	134	124	137	132	-0.43	-0.60
輸入有誤的資料	131	140	134	1240	137	132	1.79	1.20

輸入錯誤（指向 1240）

峰度（kurtosis）…衡量和常態分配相比時曲線突起的程度（高峰尖銳度和雙邊的寬度）。常態分配時為0，小於0的分配就是高峰平緩的分配，大於0的分配就是高峰陡峭的分配。

很少見的分配

～波瓦生分配～

波瓦生分配就是試驗次數很多（n很大）、事件發生的機率（出現機率p）很小時的二項分配。

這種分配是用來表示「久久發生一次的事情」的機率分配，如一個月生產的產品中不良品的數量、某十字路口發生車禍的次數、某地區的落雷次數等。

● 波瓦生分配用以下函數表示：

$$f(x)=\frac{e^{-\lambda}\lambda^{x}}{x!}$$

e：數學常數

λ：平均數（試驗次數n× 機率p）

x：事件發生的次數（x! 為x的階乘）

這裡所謂的x階乘，指的是所有小於及等於x的正整數的乘積。例如3!＝3×2×1=6。

以燈泡工廠為例。假設已知這個工廠每500個燈泡會有1個（0.2%）不良品。

所以生產1000個燈泡（n=1000）時，平均不良品個數（λ）為生產個數（n）× 不良品發生率（p）=1000×0.002=2。

其次，用波瓦生分配計算不良品0個（x=0）的機率，結果如下：

$$f(0)=\frac{e^{-2}2^{0}}{0!}=\frac{0.1353\cdots}{1}=0.135$$

再計算不良品1個（x=1）的機率，結果如下：

$$f(1)=\frac{e^{-2}2^{1}}{1!}=\frac{0.1353\cdots\times 2}{1}=0.271$$

不良品2個（x=2）的機率如下：

$$f(2)=\frac{e^{-2}2^{2}}{2!}=\frac{0.1353\cdots\times 4}{2\times 1}=0.271$$

根據以上計算，得知這個工廠要把不良品控制在2個以下的機率如下：

$$f(0)+f(1)+f(2)=0.135+0.271+0.271=0.677(\%)$$

波瓦生分配（Poisson distribution）… 僅觀察一次就發生的可能性很低，但一定時間內會以某種程度發生的事件數量（不良品發生件數、意外發生次數、罕病發生件數等）的分配。

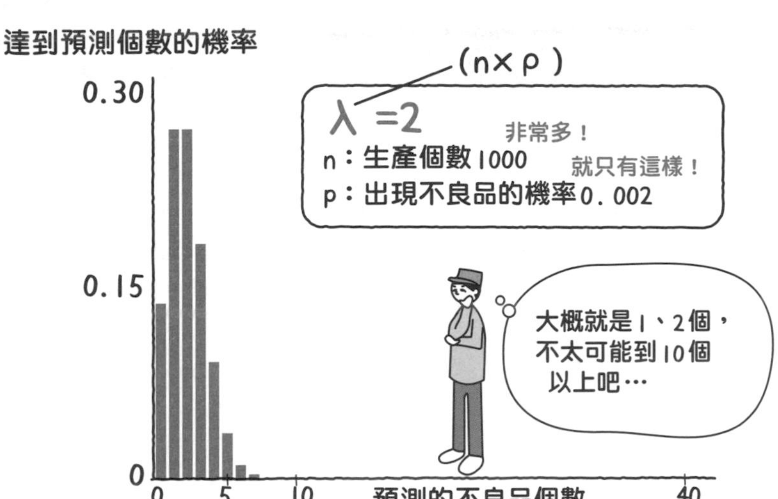

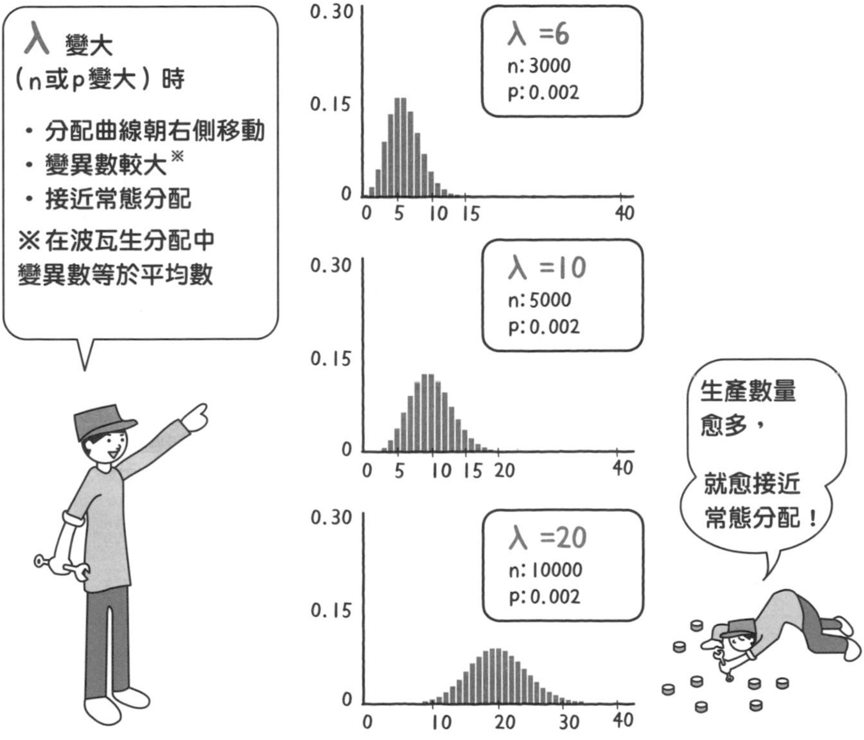

λ 變大
(n或p變大)時

- 分配曲線朝右側移動
- 變異數較大※
- 接近常態分配

※在波瓦生分配中
變異數等於平均數

0.30
0.15
0
λ =6
n: 3000
p: 0.002
0 5 10 15 40

0.30
0.15
0
λ =10
n: 5000
p: 0.002
0 5 10 15 20 40

0.30
0.15
0
λ =20
n: 10000
p: 0.002
0 10 20 30 40

生產數量
愈多，
就愈接近
常態分配！

階乘(factorial)… 所謂n的階乘，指的就是由1開始到某數(n)為止的連續整數的乘積，寫成n!。此外，0的階乘(0!)定為1。

29

同時處理複數資料

～ χ^2 分配～

x^2 分配又稱為卡方分配。

卡方分配可一次處理服從常態分配的複數資料，例如可用於變異數分析。分配的形狀會隨著二次方的資料數量（自由度，參閱46頁）而不同。

χ^2 統計量與 χ^2 分配

自由度為1的 x^2 分配

-1.32	-0.84
-0.61	1.27
0.35	0.44
1.88	...
1.37	...
0.63	...

由1個標準常態分配取出1個資料，取其平方數。例如
$1.37^2=1.88$

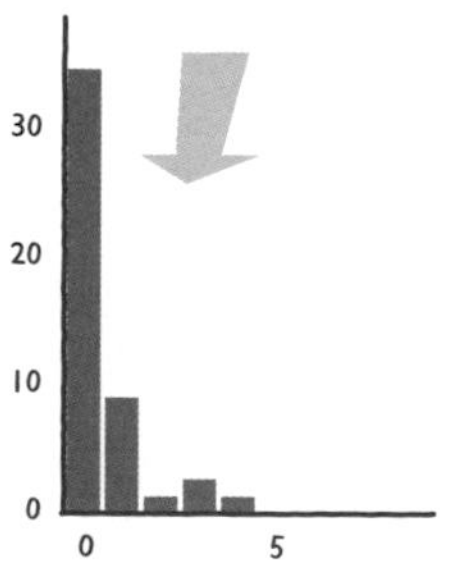

-0.40和0.40平方後都是0.16，所以0附近的資料會變多

自由度為3的 x^2 分配

1.04	-0.11
-0.28	2.01
-0.33	-0.32
-1.99	...
0.43	...
0.11	...

1.61	-1.02
-0.35	0.09
2.08	-0.07
-1.14	...
-0.41	...
-1.43	...

-0.54	-0.40
0.48	0.13
-0.20	-0.64
-0.91	...
-0.79	...
0.82	...

自三個不同的標準常態分配各取出1個資料，分別平方後加總。例如
$0.11^2+(-0.41)^2+(-0.64)^2$
$=0.012+0.168+0.410=0.590$

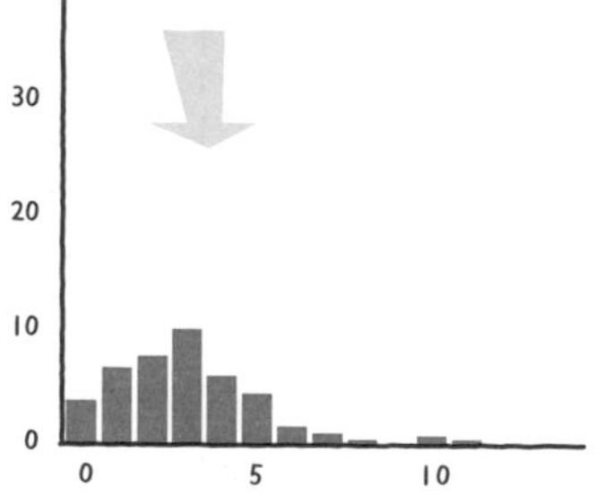

平均數比左圖大，分配也朝右移動

---

x^2 分配（chi-squared distribution）･･･ $z_1^2+z_2^2+$ ･･･ $+z_n^2$ 的機率分配（z為標準常態分配）。用於獨立性的檢定、適合度檢定和獨立性檢定。

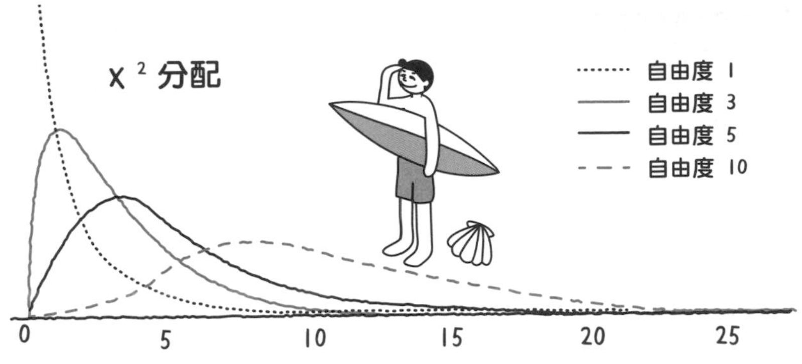

- 自由度m的 χ^2分配記作 $\chi^2_{(m)}$。

各自獨立

- 由標準常態分配抽樣m個變數（$z_1, z_2, \cdots, z_m$）的 χ^2統計量（χ^2值）如下：

$$\chi^2_{(m)} = z_1^2 + z_2^2 + \cdots + z_m^2$$

- 一般計算由常態分配抽樣的m個變數（$x_1, x_2, \cdots x_m$）時，假設變數x_i的平均數為 μ_i，標準差為 σ_i，x^2統計量（x^2值）如下：

$$\chi^2_{(m)} = \left(\frac{x_1-\mu_1}{\sigma_1}\right)^2 + \left(\frac{x_2-\mu_2}{\sigma_2}\right)^2 + \cdots + \left(\frac{x_m-\mu_m}{\sigma_m}\right)^2$$

再者原本的常態分配平均數等於變異數時，x^2統計量（x^2值）如下：

$$\chi^2_{(m)} = \left(\frac{x_1-\mu}{\sigma}\right)^2 + \left(\frac{x_2-\mu}{\sigma}\right)^2 + \cdots + \left(\frac{x_m-\mu}{\sigma}\right)^2 = \frac{1}{\sigma^2}\sum_{i=1}^{m}(x_i-\mu)^2$$

Σ 為Sigma，表示總和

- χ^2分配具有以下關係：

平均數＝自由度 且 **變異數=2 × 自由度**

自由度增加 χ^2分配的圖形就會向右移動，趨於平緩，原因就在此。

Σ（sigma）… 總和的記號。基本用法如下：i=1…n時，$\sum(x_i+y_i)=\sum x_i+\sum y_i$，$\sum a \cdot x_i = a\sum x_i$，$\sum a = na$（a為常數）。

2 | 10

χ^2值的比

～F分配～

F值的定義就是二個χ^2值的比，而其分配就是F分配。
因為使用個別樣本的χ^2值，所以會有二個自由度。

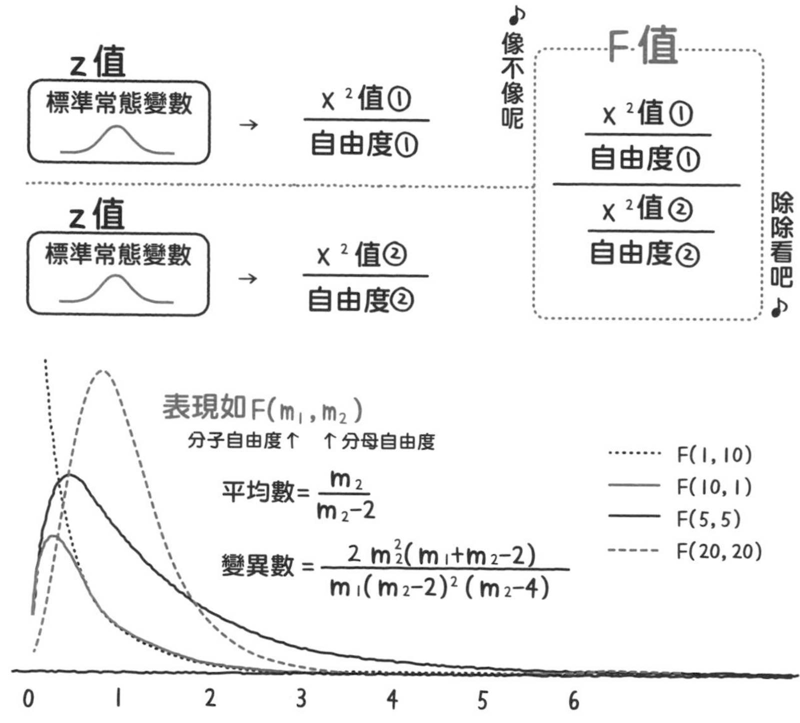

變異數比的分配

首先，來思考二個變數（x、y）的公式$\frac{(1/\sigma_x^2)\Sigma(x_i-\mu_x)^2}{(1/\sigma_y^2)\Sigma(x_i-\mu_y)^2}$。如同上一頁的說明，這個公式中的分子和分母都服從$\chi^2$分配。因此，這個公式就是$x^2$值的比，也就是服從F分配。

其次，思考x和y來自同一個母體的情形。因為$\mu_x=\mu_y=\mu$、$\sigma_x^2=\sigma_y^2=\sigma^2$，所以可以變形為$\frac{(1/\sigma^2)\Sigma(x_i-\mu)^2}{(1/\sigma^2)\Sigma(y_i-\mu)^2}=\frac{\Sigma(x_i-\mu)^2}{\Sigma(y_i-\mu)^2}=\frac{\Sigma(x_i-\mu)^2/n}{\Sigma(y_i-\mu)^2/n}$。最後的項目就是x和y的變異數比（variance ratio）

綜上所述，可知變數（x、y）的變異數比服從F分配。

F分配（F-distribution）…獨立的二個x^2分配的隨機變數比的分配，也稱為變異數比的分配。用於變異數同質性檢定、變異數分析。

11

替代常態分配

～t分配～

不知母體變異數且樣本少時，以常態分配（z分配）估計或檢定時，結果可能有誤。

此時使用準標準化變量服從的t分配。

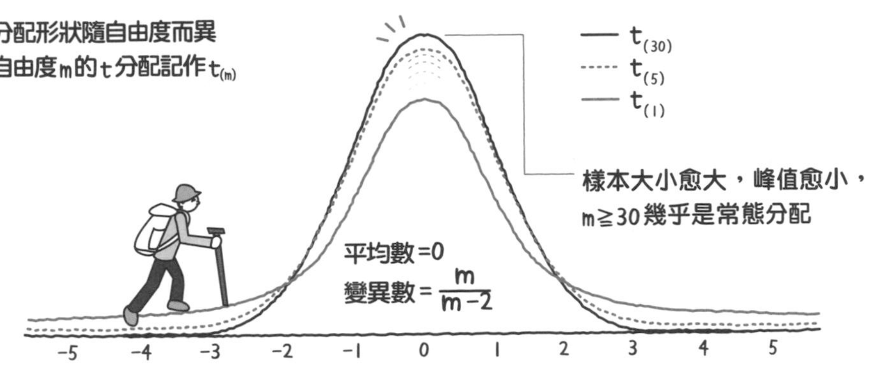

註：小樣本的t分配，雙邊曲線距離橫軸比常態分配遠

重複抽樣計算樣本平均數時，該樣本平均數是平均數為μ、標準誤為$\frac{\sigma}{\sqrt{n}}$的常態分配。因此，樣本平均數的標準化變量是以$z_{\bar{x}}$計算。不過，不知道母體標準差σ時（一般都不知道），就使用服從t分配的準標準化變量$t_{\bar{x}}$。

$\bar{x}$的標準化變量		$\bar{x}$的準標準化變量
z分配		t分配
$z_{\bar{x}}=\dfrac{\bar{x}-\mu}{\frac{\sigma}{\sqrt{n}}}$	不知道σ值時 →	$t_{\bar{x}}=\dfrac{\bar{x}-\mu}{\frac{s}{\sqrt{n-1}}}$

t分配（t-distribution）⋯不知道母體變異數時，用來取代常態分配。樣本大小愈小時，圖形雙邊距橫軸比常態分配遠，但從n≥30開始就幾乎和常態分配一樣。

專欄

各種機率分配的關係

大家常以為各種機率分配之間沒有關聯，其實許多分配都是相關的。

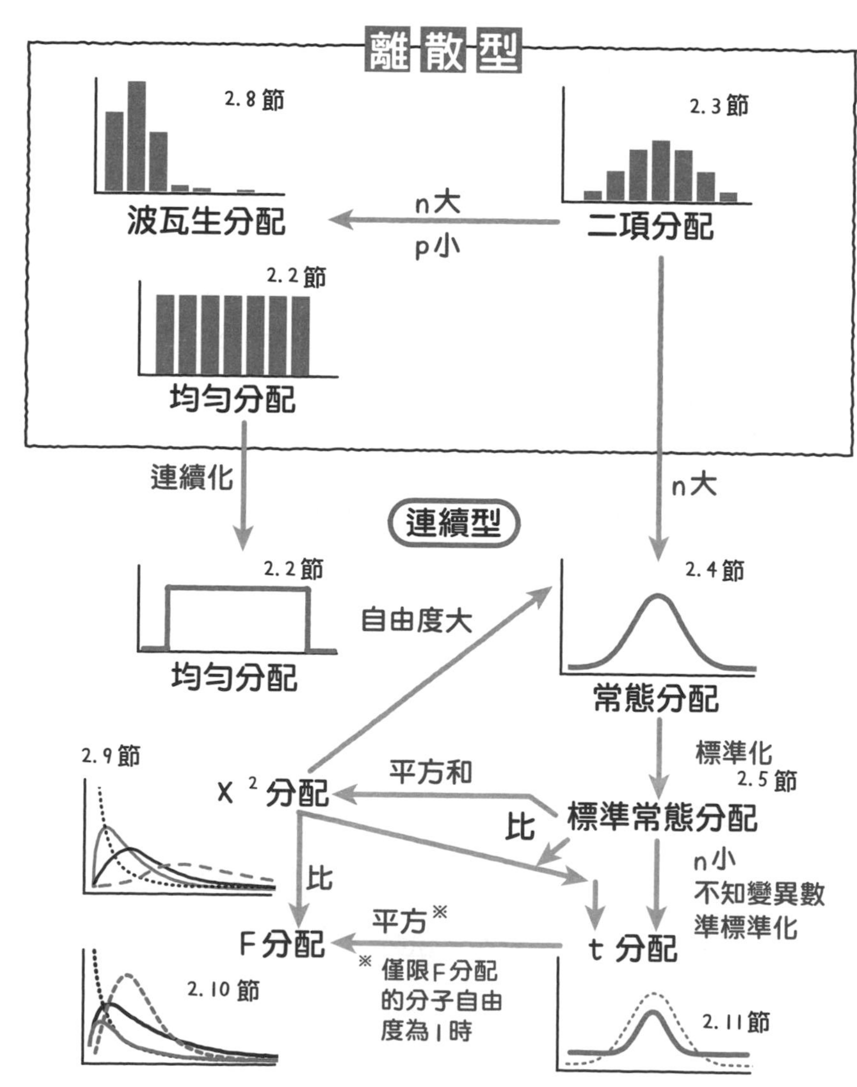

HELLO I AM...

凱特勒

Adolphe Quetelet（1796-1874）

近代統計學之父凱特勒，1796年出生於比利時法蘭德斯（Flandre）地方。小時候他的拿手科目就是數學，19歲成為當地根特大學的數學講師，4年後取得博士學位。之後在首都布魯塞爾向政府請願，創設天文台，在準備時造訪法國，受到機率論觸發（1823年）。因為當時法國有傅立葉（Joseph Fourier）、拉普拉斯（Pierre-Simon Laplace）等優秀的數學家，機率論和誤差的研究進展神速。

1846年，政府委託凱特勒指導獨立後行政機關所需的人口普查，這件事也成為統計學歷史突飛猛進的契機。過去在天文學的世界中，測量誤差是常態分配雖廣為人知，但凱特勒透過各式各樣的大規模調查，證明除了人類的身高等身體特徵外，多數社會現象如犯罪率、死亡率等，也都是以「平均人」（average man）為中心的常態分配。

專欄
偉人傳④
HELLO I AM...
南丁格爾
Florence Nightingale（1820-1910）

南丁格爾是近代護理師之母，也是「熱情的統計學家」（E.T. Cook）。南丁格爾1820年出生於英國上流社會的家庭，透過慈善活動而踏上護理師之路。在德國、法國醫院累積經驗後，1853年回到倫敦，在克里米亞戰爭期間擔任陸軍醫院的護理長。

南丁格爾上任後，對於醫院蒐集統計資料如此草率，深感震驚。尊敬凱特勒的南丁格爾深知統計學的重要性，因此她為了避免因院內感染導致不必要死亡，極力向上級強調蒐集正確資料，進行統計分析後擬定對策的必要性。她的堅強意志和行動力，建構起現代衛生醫療體系的基礎。

We guess you.

第3章　推論統計學

3 | 1

由樣本掌握母體特徵

～推論統計學～

這是利用觀察資料（樣本）推論其背後母體特徵的學問。不同於敘述統計學的，是導入「誤差」的想法，以求當資料少時分析結果也不至於有誤。

▶▶▶ 推論統計學

- 用樣本推論樣本來源的母體特徵（母數）。
- 所謂母數，指的是決定母體分配形狀的值，如母體平均數和變異數等，又稱為參數（parameter）。

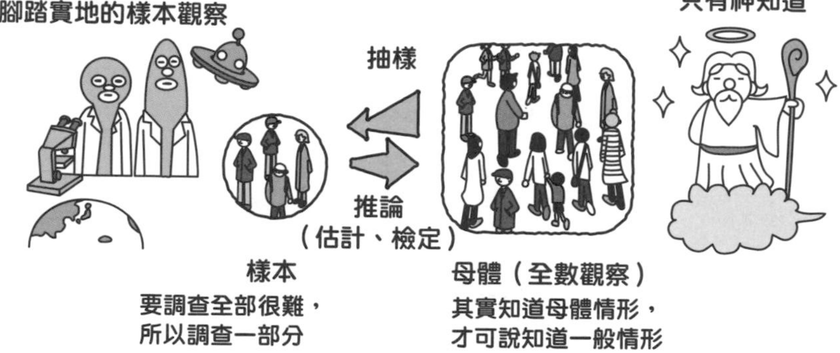

腳踏實地的樣本觀察
只有神知道
抽樣
推論
（估計、檢定）
樣本
要調查全部很難，
所以調查一部分
母體（全數觀察）
其實知道母體情形，
才可說知道一般情形

▶▶▶ 敘述統計學

- 敘述統計學（第一章）原則上只是想掌握手邊觀察資料的特徵，並不去推論母數（參閱下一頁專欄）。

觀察資料

只分析這裡

沒有意識到母體

母體（population）… 樣本的來源，也就是原本感興趣的目標群體。

樣本（sample）… 由母體隨機抽樣的資料集合，也就是被觀察的資料。

大樣本與小樣本

- 直接把敘述統計學的方法套用在資料數少的小樣本上，推論的精確度很低，可能出現檢定錯誤等問題（小樣本的問題）。

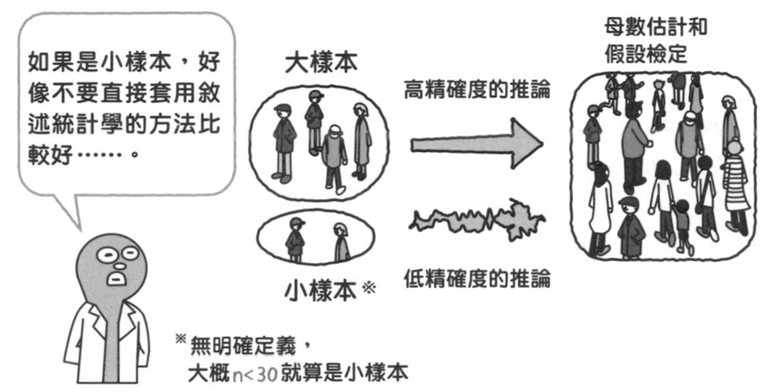

誤差

- 為求當資料少時，分析結果也不至於有誤，而導入「誤差」的想法，這就是推論統計學。誤差將於本書後半（54～55頁）詳細說明。

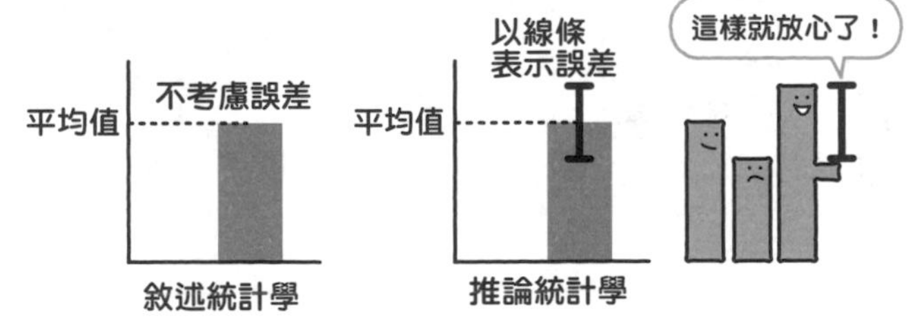

一般人或許會以為敘述統計學沒有樣本和母體的概念，其實不然。發展於19世紀到20世紀間的敘述統計學，其實也曾努力用樣本去掌握母體特徵。然而，當時的努力卻不分大小樣本，都用相同的方法嘗試，以至於結果錯誤，導致費雪（111頁）等人覺得派不上用場。

巧妙推論母數
～不偏估計～

所謂不偏估計，就是由樣本估計出的統計量，和真值也就是母數相比，未偏大也未偏小。
針對離散的問題，不偏估計用自由度來修正敘述統計學的樣本統計量，至於平均數，則直接以樣本平均數當成母體平均數的不偏估計量。

統計量的偏誤

- 以敘述統計學的方法計算統計量，會比真值，也就是母數來得大或小。
- 不偏估計可以得到修正這種偏誤後的統計量（不偏估計量）。

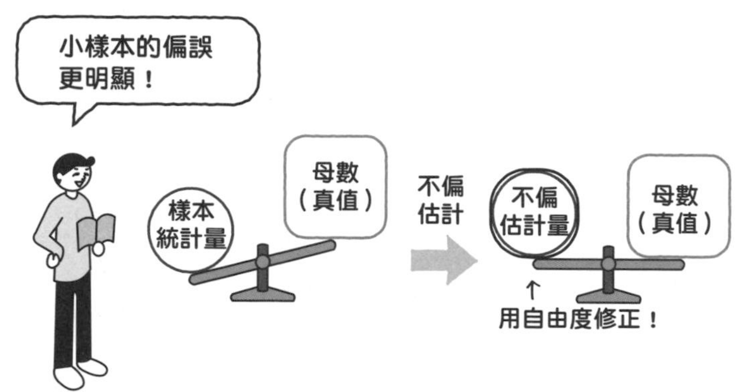

統計量的偏誤

- 其實用敘述統計學的方法算出的變異數（樣本變異數）略微小於真值（母體變異數）。當然，其平方根的樣本標準差也會小於母體標準差。

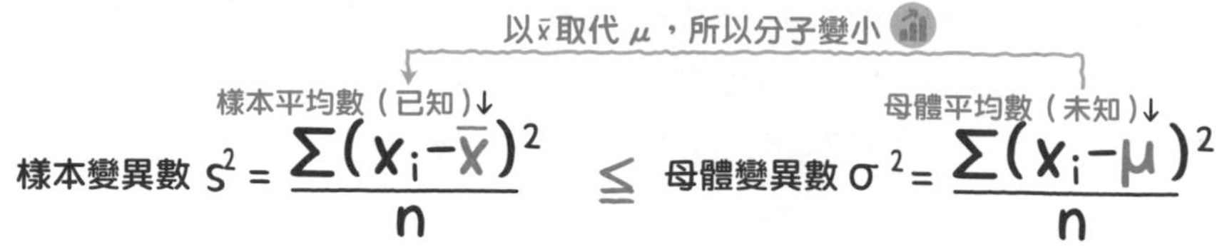

$$\text{樣本變異數 } s^2=\frac{\sum(x_i-\bar{x})^2}{n} \leqq \text{母體變異數 } \sigma^2=\frac{\sum(x_i-\mu)^2}{n}$$

母數（parameter）⋯ 指母體的平均數和變異數等，決定母體的分配形狀。這個值利用樣本來估計。
不偏估計（unbiased estimate）⋯ 由樣本估計母數，而且沒有過大過小的偏誤（偏差）。

▶▶▶不偏估計(修正)的方法

- 因此將樣本變異數 s^2 公式中的分母n（樣本大小）減1，讓結果的數值變大一點，以求更接近母體變異數（不偏變異數）。
- 此n-1就稱為自由度（將於下一頁說明）。

不偏變異數 $$\hat{\sigma}^2=\frac{\Sigma(x_i-\bar{x})^2}{n-1}$$ ←略大於樣本變異數

（n-1）← 自由度

不偏標準差 $$\hat{\sigma}=\sqrt{\hat{\sigma}^2}=\sqrt{\frac{\Sigma(x_i-\bar{x})^2}{n-1}}$$

▶▶▶不偏估計量(彙整)

- 只利用樣本資訊，估計出相對於母數並無偏誤的統計量。
- 以記號來區分，樣本統計量用英文，母數用希臘文，不偏估計量用希臘文加上^。
- 平均數因為不知會比母體平均數大還是小，所以無法修正，直接以樣本平均數作為不偏平均數。

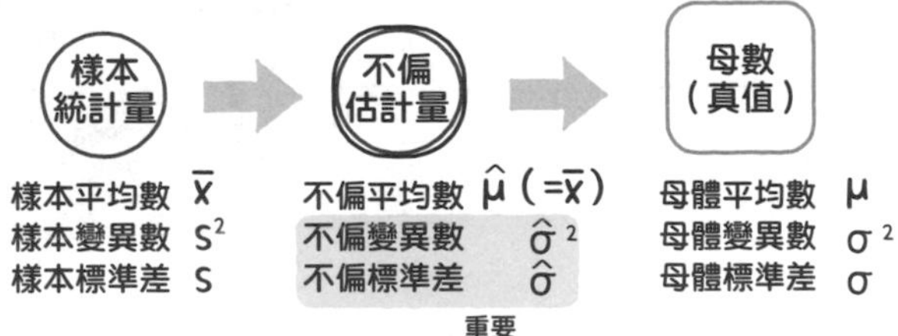

變異數偏誤的具體例子

假設有1、2、3三個觀察資料。此時樣本平均數 $\bar{x}$ 一定是2，可是母體平均數 μ 不一定是2，說不定是2.1（只有全數調查才會知道）。請試著用這些數值計算離均差平方和並加以比較。使用樣本平均數(2)的值是2.0，但使用母體平均數(2.1)的值就會變成2.03吧？

不偏估計量（unbiased estimator）… 被期望要等同於母數的統計量。由不偏估計得出。

不偏變異數（unbiased variance）… 樣本變異數會小於母體變異數，因此用自由度修正成略大數值的統計量。

未受限的資料數量

～自由度～

所謂自由度，就是計算統計量所用的觀察資料（變數）之中，可以自由選取的資料個數。

自樣本大小減去限制條件個數後的值，就是自由度的大小。

限制條件的個數，也就是使用樣本資料的計算式中的數量。

自由度

● 用自由度計算不偏估計量和檢定統計量。

想想從a、b、c三個觀察資料（變數）計算平均數的事例

觀察資料的數量

n=3

如果沒有特定的答案（無限制），三個資料就可以放入任何值

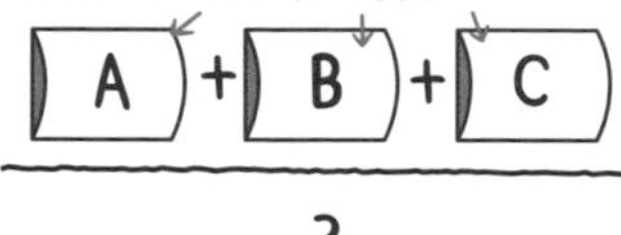

3

=

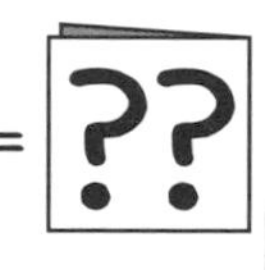

自由度

df=n

（這個例子為3）

不過，如果已知平均數是5（有限制）

可以自由放入任何值的資料只剩二個

限制

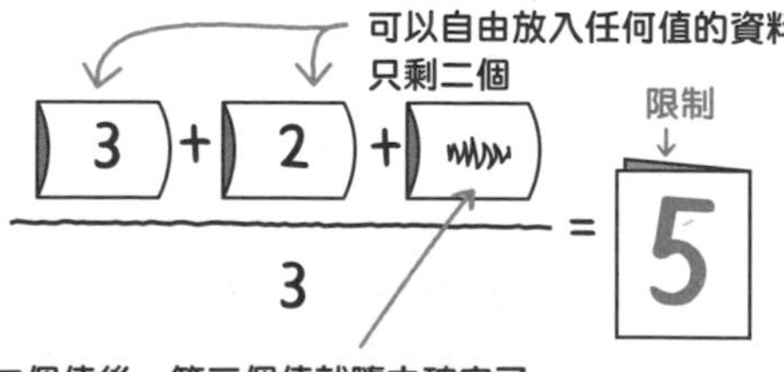

3

自由度

df=n-1

（這個例子為2）

放入二個值後，第三個值就隨之確定了。以這個例子來看只能是10

自由度（degree of freedom, df）… 計算統計量時可自由選取的資料個數，也就是自樣本大小n減去限制條件個數後的值。依照規定，t分配和χ^2分配的自由度只有一個，F分配的自由度則有兩個。

不偏變異數的自由度

- 每次用樣本計算平均數等，自由度就會逐一減少。
- 例如使用一個樣本平均數計算的不偏變異數，其自由度就是n−1。

假設有從某母體隨機抽樣（觀察到）的樣本。
此時各資料值已知，所以樣本平均數的值也確定。

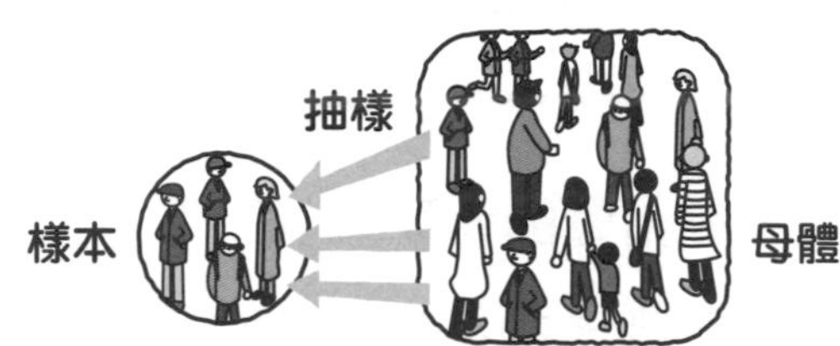

看看不偏變異數的計算公式……

$$\hat{\sigma}^2 = \frac{\Sigma(x_i - \bar{x})^2}{n-1}$$

樣本平均數為常數，等於有一個限制條件

不偏變異數的自由度 df=n−1

另一方面，再看看母體變異數的計算公式……

$$\sigma^2 = \frac{\Sigma(x_i - \mu)^2}{n}$$

母體平均數未知，所以不成為限制條件

母體變異數的自由度 df=n

自由度不一定是n−1

- 用來計算統計量的平均數等的限制條件並不一定只有一個。
- 例如變異數分析和獨立性檢定，會有更多的限制。

相關係數r的公式，如下所示，使用$\bar{x}$和$\bar{y}$二個樣本平均數。因此，像不相關的檢定（88頁）就使用n−2的自由度，計算檢定所需的統計量（t值）。

$$\text{相關係數 } r = \frac{\Sigma(x_i - \bar{x})(y_i - \bar{y})}{\sqrt{(\Sigma(x_i - \bar{x})^2)(\Sigma(y_i - \bar{y})^2)}}$$

樣本平均數（＝限制）有二個

限制條件（limiting condition）••• 決定自由度的條件個數，也就是統計量使用的平均數等的計算值（計算公式）的個數。計算公式的個數。t檢定和獨立性檢定為1，零相關的檢定為2，變異數分析（F檢定）則是群數等。

樣本統計量的分配①

～平均數的分配～

不只個別的觀察資料，樣本的統計量也服從機率分配。
不過分配的形狀會因統計量而異，在此介紹代表性的樣本平均數、樣本比例、樣本變異數、樣本相關係數的分配。

▶▶▶樣本分配（樣本統計量的分配）

- 可以根據需要抽樣好幾次。每次抽樣所得到統計量都有不同數值，會有離散（分配）。
- 樣本分配的離散大小（標準差）稱為標準誤差，用來預測誤差的範圍。

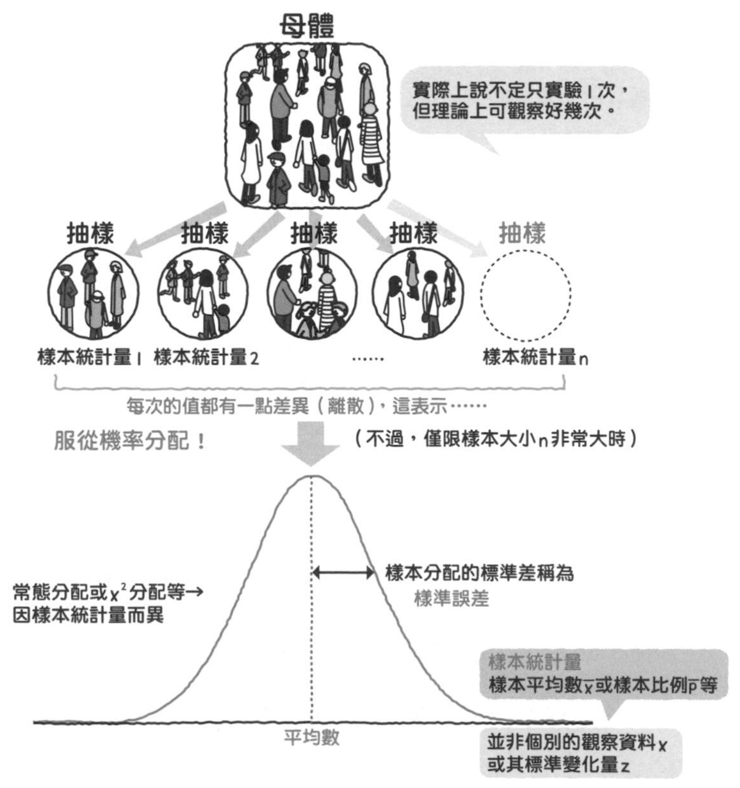

樣本分配（sample distribution）··· 由母體重複隨機抽樣的樣本統計量（樣本平均數等）的機率分配。為了評估誤差，不考慮個別資料的值，而考慮樣本統計量。

▶▶▶ 樣本平均數的分配（常態分配）

● 樣本大小夠大時，樣本平均數 $\bar{x}$ 的分配服從常態分配。

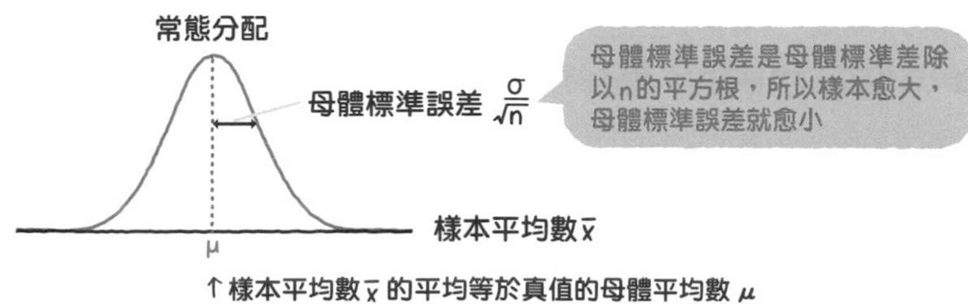

▶▶▶ 標準化後的樣本平均數的分配（z 分配）

● 標準化後的樣本平均數 $z_{\bar{x}}$ 服從標準常態分配（z 分配）。

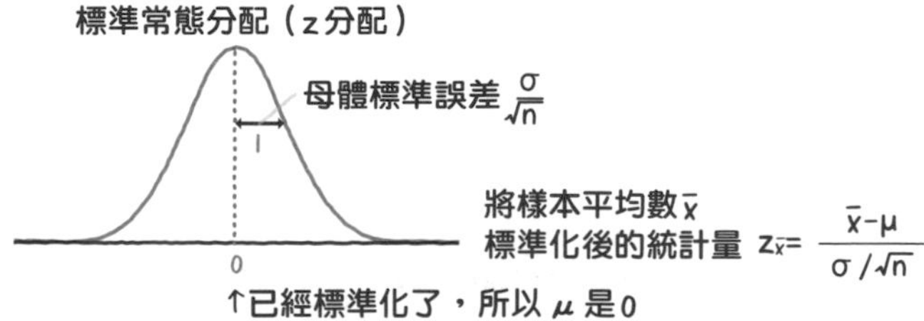

▶▶▶ 準標準化後的樣本平均數的分配（t 分配）

● 因不知道母體變異數，所以使用不偏標準誤經準標準化後的樣本平均數 $t_{\bar{x}}$ 服從t分配。

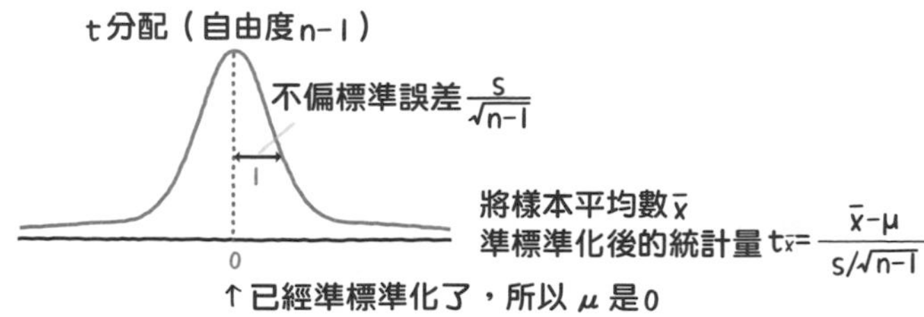

標準誤（standard error）··· 指的是樣本統計量的離散，表示由樣本所得估計量的誤差（⇔精度）大小。例如樣本平均數的標準誤，可用標準差除以樣本大小的平方根得知。

樣本統計量的分配②

～比例的分配～

樣本比例的分配（常態分配）

- 樣本比例 $\hat{p}$ 的分子「具備某性質的元素數量x」服從二項分配。
- 因此，只要樣本大小n變大（＝試驗次數超過100次），樣本比例也服從常態分配。

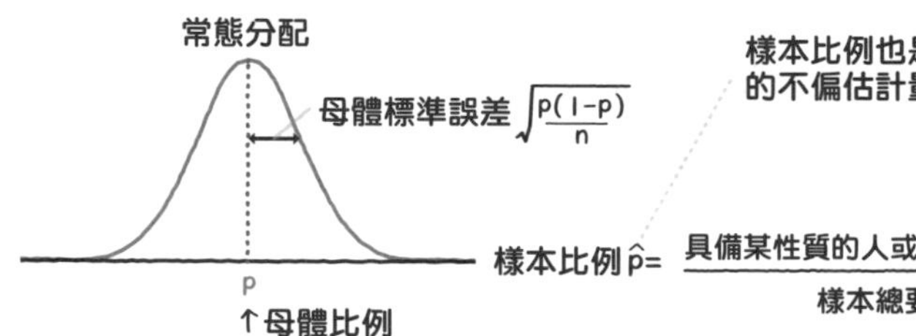

樣本比例與其離散

- 具備某性質的元素（人等）占母體的比例稱為母體比例p，占樣本的比例則稱為樣本比例 $\hat{p}$ 。
  →例如針對某政黨支持率進行樣本調查時（n=100），如果有30名回答「支持」（x=30），樣本比例 $\hat{p}$ 即為0.3。

- 以具備某性質的元素數量x為隨機變數的二項分配，其平均數為np，變異數為np(1−p)。
  →樣本比例的平均數（亦即真值的母體比例）為np除以母體總元素數量n所得到的數值p，同理可證，母體變異數則為np(1−p)除以總要素數量n所得到的數值p(1−p)。
  →母體變異數為p(1−p)，因此母體標準差為其平方根 $\sqrt{p(1-p)}$，母體標準誤則是母體標準差除以 $\sqrt{n}$ 所得到的數值 $\sqrt{p(1-p)/n}$ 。

- n夠大時（參考值是100以上），二項分配近似常態分配，因此將樣本比例 $\hat{p}$ 視為服從平均數（母體比例）p、母體標準誤差 $\sqrt{p(1-p)/n}$ 的常態分配並無不妥。

樣本比例（sample ratio）… 具備某性質的要素占樣本的比例。分子服從二項分配，因此樣本大小愈大（n≥100）時，就會近似服從以母體比例為中心的常態分配。

6

樣本統計量的分配③

～變異數的分配～

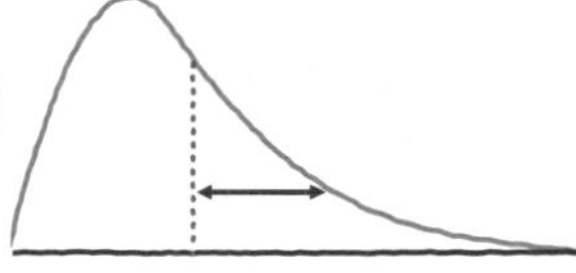

樣本變異數的分配（χ^2分配）

- 並沒有樣本變異數 s^2 服從的機率分配，因此將其轉換成與樣本變異數 s^2、或不偏變異數 $\hat{\sigma}^2$ 成比例的統計量，以服從 χ^2 分配 。
- 用於母體變異數的區間估計和檢定。

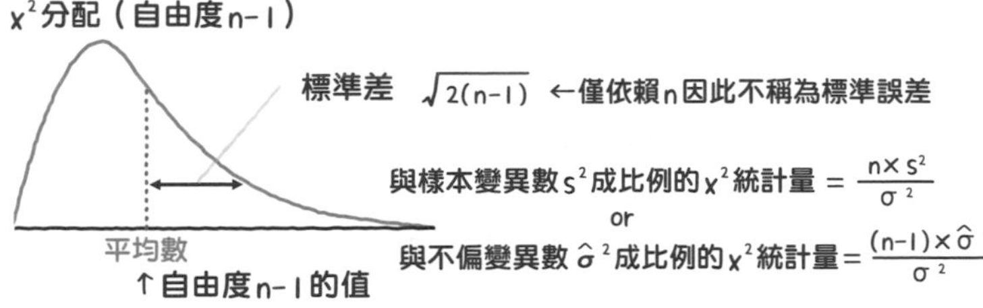

與樣本變異數、不偏變異數成比例的統計量轉換方法

①因母體平均數 μ 未知，取而代之用一個樣本平均數 $\bar{x}$ 的 χ^2 值，自由度要減1成為n-1。

$$\chi^2_{(n)}=\frac{\Sigma(x-\mu)^2}{\sigma^2} \longrightarrow \chi^2_{(n-1)}=\frac{\Sigma(x-\bar{x})^2}{\sigma^2}$$

② $\chi^2_{(n-1)}$ 的分子，和以下樣本變異數與不偏變異數的分子一樣。

$$\text{樣本變異數 } s^2=\frac{\Sigma(x-\bar{x})^2}{n} \qquad \text{不偏變異數 } \hat{\sigma}^2=\frac{\Sigma(x-\bar{x})^2}{n-1}$$

③因此，根據①和②，以下關係式成立

$$\sigma^2\times\chi^2_{(n-1)}=n\times s^2 \quad \text{or} \quad (n-1)\times\hat{\sigma}^2$$

④綜上所述解出 χ^2，即可得到分別和樣本變異數與不偏變異數成比例的以下統計量。這些統計量當然也服從 χ^2 分配。

$$\chi^2_{(n-1)}=\frac{n\times s^2}{\sigma^2} \quad \text{or} \quad \frac{(n-1)\hat{\sigma}^2}{\sigma^2}$$

樣本變異數的分配（sample variance distribution）⋯ 因為沒有樣本（不偏）變異數服從的機率分配，所以轉成和樣本（不偏）變異數成比例的統計量，該統計量就服從自由度為n-1的 χ^2 分配。

樣本統計量的分配④

～相關係數的分配～

相關係數的分配（常態分配）【ρ≠0時】

- 母體相關係數ρ不為0時，樣本相關係數r服從如下圖所示的偏斜分配，無法直接使用。
- 不過，只要進行Fisher的z轉換，就會服從常態分配，即可用於如估計母體相關係數的信賴區間（66頁）時。

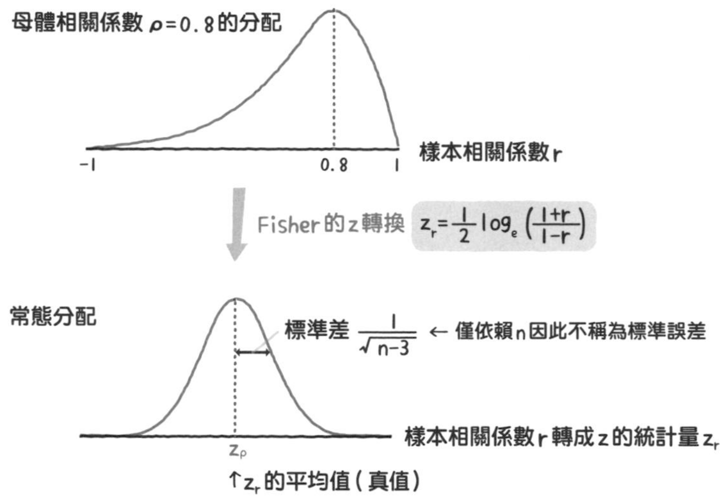

Fisher的z轉換和自然對數

Fisher的z轉換要用到反雙曲正切函數，這是高中沒學過的三角函數的同伴。利用此函數轉換，不但可近似常態分配，標準差（當然也包含變異數）也會僅依賴n（這表示穩定，是好事），非常適合用來進行區間估計。此外，z轉換後的z_r雖然和標準化統計量一樣使用z符號，但並未標準化（如果ρ已知，也可能標準化）。

不過，$\log_e$表示自然對數（也可以寫成ln）。所謂自然對數，就是以2.71……等無法整除的數學常數e為底的對數，是指數函數e^x的反函數。例如$\log_e x$就表示e乘幾次後會成為x。

相關係數的分配（distribution of the sample correlation coefficient）… 樣本相關係數當母體相關係數=0時，服從自由度n-2的t分配。母體相關係數≠0時，則進行服從z分配的Fisher的z轉換。

▶▶▶相關係數的分配（t分配）【ρ=0時】

- 母體相關係數ρ為0，亦即零相關時，樣本相關係數r準標準化後，服從t分配。
- 可用於相關係數的檢定（零相關的檢定）。

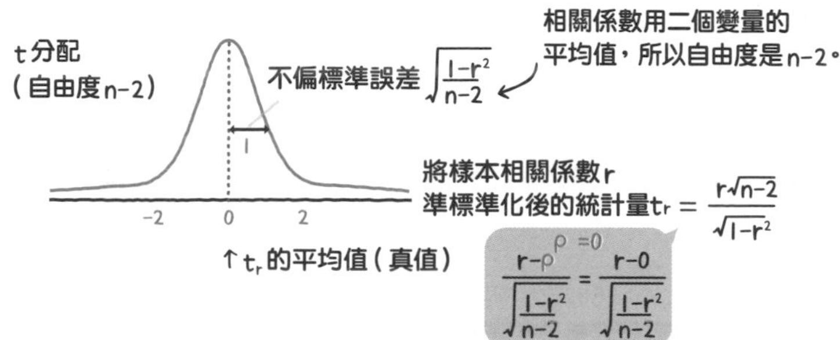

偶爾課堂上有學生會問「老師，用Excel老是會出現錯誤」。

Excel有時會顯示「2E-08」或「3.5E+08」等，其實這些並不表示錯誤。

這是因為儲存格能輸入的數字有限，所以位數多的數值就會顯示為10的乘冪，也就是以指數來表示（E是指數的英語Exponent的第一個字母）。

例如2E-08就是2×10^{-8}，亦即0.00000002。同理可證3.5E+08就是3.5×10^{8}，亦即35000000。

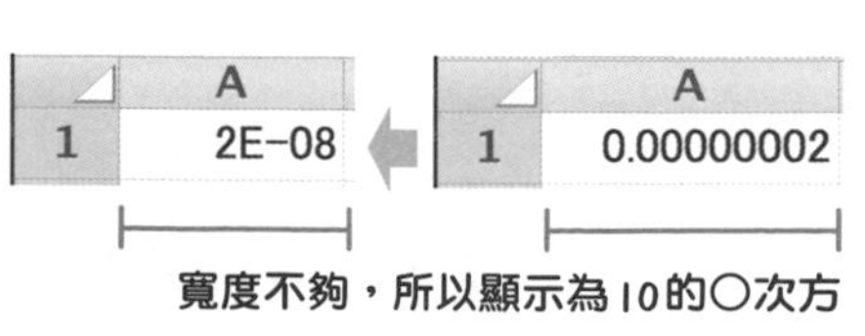

偏離真值

～系統誤差與偶然誤差～

母數和統計量的偏離（差）稱為誤差，誤差又分成偏離方向（過大、過小）已確定的系統誤差，以及未確定的偶然誤差。

誤差

- 真值的母數和由樣本算出的統計量之間，通常都會有所偏離。這種偏離就稱為誤差。

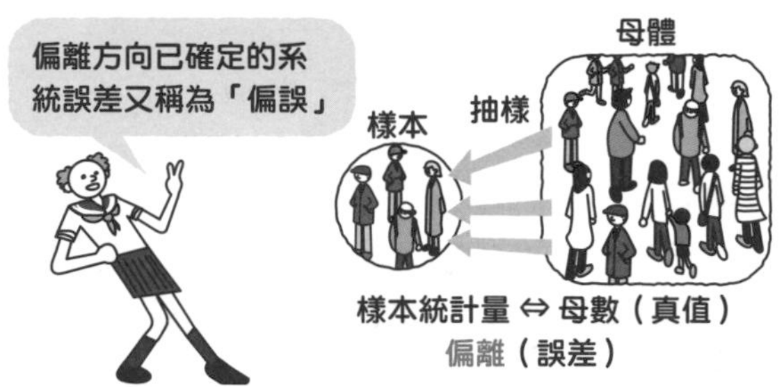

誤差發生原因

- 例如夏天在室外用金屬尺來觀察長度，因為熱脹冷縮尺變長的關係，不管觀察幾次，測量值應該都會小於真值。這就是系統誤差。
- 就算沒有系統誤差，也可能因為其他各種原因（如尺的精度太低等），導致測量值略微偏離真值。這就是偶然誤差。

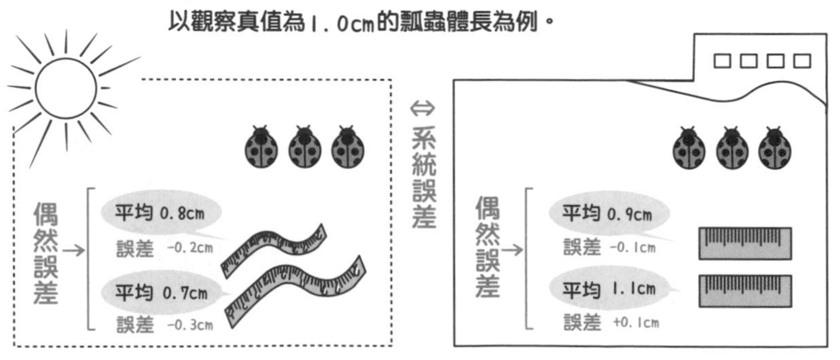

誤差（error）… 測量值（統計量）和真值（母數）之間的差異，由系統誤差和偶然誤差組成。

系統誤差（systematic error）… 量具和測量環境的問題（如習慣等）所造成的誤差，有固定的偏離方向。

▶▶▶系統誤差與偶然誤差

- **系統誤差**：只要知道原因和偏離的大小，就可以消除、修正的誤差。此外，透過隨機（160頁）和局部控制（162頁），就可以避免對結果造成不好的影響。
- **偶然誤差**：雖無法消除或修正，但樣本平均數的偶然誤差和樣本大小密切相關，所以做為標準誤差評估大小、重複（158頁），即可變小。

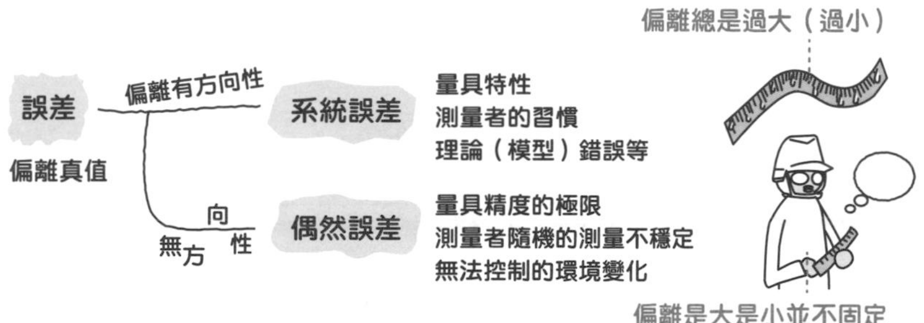

▶▶▶標準誤（樣本平均數）

- 標準誤是樣本分配的離散，是樣本平均數偶然誤差的指標。
- 這是標準差除以自由度平方根所得數值，所以樣本大小愈大，標準誤愈小（精度提高）。
- 樣本平均數的標準誤，相當於樣本平均數的標準差。

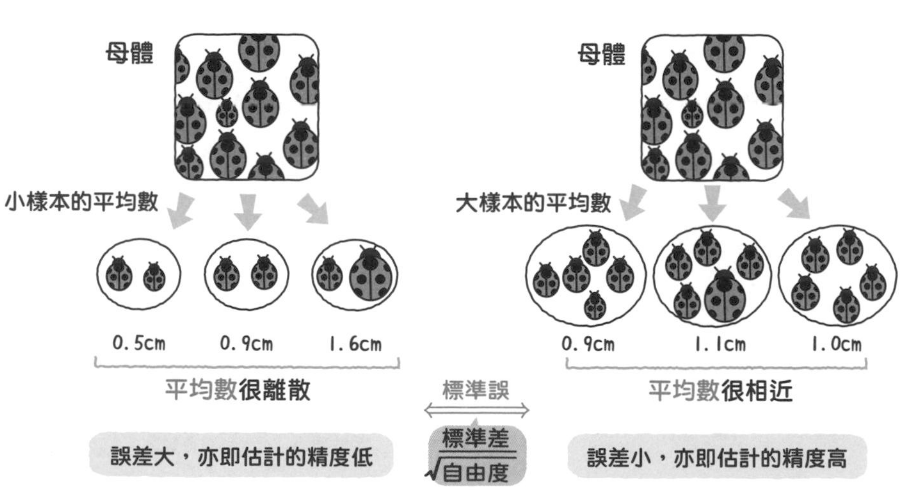

偶然誤差（random error）… 因量具的精度極限等原因產生的誤差，偏離的方向不固定。因此無法完全消除，但可透過重複變小。

樣本平均數相關的二大定理

～大數法則與中央極限定理～

樣本平均數隨著樣本數變大，會出現以下現象：

①趨近真值的母體平均數（大數法則）。

②和母體平均數的偏離（偶然誤差）趨近於常態分配（中央極限定理）。

大數法則

- 試驗重複多次後，經驗的機率也會趨近理論的機率。

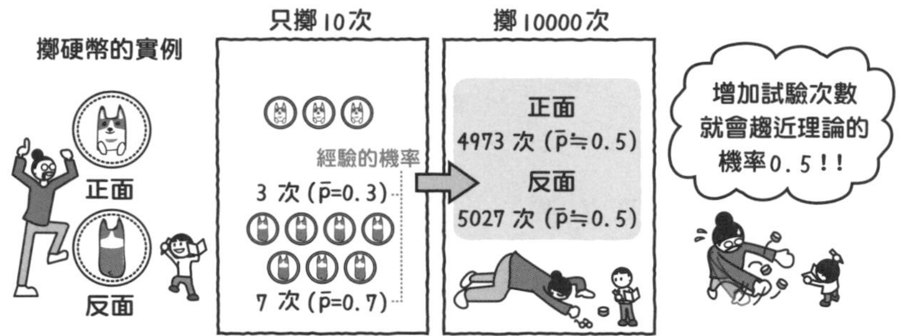

樣本平均數的大數法則

- 樣本平均數也會因樣本數愈大，而愈趨近真值的母體平均數。
- 這也保證只要實驗愈多次，觀察愈多資料，愈可提升估計的精度（讓誤差變小）。

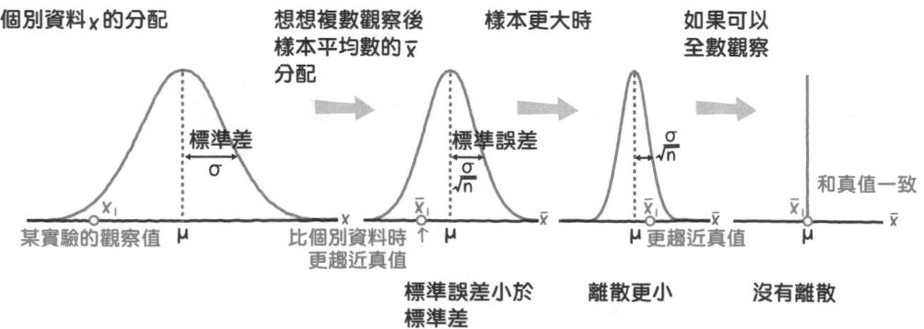

大數法則（Law of large numbers）…試驗次數少時的經驗的機率雖有偏誤，但試驗次數多了後就會趨近理論的機率。

▶▶▶中央極限定理

- 個別資料的母體就算不是常態分配，從母體抽樣的樣本數只要夠大（基準是30個以上），就保證樣本平均數會是常態分配。
- 例如大樣本時二項分配會趨近常態分配，就是中央極限定理的最佳事例。

→大多數統計方法的前提都是資料為常態分配，所以這個保證真是令人感動。

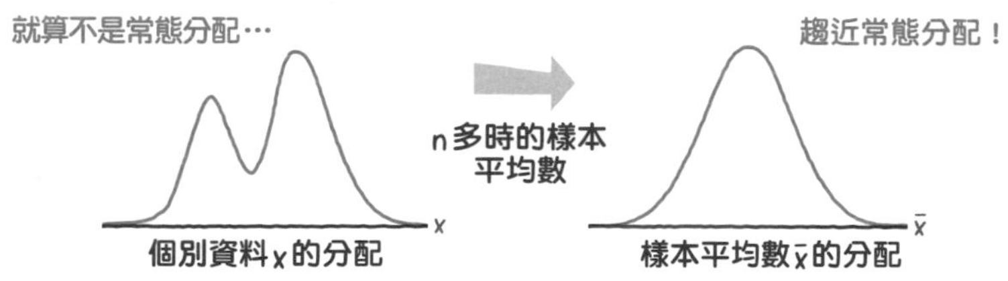

- 再用誤差來說明，如下圖所示，樣本平均數和真正的平均數的差異，亦即誤差，是無方向性的偶然誤差，不過一旦樣本變大，就會趨近以0為中心的常態分配。

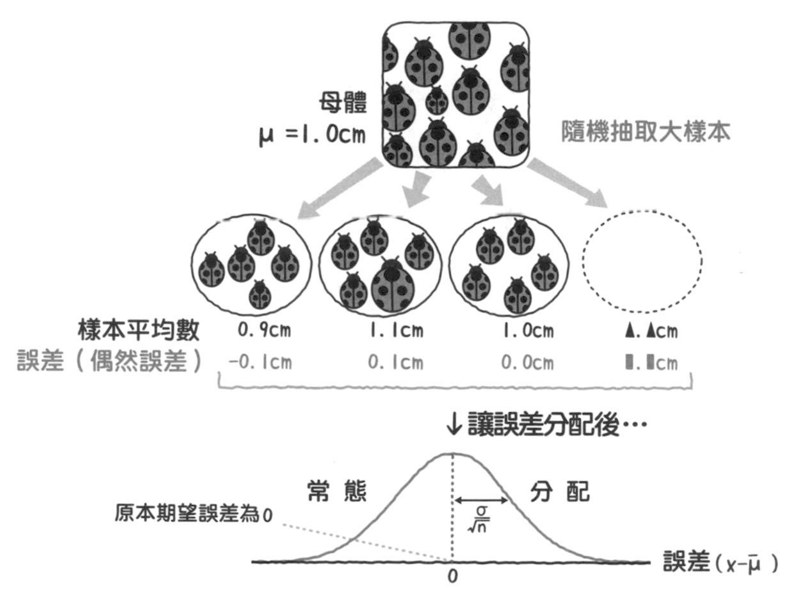

中央極限定理（central limit theorem）… 大樣本下，誤差的分配趨近平均數0、變異數 σ^2/n的常態分配。因此就算母體不是常態分配，只要是大樣本，樣本平均數就服從常態分配。

I believe them.

第4章　信賴區間估計

有範圍的估計①

～母體平均數的信賴區間～

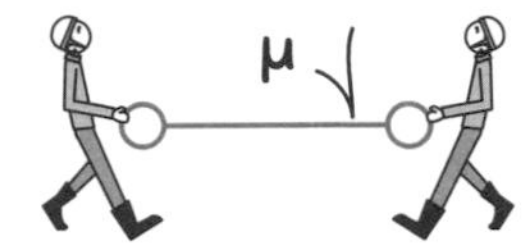
μ

由樣本估計母體平均數和變異數可能的落點區間。
區間的範圍就表示誤差的大小，所以不同於用一個值來表示的不偏估計（點估計），精確度也可一目瞭然。

▶▶▶區間估計

- 由樣本的統計量估計母數的範圍。
- 除了母體平均數外，還有母體比例、母體變異數、母體相關係數等的區間估計。

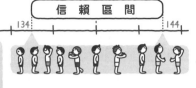

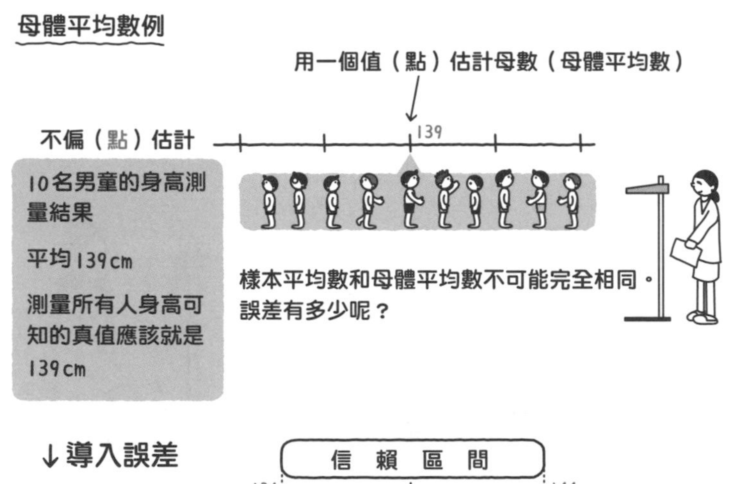
母體平均數例
用一個值（點）估計母數（母體平均數）
不偏（點）估計
139
10名男童的身高測量結果
平均139cm
測量所有人身高可知的真值應該就是139cm
樣本平均數和母體平均數不可能完全相同。
誤差有多少呢？
↓導入誤差
信　賴　區　間
區間估計
134
144
10名男童的身高測量結果
有95%的機率男童身高的真值會落在134cm到144cm之間吧
取一個範圍顯示母數可能落入的區間，
也可以了解估計的精確度，很方便♪

信賴區間（confidence interval）… 母數（真值）可能存在的範圍。由信賴界限下限和上限圍起的範圍。
區間估計（interval estimation）… 取一個範圍來估計母數。範圍也顯示出估計精確度，簡單明瞭。

▶▶▶ 信賴係數（信賴度、信心水準）

- 實施100次抽樣以估計區間，約95次母數會落入估計區間內，稱為「95%的信賴係數」。
- 一般會用95%的信賴係數。99%當然更好，但如此一來區間範圍太大，會變成無意義的估計，這一點要小心。

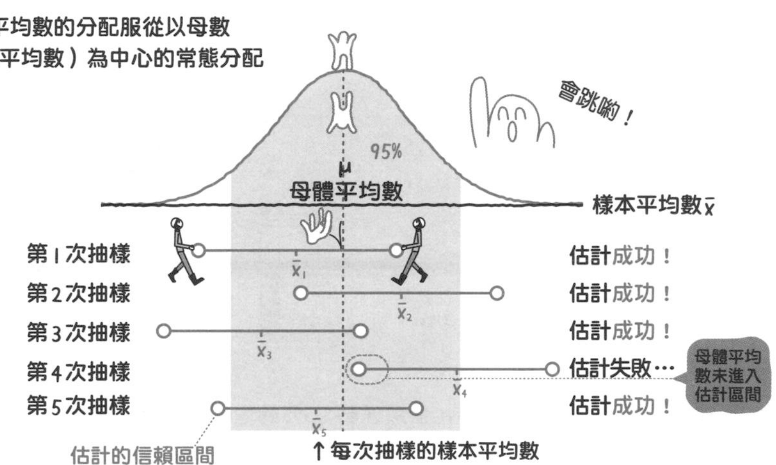

- 區間估計的大致步驟

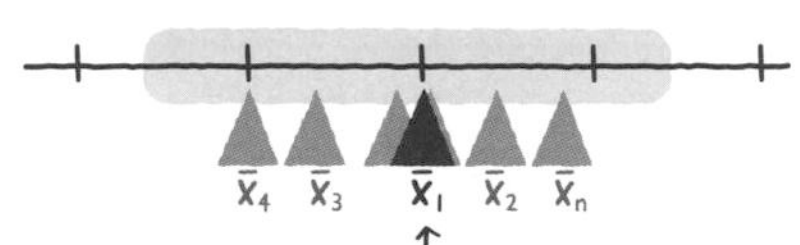

母體平均數 μ 很可能在這附近！
實際上只實驗一次，所以用此樣本平均數為中心，兩邊取誤差

步驟①：母體平均數 μ 未知，所以用實驗觀察到的樣本平均數$\bar{x}_1$為母體平均數。

步驟②：以樣本平均數為中心，在左右兩邊取誤差，求出母體平均數存在的區間。誤差大小依信賴係數和樣本大小而異。

信賴係數（confidence coefficient）… 母數落在估計區間內的機率。也稱為信賴度或信心水準。一般使用95%，誤差較大的社會科學領域也會使用90%。

▶▶▶ 使用常態分配的母體平均數區間估計

● 這是區間估計的基礎方法，只能用在大樣本或已知母體變異數的情形。

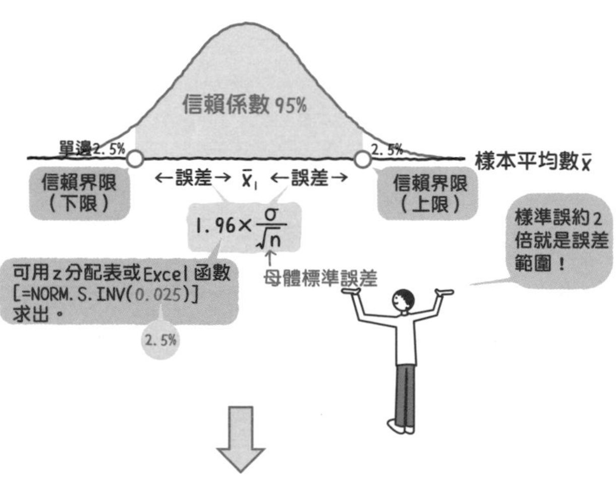

● 已知母體變異數時，母體平均數 μ 信賴係數95%的信賴區間是……

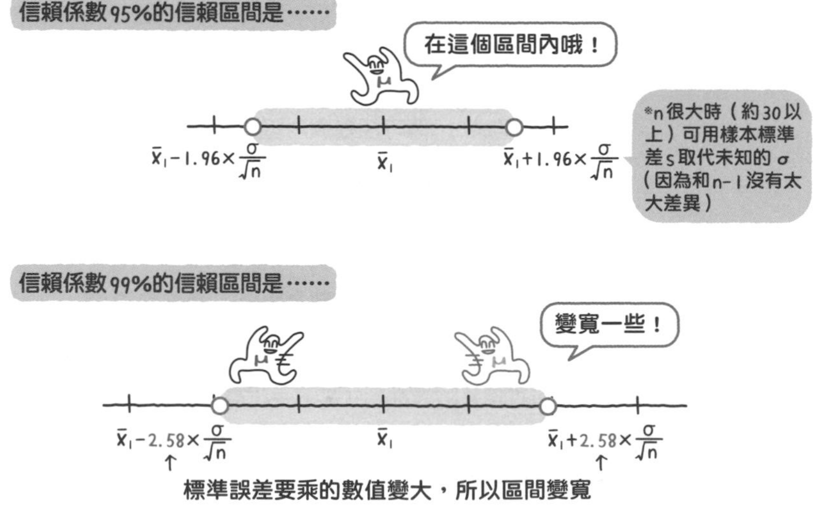

母體平均數的信賴區間（confidence interval for mean）··· 已知母體變異數時，可用常態分配或z分配來估計，未知時用t分配估計，所以樣本小時區間的範圍會變大。

▶▶▶ 使用標準化常態（z）分配的母體平均數區間估計

- 標準化後的樣本平均數離散（標準誤）為 1，所以更為簡單。

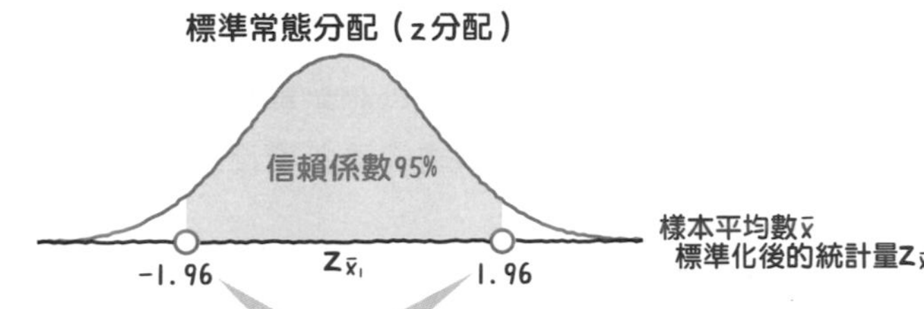

母體標準誤 $\left(\frac{\sigma}{\sqrt{n}}\right)=1$，所以就是 $z_{\bar{x}_1} \pm 1.96$（信賴係數99%時為 ± 2.57）

- 使用標準化常態分配時，母體平均數 μ（=0）信賴係數95%的信賴區間是……

$$z_{\bar{x}_1} - 1.96 \leqq 0 \leqq z_{\bar{x}_1} + 1.96$$

$$\bar{x}_1 - 1.96 \times \frac{\sigma}{\sqrt{n}} \leqq \mu \leqq \bar{x}_1 + 1.96 \times \frac{\sigma}{\sqrt{n}}$$

代入 $z_{\bar{x}} = \frac{\bar{x} - \mu}{\sigma / \sqrt{n}}$ 的公式求 μ，就和使用常態分配時的公式相同

▶▶▶ 使用 t 分配的母體平均數區間估計

- 樣本不大且母體變異數未知時，使用 t 分配估計。
- 預測誤差較 z 分配大，所以估計的區間也更寬。

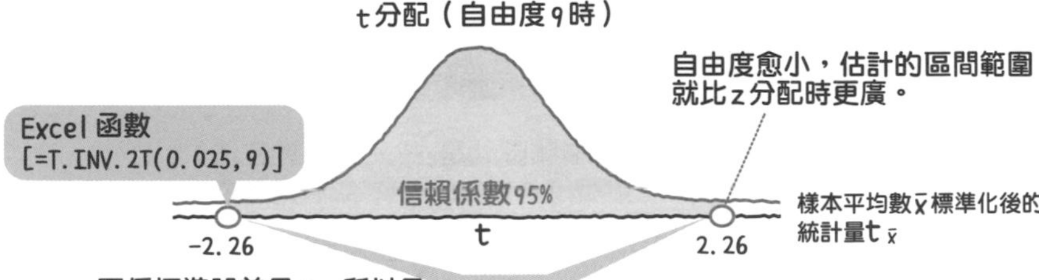

不偏標準誤差是 1，所以是 $t_{\bar{x}_1} \pm 2.26$

惟信賴界限不只會因信賴係數改變，也會因自由度而改變

練習

n=10、母體變異數未知時，母體平均數 μ 信賴係數95%的信賴區間是……

$$t_{\bar{x}_1} - 2.26 \leqq 0 \leqq t_{\bar{x}_1} + 2.26$$

$$\bar{x}_1 - 2.26 \times \frac{s}{\sqrt{n-1}} \leqq \mu \leqq \bar{x}_1 + 2.26 \times \frac{s}{\sqrt{n-1}}$$

代入 $t_{\bar{x}} = \frac{\bar{x} - \mu}{s / \sqrt{n-1}}$ 的公式求 μ……

信賴區間的寬度（confidence interval width）…信賴區間愈窄愈實用，用高信賴係數（t分配時也會受到小樣本的影響）去估計，寬度就會變寬。

4 2

有範圍的估計②

～母體比例的信賴區間～

和母體平均數一樣，也有母體比例和母體變異數（65頁）的區間估計。
母體比例的估計可用於電視節目收視率等各種情形。

▶▶▶ 母體比例的區間估計（常態分配）

- 和平均數相同，是觀察到的樣本比例左右各取標準誤差1.96倍（信賴係數95%時）的區間。

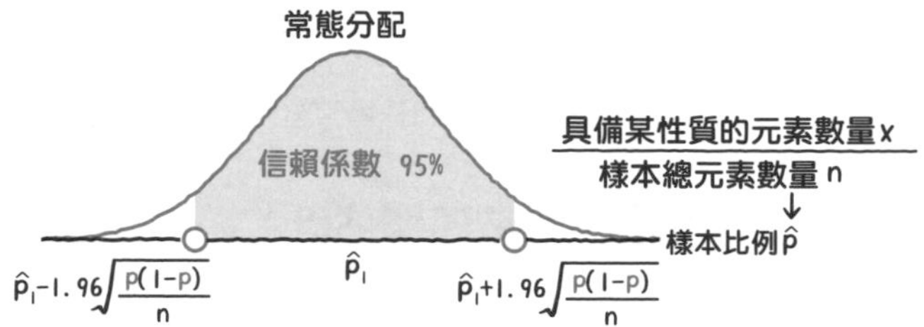

- 母體標準誤在不知母體比例p時無法計算，樣本極大時（n≧100）用近似的樣本比例$\hat{p}$來計算。

大樣本時，母體比例p信賴係數95%的信賴區間是……（Wald的方法）

$$\hat{p}_1-1.96\sqrt{\frac{\hat{p}_1(1-\hat{p}_1)}{n}} \leq p \leq \hat{p}_1+1.96\sqrt{\frac{\hat{p}_1(1-\hat{p}_1)}{n}}$$

信賴係數99%時為2.58

小樣本時會比原本的信賴係數區間窄，因此利用以下公式（Agresti和Coull的方法）修正後估計。

方法和Wald的方法幾乎相同，只是計算$\hat{p}$時，在分母（總元素數量n）加4，在分子（具備某性質的元素數量x）加2成為$\hat{p}'$。

$$\hat{p}_1'-1.96\sqrt{\frac{\hat{p}_1'(1-\hat{p}_1')}{n+4}} \leq p \leq \hat{p}_1'+1.96\sqrt{\frac{\hat{p}_1'(1-\hat{p}_1')}{n+4}} \qquad 惟\ \hat{p}_1'=\frac{x+2}{n+4}$$

母體比例的信賴區間（confidence interval for proportion）…用於預測收視率或選舉得票率等。大樣本時用常態分配估計（Wald的方法），小樣本時則用Agresti和Coull的方法估計。

有範圍的估計③

～母體變異數的信賴區間～

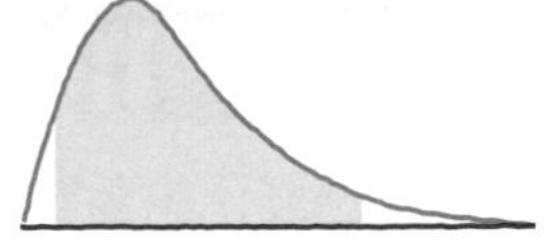

▶▶▶母體變異數的區間估計（χ^2分配）

- 母體變異數的區間估計，是利用和樣本變異數及不偏變異數成比例的統計量服從 χ^2分配（51頁）來間接估計。

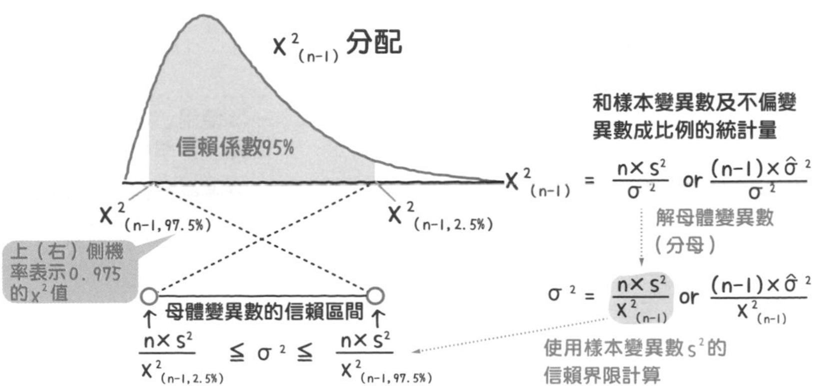

舉例來說，樣本大小（資料數）n=5時，用樣本變異數s^2估計母體變異數 σ^2信賴係數95%的信賴區間是……

$$\frac{5\times s^2}{11.143} \leqq \sigma^2 \leqq \frac{5\times s^2}{0.484}$$

樣本變異數s^2可由樣本資料計算

χ^2值不只會因信賴係數改變，也會因自由度而改變

練習

某人捕獲了5隻瓢蟲如下：用這些瓢蟲的體長，以不偏變異數 $\hat{\sigma}^2$來估計母體變異數99%信賴區間吧。

5mm

15mm

10mm

11mm

8mm

$$\frac{(5-1)\times 13.7}{14.860} \leqq \sigma^2 \leqq \frac{(5-1)\times 13.7}{0.207}$$

不偏變異數 $\hat{\sigma}^2 = \frac{\Sigma(x-\bar{x})^2}{n-1} = 13.7$

求自由度4、右側0.5%的χ^2的Excel函數
[=CHISQ.INV(0.005,4)]

答案：母體變異數99%的信賴區間是（3.69mm², 264.73mm²）

母體變異數的信賴區間（confidence interval for variance）…用於重視品質穩定性的品質管理領域等。利用和樣本變異數及不偏變異數成比例的統計量服從自由度n-1的x^2分配，間接估計。

有範圍的估計④

～母體相關係數的信賴區間～

母體相關係數的區間估計（常態分配）

●利用對樣本相關係數r進行Fisher的z轉換（52頁）後的統計量趨近常態分配來估計。

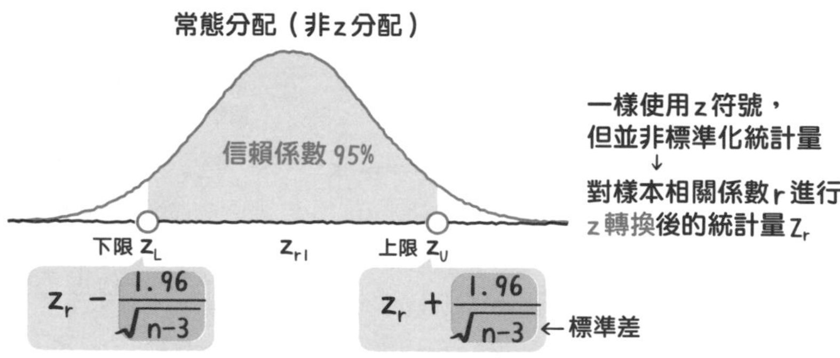

母體相關係數 ρ 信賴係數95%的信賴區間是

$$z_{r1} - \frac{1.96}{\sqrt{n-3}} \leqq z_\rho \leqq z_{r1} + \frac{1.96}{\sqrt{n-3}}$$

$\frac{1}{2}\log_e\left(\frac{1+\rho}{1-\rho}\right)$

光這樣不過是z轉換後的值而已，
不易了解，所以反轉換回去

$$\frac{e^{2z_L}-1}{e^{2z_L}+1} \leqq \rho \leqq \frac{e^{2z_U}-1}{e^{2z_U}+1}$$

自然對數的底e的 $2z_L$ 次方

以e為底的數字乘冪，只要使用Excel的EXP函數即可簡單求出！（參閱右側專欄）

母體相關係數的信賴區間（**confidence interval for correlation coefficient**）··· 樣本相關係數服從左右不對稱的分配，因此利用Fisher的z轉換後的統計量服從常態分配來估計。

專欄 Excel的函數

Excel有函數此項十分便利的功能。函數已經按照目的，事先寫好公式。用法也很簡單，只要在儲存格中輸入「＝函數名（引數）」，就可以不需要自己編寫公式去做各種計算。

以下說明EXP函數，亦即以傳回e（＝2.718…）為底的數字乘冪為例。

①在「公式」頁籤中選擇「插入函數」，搜尋函數「EXP」後選擇「EXP」。當然，也可以在儲存格中直接輸入「＝EXP（數字）」。

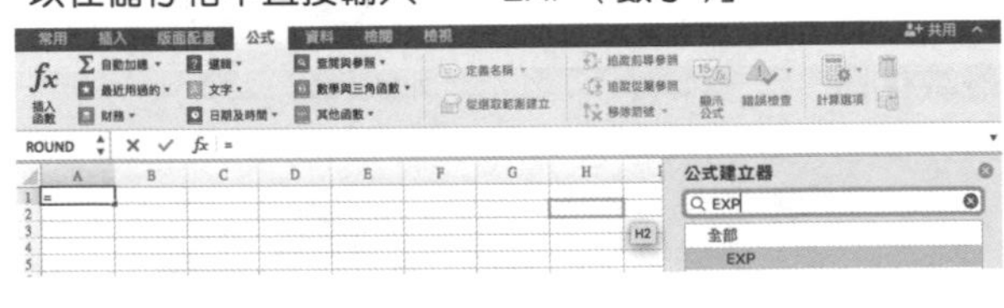

②在數值（亦即引數）的位置中指定乘冪的數字（e的幾次方）。可以直接在插入函數的對話框中輸入數字、輸入有數字的名稱方塊，或用滑鼠指定。

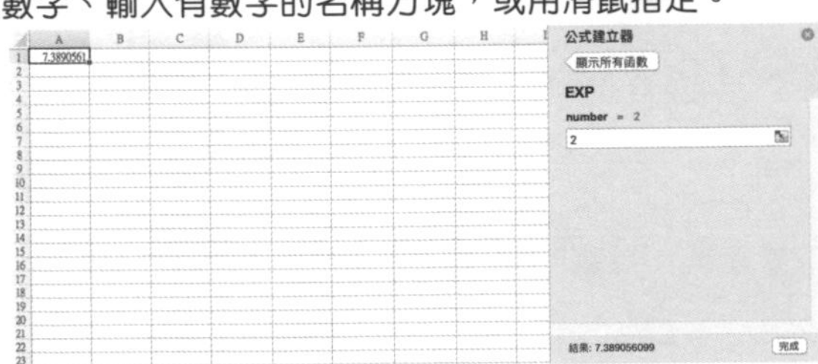

③按下（Enter）鍵，或按下視窗的確定鈕，即傳回數字（答案）。順帶一提，如果輸入2為引數，就是e的2次方，會傳回7.389……。

模擬估計母數

～拔靴法～

小樣本時就算無法假設母體的機率分配，也能估計母數的方法。

自手邊資料重複進行可置換抽樣，產生許多重複抽取樣本，由其統計量來估計母數。

這是統計學中的蒙地卡羅法（Monte Carlo Method）之一，不使用亂數，而是使用實際資料來估計分配。

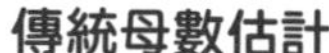

小樣本時的母體分配

傳統母數估計

大樣本

母數估計

母體

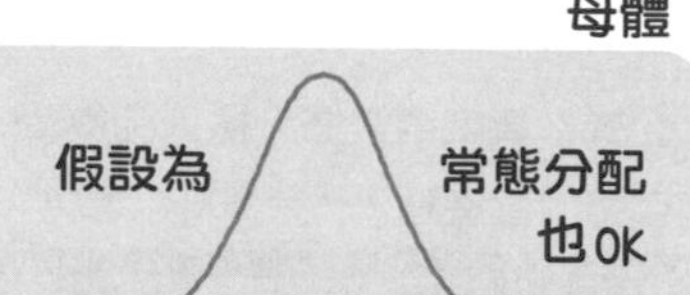
假設為
常態分配
也OK

小樣本時

小樣本

母數估計

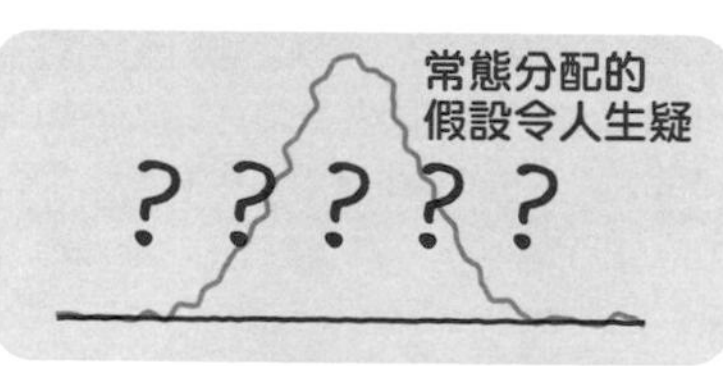
常態分配的
假設令人生疑
? ? ? ? ?

即使勉強假設有常態性而使用t分配估計，誤差也太大，無法成為實用的估計（信賴區間太廣等）

光用手邊資料，如何才能高度精確地估計母數？？

拔靴（bootstrap）⋯ 這裡指的是穿靴子時方便提一下靴子，讓腳更容易穿入的拔靴帶。比喻不可能的動作時，有一種說法是「pull oneself up by one's own bootstraps」（拎著拔靴帶把自己提起來），後來引申為「靠自己振作起來」之意。

▶▶▶ 重複抽取樣本（Resample）

- 原始樣本（觀察到的手邊資料）應該具備母體特徵。
- 既然如此，由原始樣本抽樣的新樣本（重複抽取樣本）應該也具備母體特徵。

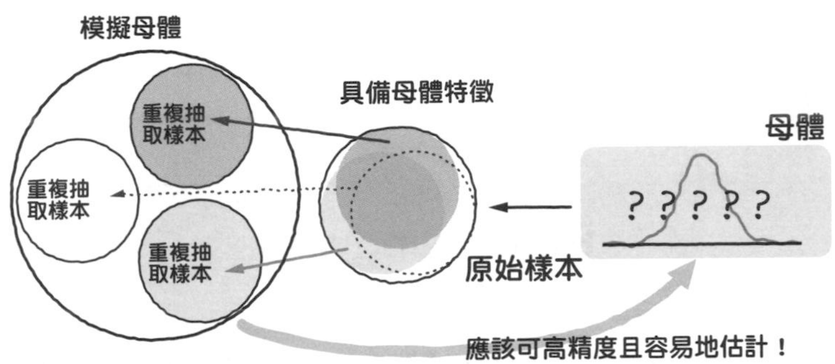

▶▶▶ 拔靴法（Bootstrap Method）

- 拔靴法就是利用重複抽取樣本的統計量（平均數等）來估計母數。
- 利用可置換抽樣法（放回抽出的值），大量自原始樣本抽樣相同大小的重複抽取樣本。重複1,000～2,000次左右，即可得到穩定的統計量的值。
- 使用新得出的平均數和樣本標準差，即可估計出更狹窄的區間。

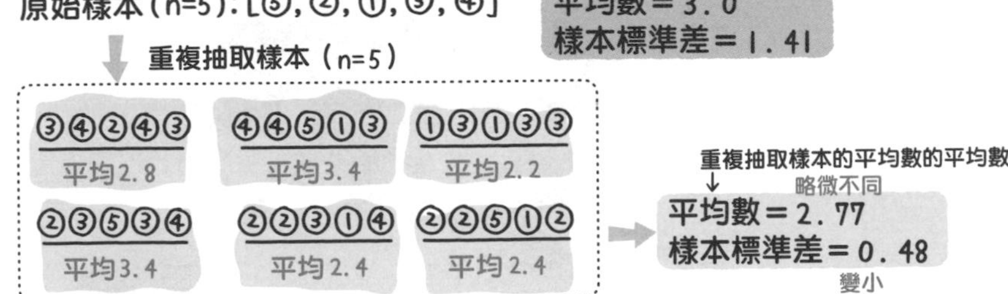

練習

母體平均數信賴係數95%的信賴區間（上例：n=5）

傳統方法（t分配）	$3.00 \pm 2.78 \times 1.41/\sqrt{4} \rightarrow (1.04, 4.96)$	變窄！
拔靴法	$2.77 \pm 2.78 \times 0.48/\sqrt{4} \rightarrow (2.10, 3.44)$	

拔靴法（bootstrapping）⋯ Efron提倡的蒙地卡羅法（模擬方法）之一。自手邊的n個資料中，以可置換抽樣重複抽樣相同大小的重複抽取樣本，根據這些重複抽取樣本的統計量來估計母數。

Reject and win.

第5章　假設檢定

5 1

判斷是否有差異

～假設檢定～

根據觀察到的複數平均數和變異數之間的差異，判定母體是否也有這些差異。根據要比較的統計量種類，有各種檢定。

▶▶▶特定值和樣本平均數的檢定

型錄上的油耗 ⟷比較⟷ 使用者測量的實際油耗

例 型錄上記載的A車款油耗，和使用者測量的實際油耗有差嗎？

▶▶▶特定比例和樣本比例的檢定

目標支持率 ⟷比較⟷ 問卷調查的支持率

例 支持率低於30%就想解散內閣，但問卷調查支持率為20%。應該解散內閣嗎？

▶▶▶特定變異數和樣本變異數的檢定

可容忍的內容量不均 ⟷比較⟷ 某生產線產品的內容量不均

例 某產線生產的零食1袋的容量，其內容量不均是否超出可容忍的基準？

特定值和樣本統計量的檢定（one sample test）･･･ 比較「觀察到的一個樣本統計量」和「已知特定統計量」（平均數、變異數、比例等），用機率判定母體是否也有這些差異的方法。

▶▶▶ 零相關的檢定

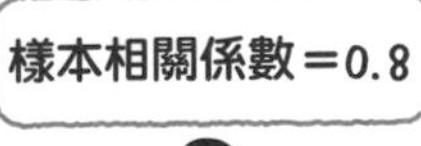

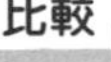

母體相關係數＝0

例 運動量和體重之間是否有負相關關係？

▶▶▶ 平均數差異的檢定

班上男學生的平均數

班上女學生的平均數

例 男生成績和女生成績之間是否有差異？

▶▶▶ 變異數同質性的檢定

A工廠螺絲的不均

B工廠螺絲的不均

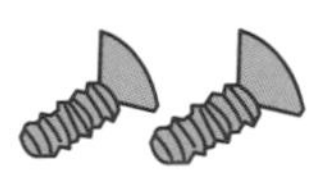

例 A工廠生產的螺絲和B工廠生產的螺絲，兩者的長度不均是否有差異？

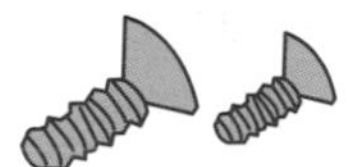

▶▶▶ 比例差異的檢定

A產線的良率

比較

B產線的良率

例 A產線生產的液晶面板和B產線生產的液晶面板，良率是否有差異？

兩組樣本的檢定（two sample test）…根據條件和處理分成兩組時，用機率判定觀察到的兩組樣本統計量（平均數、變異數、比例等）在母體是否也不同的方法。

5 | 2

二大假設

～虛無假設和對立假設～

檢定時為了用機率判定有關母體的假設是否正確，建立什麼假設就至關緊要。

▶▶▶虛無假設

- 建立和研究主張（想採用）的內容相反的假設，這種假設稱為虛無假設。
- 內容是「沒有差異」或者是「沒有處理的效果等」。
- 檢定就是要試著反證這個假設。

代表虛無假設的符號H_0

H_0：兩組的▲▲沒有差異

母體平均數或母體變異數等

母體
假設的真正對象

自相同母體抽樣

樣本  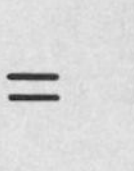  樣本

←實際是比較這裡

▶▶▶對立假設

- 虛無假設被拒絕時，取而代之被接受的假設就稱為對立假設。
- 也就是原本研究主張的內容。

代表對立假設的符號H_1

可想成是自不同母體抽樣出來的兩組樣本！

H_1：兩組的▲▲有差異

自不同母體抽樣

樣本  ≠  樣本

假設（hypothesis）… 事先針對母體建立的假設，可分成想拒絕（研究不主張）的虛無假設，和虛無假設被拒絕時所接受（研究主張）的對立假設。

HELLO WE ARE...

尼曼與皮爾生

Jerzy Neyman（1894-1981）
Egon Sharpe Pearson（1895-1980）

尼曼

皮爾生

現今使用虛無假設和對立假設的假設檢定程序，是由尼曼與皮爾生確立的方法。這裡提到的皮爾生，不是那位集敘述統計學大成的卡爾．皮爾生，而是他的兒子伊根．皮爾生。伊根生於倫敦，原本是在劍橋大學攻讀天文物理學，後來轉向統計學，進入父親卡爾的研究室。另一方面，生於摩爾多瓦（Moldova，前蘇聯）的尼曼為了受教於卡爾．尼爾生，特地前往倫敦留學，但卻和年紀相近的伊根更為意氣相投。兩人除了確立假設檢定外，也建立了區間估計等現代推論統計學的架構。順帶一提，尼曼也是最早在美國的大學成立統計學部的人。

其實現代假設檢定的基礎，也就是反證為母體建立的假設這種方法，最早提出的人其實是費雪。不過，他並未設定當假設被拒絕時取而代之被接受的假設。因此，尼曼和皮爾生除了設定對立假設，讓檢定內容更簡單明瞭外，還讓表示檢定有多優秀的「檢定力」（85頁）得以計算。換個角度來說，也就是設定虛無假設讓人們可選擇最佳檢定，可謂是劃時代的創意。

尼曼與皮爾生讓始於費雪的檢定有了突飛猛進的發展，可是費雪本人終其一生並不認可他們的假設檢定。可能也因為如此，尼曼本人最後也對假設檢定喪失自信，後期他幾乎沒有在自己的研究中直接使用過假設檢定。然而，之後建立對立假設的假設檢定價值重新獲得認可，除了成為學術研究不可或缺的統計工具外，在新藥認證、工廠抽檢等各種領域，也都看得到假設檢定活躍的身影。

假設檢定的步驟

從觀察到的資料容易取得的程度（實驗結果發生的機率），來判定事先建立的母體相關假設正確與否。

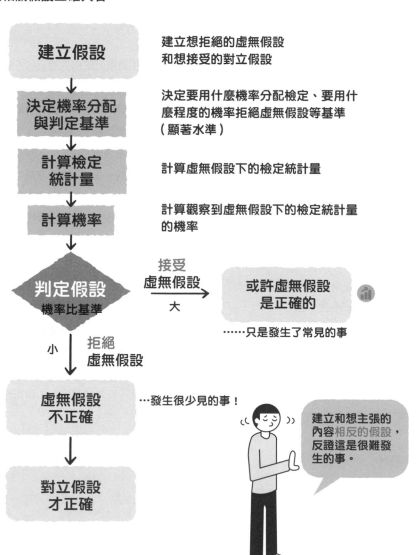

建立假設 — 建立想拒絕的虛無假設和想接受的對立假設

↓

決定機率分配與判定基準 — 決定要用什麼機率分配檢定、要用什麼程度的機率拒絕虛無假設等基準（顯著水準）

↓

計算檢定統計量 — 計算虛無假設下的檢定統計量

↓

計算機率 — 計算觀察到虛無假設下的檢定統計量的機率

↓

判定假設（機率比基準）

- 大 → 接受虛無假設 → 或許虛無假設是正確的 ……只是發生了常見的事
- 小 → 拒絕虛無假設 → 虛無假設不正確 …發生很少見的事！ → 對立假設才正確

建立和想主張的內容相反的假設，反證這是很難發生的事。

假設檢定（hypothesis testing）••• 從樣本難以取得的程度，也就是該資料被觀察到的機率有多低，來驗證事先建立母體的母數相關的虛無假設不成立的步驟。

接受虛無假設（＝判定「沒有差異」）是不行的

虛無假設（沒有差異）被拒絕時，解釋成虛無假設不正確，也就是「不是沒有差異（＝有差異）」。不過，不能拒絕虛無假設時，就要小心解釋了。

就算不能拒絕虛無假設，也不能就此判定成接受虛無假設，判定內容（沒有差異）為正確。因為只要重做實驗，或者增加資料，可能就可以拒絕虛無假設了。總之，就本次實驗觀察到的資料未能檢測出顯著差異，就只是這樣而已。因此，無法拒絕虛無假設時，也不要就此接受，請解釋成「保留判定」即可。

所以，假設檢定其實不過是「拒絕虛無假設」的程序，並非是用來證明虛無假設正確的方法。然而，在盛行減降成本的現代，愈來愈多領域想就此主張「沒有差異」，這也是事實。例如，生產新藥的公司就很想說自己的產品效果和成藥「有顯著差異」吧，寶特瓶廠商也想驗證用更便宜的原料生產的寶特瓶，強度沒有顯著差異吧。這種情形就會實施單尾檢定（100頁的不劣性試驗），查證「新藥效能比成藥差一成」等虛無假設。

專欄 為什麼不驗證要主張的假設呢？

不熟悉假設檢定的小學生常問：「為什麼不一開始就驗證想主張的假設呢？」

去考慮明明就想拒絕的假設，的確像是在繞遠路。可是大家來想想實際要驗證二個平均值的差異的情形。在不知道真正差異是大是小的時候，如何建立假設呢？要假設差異很小還是很大呢？

也就是說，因為要主張（有差異）的假設有無限可能，所以遲遲無法建立假設進入檢定的程序。所以建立只有唯一內容，也就是不想主張（沒有差異）的假設並加以反證，才是合理的做法。

特定值（母體平均數）和樣本平均數的檢定

比較「觀察到的樣本平均數」和「特定值（已知）」，用機率來判定兩者之間是否有差異。

這是最基本的假設檢定，迴歸係數的t檢定也屬於這一種。

又被稱為單一樣本平均數的檢定、單一樣本的檢定、母體平均數檢定等。

假設

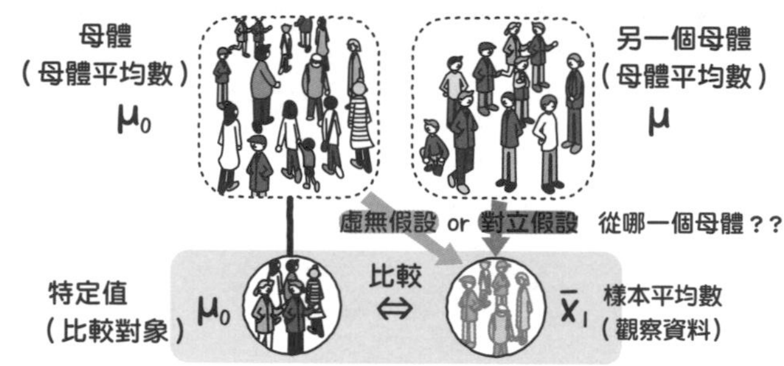

虛無假設
$H_0: \mu = \mu_0$

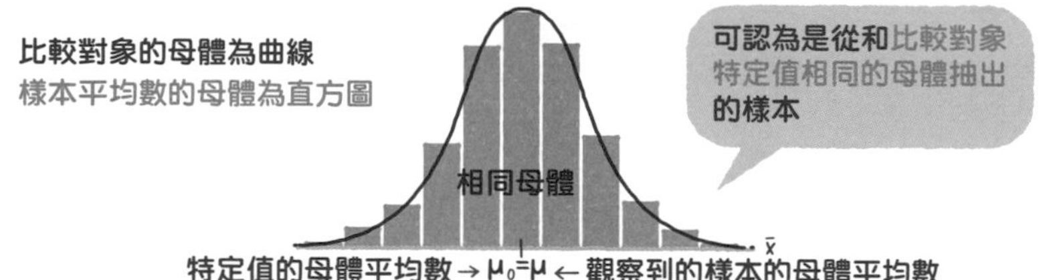

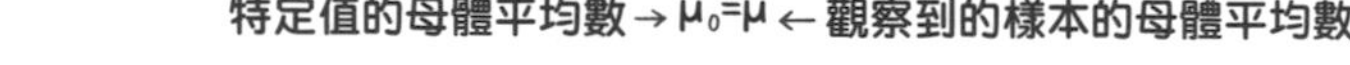

對立假設
$H_1: \mu \neq \mu_0$

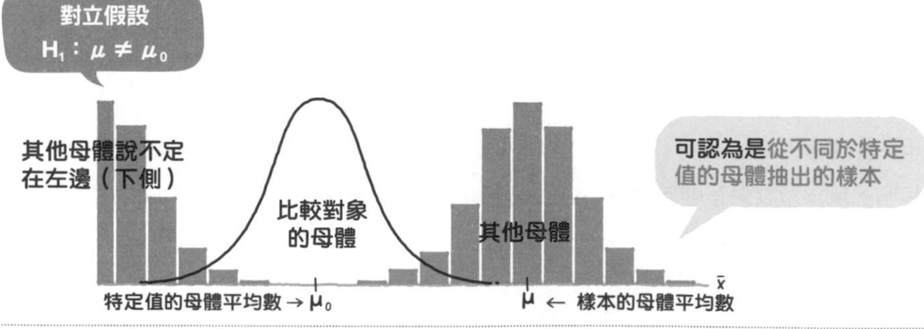

母體平均數的檢定（one sample test）･･･ 比較觀察到的樣本平均數和特定平均數的檢定方法。如迴歸係數的t檢定等。

▶▶▶檢定

● 考量比較對象的「特定值」和「觀察到的樣本平均數」之間的差異，是否是在誤差範圍內。

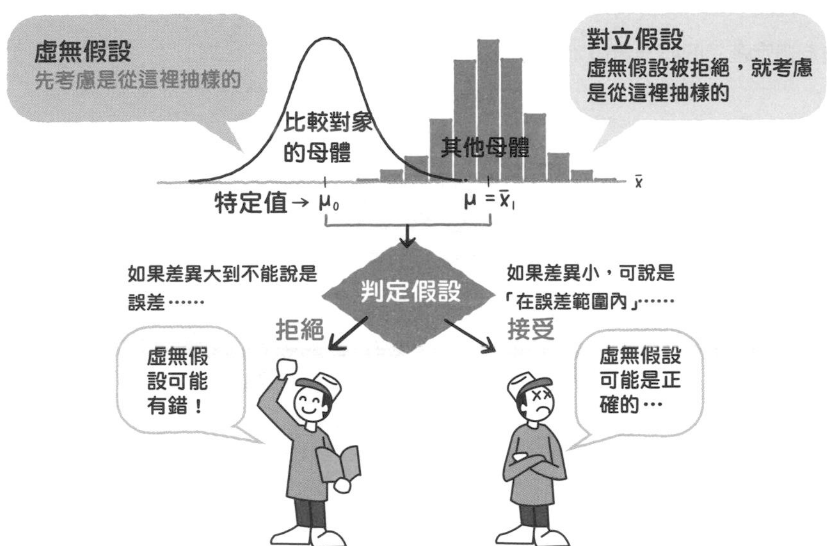

虛無假設
先考慮是從這裡抽樣的
對立假設
虛無假設被拒絕，就考慮是從這裡抽樣的
比較對象的母體
其他母體
特定值→ μ_0
$\mu = \bar{x}_1$
如果差異大到不能說是誤差……
判定假設
如果差異小，可說是「在誤差範圍內」……
拒絕
接受
虛無假設可能有錯！
虛無假設可能是正確的…

▶▶▶判定

● 由顯著水準（下一頁）來計算臨界值（或閾值），「如果樣本平均數大於此值，就拒絕虛無假設」。

● 比較臨界值和觀察到的樣本平均數 $\bar{x}_1$。

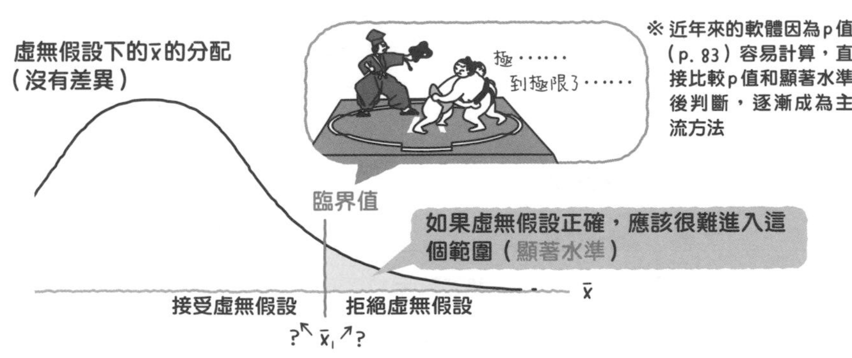

虛無假設下的$\bar{x}$的分配（沒有差異）
極……
到極限了……
※ 近年來的軟體因為p值（p. 83）容易計算，直接比較p值和顯著水準後判斷，逐漸成為主流方法
臨界值
如果虛無假設正確，應該很難進入這個範圍（顯著水準）
接受虛無假設
拒絕虛無假設
?↖ $\bar{x}_1$ ↗?

虛無假設（null hypothesis）… 母體母數的假設，是「沒有差異」或「沒有效」等否定的內容。
對立假設（alternative hypothesis）… 虛無假設被拒絕時要接受的假設，一般來說就是研究主張的內容。

顯著水準

- 事先決定好顯著水準（機率以 α 表示），表示要用哪個程度的正確性來拒絕虛無假設。一般是取分配左右兩邊的5%（＝單邊各2.5%）。
- 換句話說，也就是該檢定可容許的型一失誤（84頁）的機率。
- 做為判定基準的臨界值設定了此顯著水準的範圍界限。

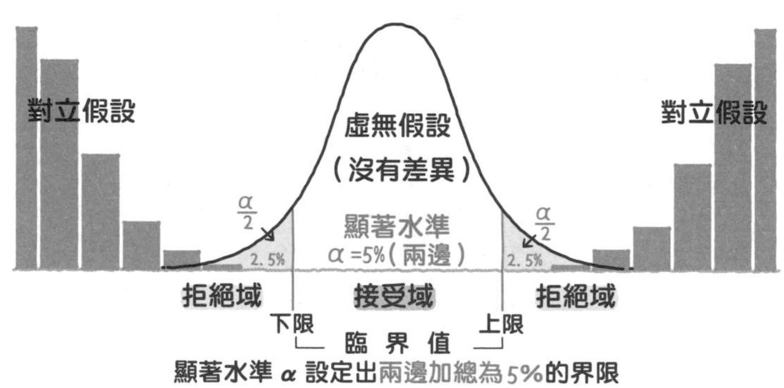

雙尾檢定和單尾檢定

- 一般的想法都是如上圖所示的雙尾檢定，以下情形也可能使用單尾檢定，也就是只以單邊機率作為 α 。

①已知對立假設（樣本平均數）的分配大於（或小於）虛無假設（特定值）的分配時。

②只對某一側的顯著差異感興趣時（如100頁的不劣性試驗等）。

此外，單尾檢定的對立假設H_1是 $\mu<\mu_0$（或 $\mu>\mu_0$），比雙尾檢定更容易拒絕虛無假設。

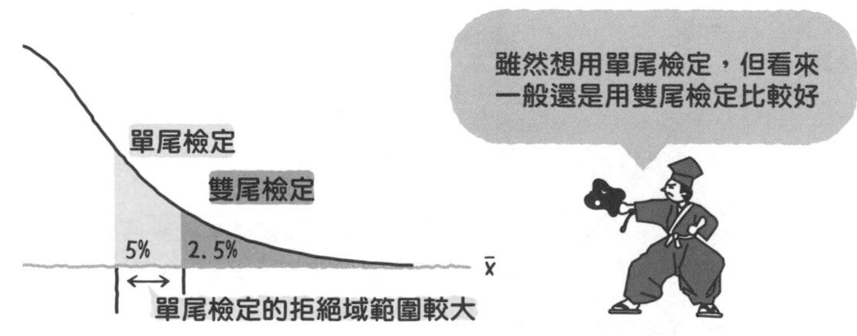

顯著水準（significance level）…指決定臨界值所需的基準，要在檢定前先決定好。也就是該檢定可容許的危險率（犯型一誤差的機率），以 α 表示。

▶▶▶臨界值的計算（常態分配）

- 已知母體變異數時，從常態分配計算臨界值。
- 不過，如果是大樣本，即使母體變異數未知，也可用樣本變異數取代。
- 內容和使用常態分配的母體平均數區間估計中的信賴界限計算相同。

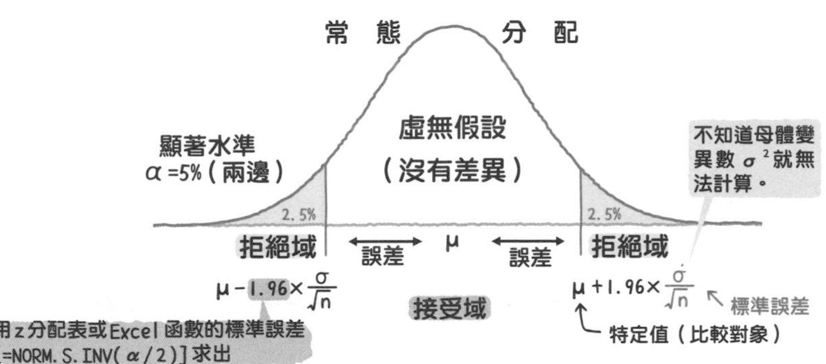

▶▶▶虛無假設的判定（常態分配）

- 關於顯著水準 α ＝5%（兩邊）的檢定，只說明右邊（右側）時如下圖所示。

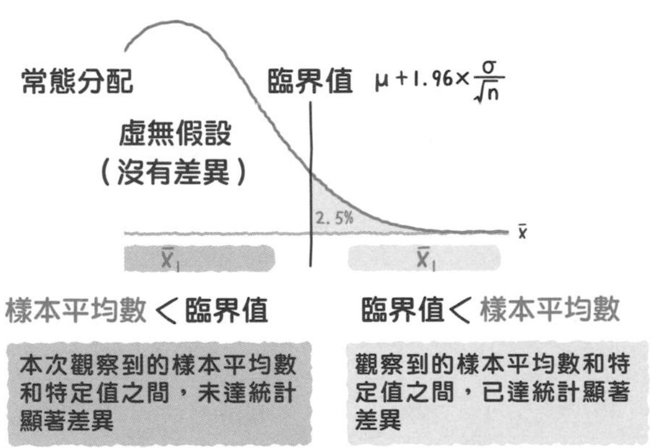

雙尾檢定（two-tailed test）…加總機率分配兩邊的機率做為 α，是一般的檢定方法，比單尾檢定更為嚴格。
臨界值（critical value）…表示虛無假設拒絕域的界限，由已設定的顯著水準 α 導出的值。也稱為閾值。

z檢定

- 使用將樣本平均數標準化後的z分配，一樣可以檢定。這種情形和上一頁的常態分配一樣，前提是母體變異數已知。
- 已經標準化為標準誤差為1，所以臨界值更為單純（但另一方面，必須計算檢定統計量z，所以並不表示檢定比較輕鬆）。

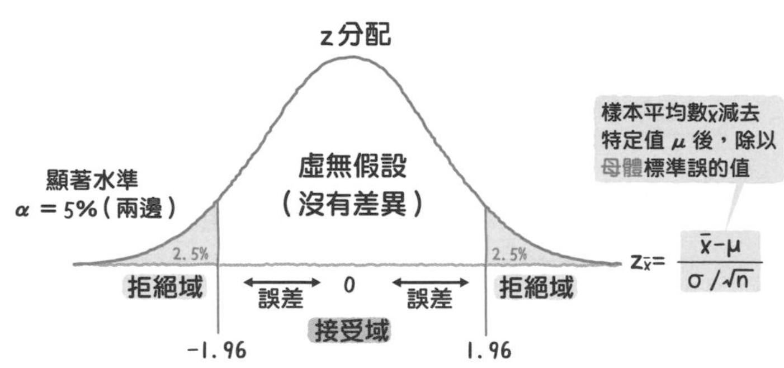

t檢定

- 一般因為母體變異數未知，所以使用將樣本平均數準標準化後的t分配檢定（自由度df為n-1）。
- 自由度愈小就愈難拒絕虛無假設。
- 迴歸分析的係數t檢定（192頁）也是一樣的步驟。

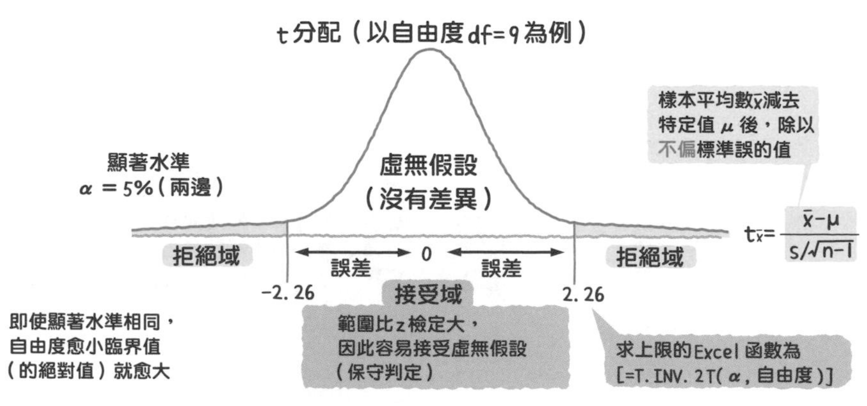

p值（p-value）••• 愈小表示觀察資料愈不符合虛無假設的內容。因此，p值如小於現有設定的顯著水準α，虛無假設就會被拒絕。也有人翻成機率值或顯著機率。

▶▶▶p值(機率值)

- 所謂p值，指的是在虛無假設的分配中，觀察到比檢定統計量（以下圖來說就是樣本平均數）更離群（外側）的值的機率（深色部分的面積）。
- 換句話說，也就是可以拒絕虛無假設的最低顯著水準，所以一般是愈小愈好。
- 論文等用到統計時，除了檢定結果外，最好也能提供p值數據（一般軟體如果是雙尾檢定，會自動輸出雙邊加總後的機率）。

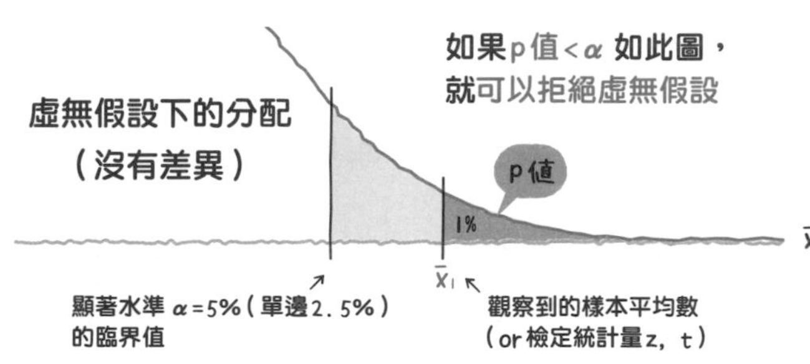

顯著（significant）這個字，不知為何總給人很重要的印象。

因此常常看到學生們很努力的用盡各種方法，試圖導出小於顯著水準（一般都是兩邊加總為5%）的p值。可是檢定中所謂的顯著，其實不過是「本次實驗觀察到在虛無假設下出現機率非常小的數值，所以虛無假設應該不成立吧」的意思而已。而且p值其實就表示出現機率，亦即資料和虛無假設有多麼不符合，並不表示實際效果的大小，更非決定實驗結果的重要性，也不是導出科學性結論的憑據（所以把p值翻成「顯著機率」或許並不恰當）。

擔憂p值至上主義蔓延，美國統計學會於2016年3月，針對p值的解釋提出六大原則。以下為統計學會聲明全文的URL（2017年8月確認）。有興趣的人請自行參考。

https://www.amstat.org/newsroom/pressreleases/P-ValueStatement.pdf

假設檢定的二大錯誤

～型一失誤和型二失誤～

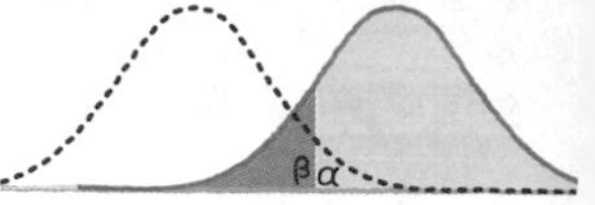

假設檢定使用樣本，所以有可能判定錯誤。錯誤（失誤）內容分成二種。

型一失誤

- 所謂型一失誤，指的就是明明沒有差異（虛無假設正確），卻漏看這個事實，判定為「有差異」的失誤。
- 犯下型一失誤的機率（風險率）以 α 表示（也就是檢定的顯著水準）。

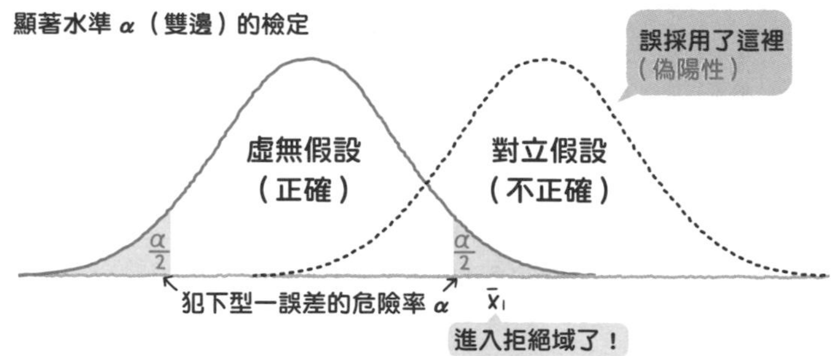

型二失誤

- 所謂型二失誤，指的就是沒有差異是錯的（虛無假設不正確），卻沒看到這個錯誤，判定為「沒有差異」的失誤。
- 犯下型二失誤的機率（一般不太稱之為風險率）以 β 表示。

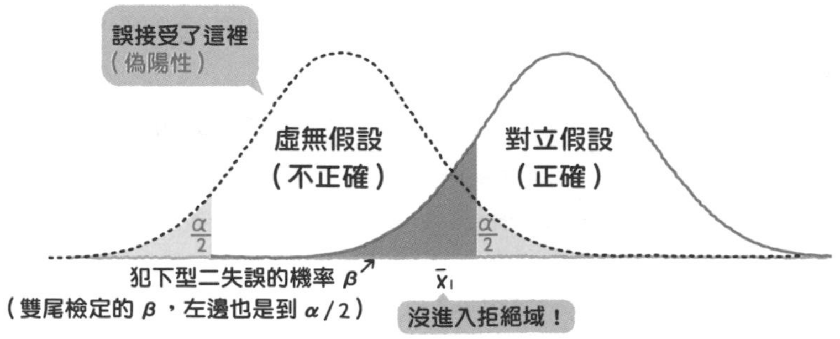

型一失誤（type I error）⋯ 拒絕了正確的虛無假設的錯誤。檢定前來想，犯下型一失誤的機率和顯著水準同義，所以這二種機率都以 α 來表示。也稱為生產者危險（風險）。

▶▶▶檢定力

- 檢定力表示當有差異時，可正確判定為有差異的能力，也就是表示檢定有多麼優秀的能力。
- 因為是不犯型二失誤的機率，所以是 β 的補數（1 - β ）。
- 統計學家科恩（Jacob Cohen）主張要有0.8（80%）。也就是100次檢定有80次可以檢測出原本差異的能力。

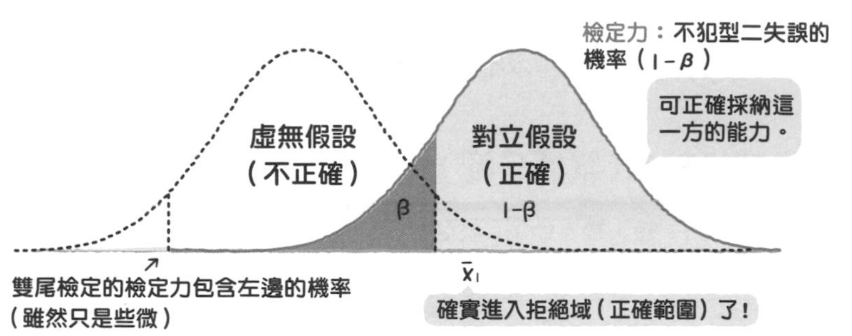

應該實施哪種檢定？

不消說，原本最好實施型一失誤的風險率 α 和型二失誤的機率 β 都最小的檢定。然而，看看說明型二失誤的圖即可知道，想要縮小 α，β 就會變大（反之亦然），兩者之間是取捨關係。也就是說遺憾的是，（在樣本大小、效果量皆相同的情形下）目前並沒有同時減少這兩者機率的臨界值設定方法。

因此，假設檢定採用的方針，就是針對較常對社會造成嚴重影響的型一失誤，事先決定可接受的風險率（這就是顯著水準 α），再從中選擇型二失誤的機率 β 最小的拒絕域，也就是檢定力（1 - β ）最大的檢定方法（最強力檢定）。這也就是所謂的尼曼－皮爾生引理（Neyman-Pearson lemma）。

所以近年來，為了讓人知道統計檢定有什麼程度的檢定力，都會要求論文等揭載檢定結果時，要記載型二失誤的機率 β 和檢定力之值。

此外，檢定力會受到樣本大小影響，所以也會用來決定最好蒐集多少資料。這些內容將在檢定力分析（176頁～）中說明。

型二失誤（type II error）••• 對立假設正確，卻接受了虛無假設的失誤。以 β 表示。也被稱為消費者風險（風險）。

特定值（母體比例）和樣本比例的檢定

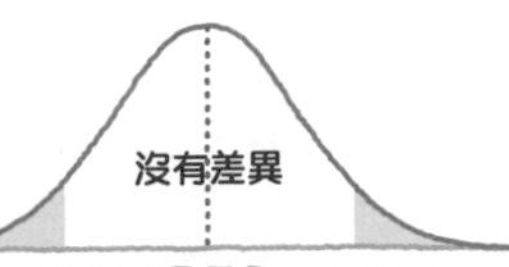

比較「觀察到的樣本比例」和「特定比例的值」，用常態分配判定兩者之間是否有差異。

假設

- 虛無假設 H_0：$p=p_0$ 樣本比例的母數（母體比例）和特定母體比例之間沒有差異。
- 對立假設 H_1：$p \neq p_0$ 樣本比例的母數（母體比例）和特定母體比例之間有差異。

檢定統計量（常態分配）

- 大樣本（n≧100）時，樣本比例 $\hat{p}$ 服從常態分配（50頁）。

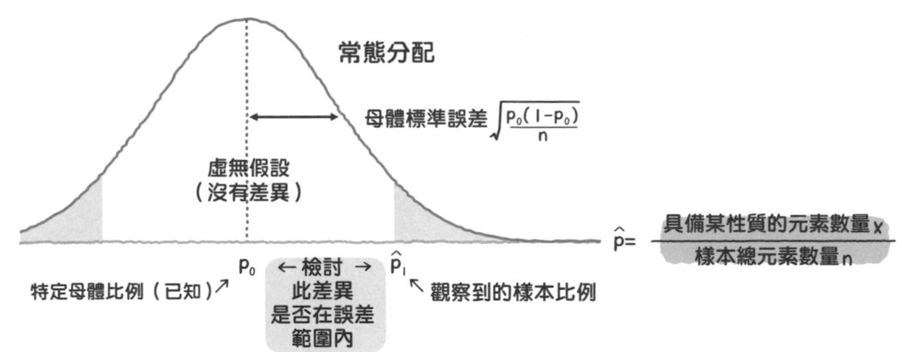

虛無假設的判定

- 如果上（右）側檢定統計量＞上限、下（左）側檢定統計量＜下限、或者p值＜α，就拒絕虛無假設，接受對立假設（下圖為右側）。

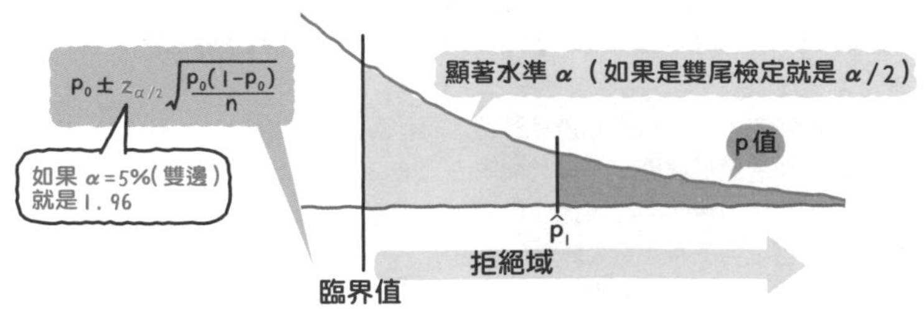

母體比例的檢定（testing for ratio）⋯ 比較觀察到的樣本比例和特定的母體比例。用於贊成率、疾病率、良率等。

5 7

特定值（母體變異數）和樣本變異數的檢定

比較「觀察到的樣本變異數」和「特定變異數的值」，用 χ^2 分配判定兩者之間是否有差異。

假設

- 虛無假設 $H_0: \sigma^2 = \sigma_0^2$　樣本變異數的母數（母體變異數）和特定母體變異數之間沒有差異。
- 對立假設 $H_1: \sigma^2 \neq \sigma_0^2$　樣本比例的變異數（母體變異數）和特定母體變異數之間有差異。

檢定統計量（χ^2 值）

- 不存在變異數的分配，所以轉換成服從 χ^2 分配的統計量（51頁）。

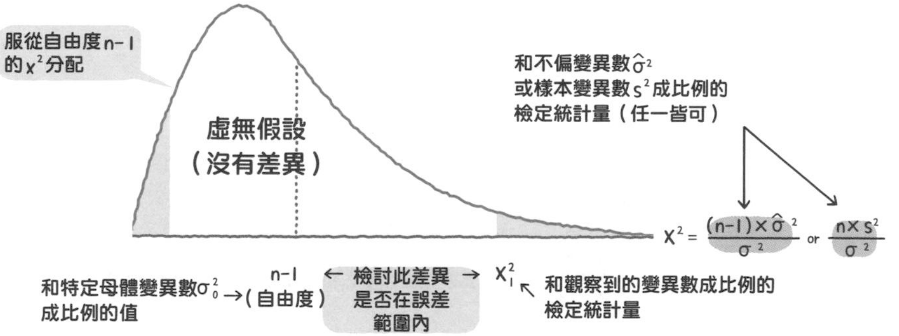

服從自由度n-1的 χ^2 分配
虛無假設（沒有差異）
和不偏變異數 $\hat{\sigma}^2$ 或樣本變異數 s^2 成比例的檢定統計量（任一皆可）
$\chi^2 = \frac{(n-1)\times\hat{\sigma}^2}{\sigma^2}$ or $\frac{n\times s^2}{\sigma^2}$
和特定母體變異數 σ_0^2 成比例的值
n-1（自由度）
檢討此差異是否在誤差範圍內
χ_1^2
和觀察到的變異數成比例的檢定統計量

虛無假設的判定

- 如果上（右）側檢定統計量＞上限、下（左）側檢定統計量＜下限、或者p值＜α，就拒絕虛無假設，接受對立假設（下圖為右邊）。

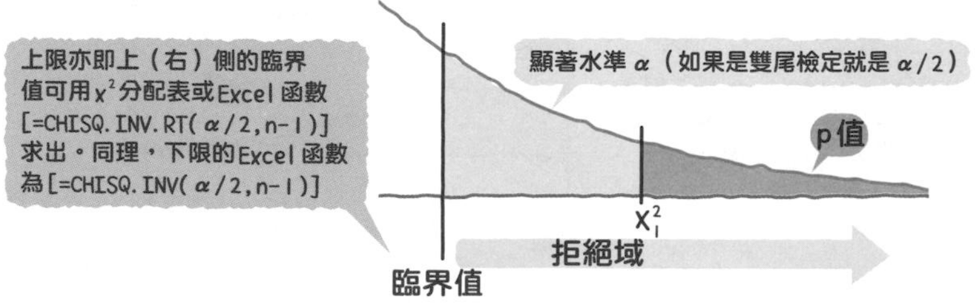

上限亦即上（右）側的臨界值可用 χ^2 分配表或Excel 函數[=CHISQ.INV.RT(α/2,n-1)]求出。同理，下限的Excel 函數為[=CHISQ.INV(α/2,n-1)]
顯著水準 α（如果是雙尾檢定就是 α/2）
p值
χ_1^2
拒絕域
臨界值

母體變異數的檢定（testing for variance）……觀察到的樣本變異數和特定的母體變異數之比較。用於重視穩定性的品質管理等。

5 | 8

真有相關關係嗎？

～不相關的檢定～

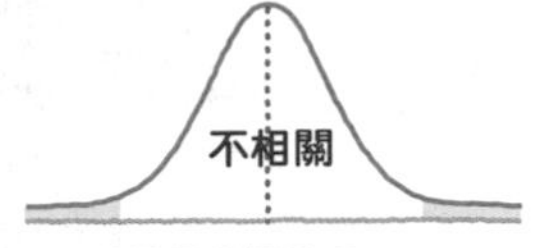

比較「觀察到的相關係數」和「0（零相關）」，用t分配判定兩者之間是否有差異。

假設

虛無假設H_0：ρ=0真正的相關係數（母體相關係數）是0→零相關

對立假設H_1：ρ≠0真正的相關係數（母體相關係數）不是0→相關

檢定統計量（t分配）

- 在虛無假設（不相關）下，準標準化後的樣本相關係數t_r服從自由度n-2的t分配（53頁）。

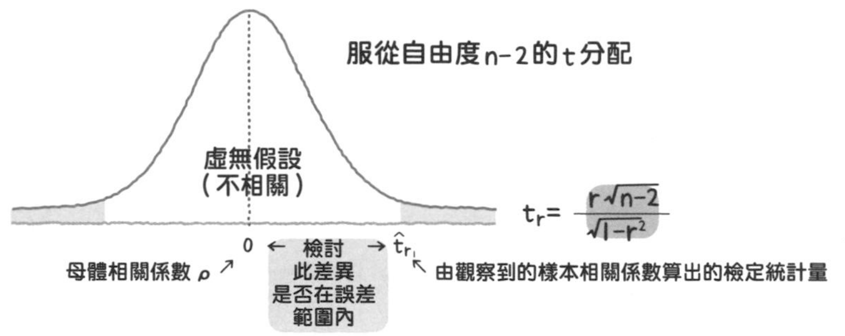

虛無假設的判定

- 如果上（右）側檢定統計量＞上限、下（左）側檢定統計量＜下限、或者p值＜α，就拒絕虛無假設，接受對立假設（下圖為右邊）。

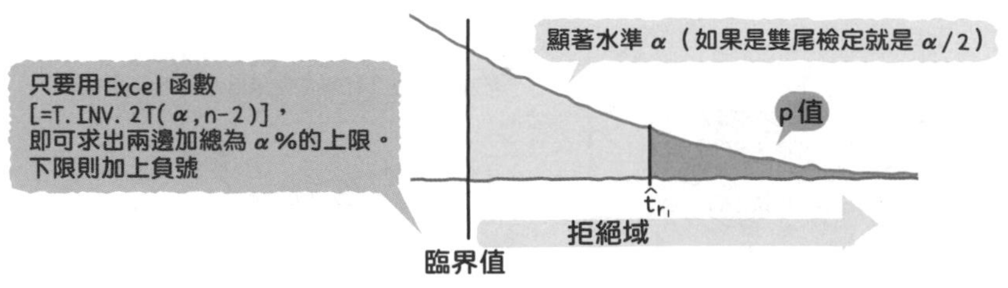

零相關的檢定（testing for no correlation）… 比較由觀察到的資料算出的相關係數，和母體相關係數ρ=0。除小樣本的情形外，零相關的虛無假設比較容易被拒絕。

專欄 極少見的零相關和切斷效果

用軟體算出相關係數時，幾乎都會自動實施零相關檢定，所以大家可能都不抱任何懷疑，就將檢定結果揭載在論文等文獻上。不過，不知道大家有沒有發現零相關這個虛無假設被拒絕了呢？

如同樣本分配（53頁），樣本相關係數r的不偏標準誤差為$\sqrt{(1-r^2)\div(n-2)}$，因此檢定統計量t（的絕對值）很容易變大。例如，即使樣本相關係數r為0.4，只要樣本大小有25，t值就會變成2.1，如果是5%的水準，虛無假設就會被拒絕，被判定為「有相關」。樣本大小愈大這個趨勢愈明顯，例如n=100的話，即使r=0.2，虛無假設也會被拒絕。

因此，把零相關的檢定結果當成重要結論，好像有點小題大作，其實是滿值得商榷的做法。

換個和零相關檢定沒有直接關係的話題。利用相關係數的分析有一種常見錯誤，也就是切斷效果（breakage effect）。在此也要提醒大家注意。

這種錯誤指的就是明明只觀察到偏頗範圍的資料，卻據以算出相關係數、實施零相關檢定，結果原本有相關關係卻因此看漏，或者是原本零相關卻誤判為「有相關」。下圖是分析大學入學考成績和入學後成績之間是否有相關關係的圖，可說是容易出現切斷效果的典型例子吧。

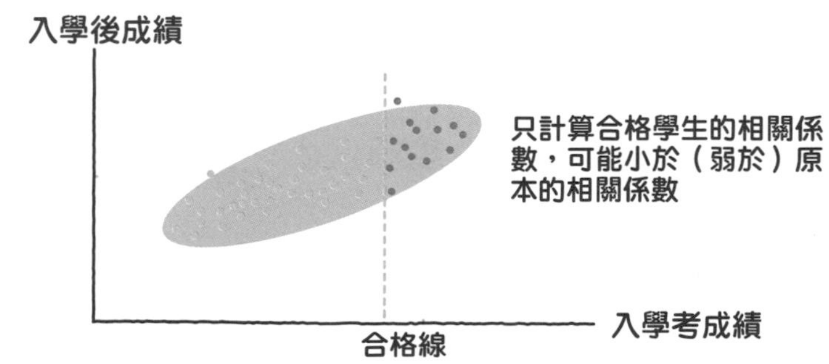

平均數差異檢定①

～獨立雙樣本～

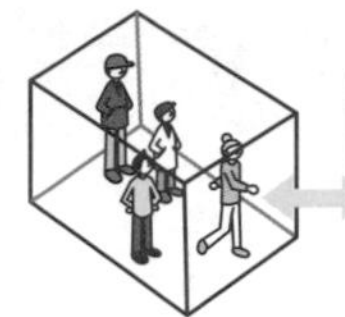
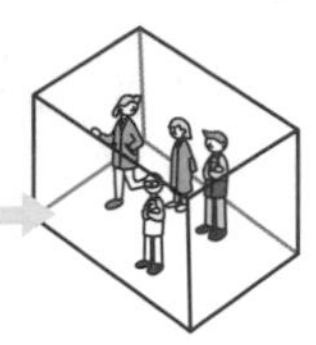

比較二群（組、條件、處理）的平均數，用機率判定母體之間是否也有相同差異。獨立樣本（以不同個體測量）時和成對樣本（以相同個體測量）時，檢定統計量的計算方法不同。

獨立雙樣本

- 用二個條件測量不同個體（檢定對象的受試者等），比較其平均數。也就是本節要說明的內容。

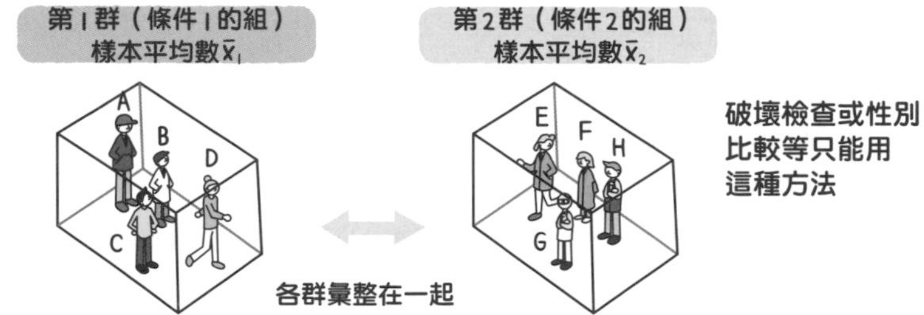

成對雙樣本

- 用二個條件測量相同個體，比較其平均數。
- 個體差異大時可望提高判定的精確度。

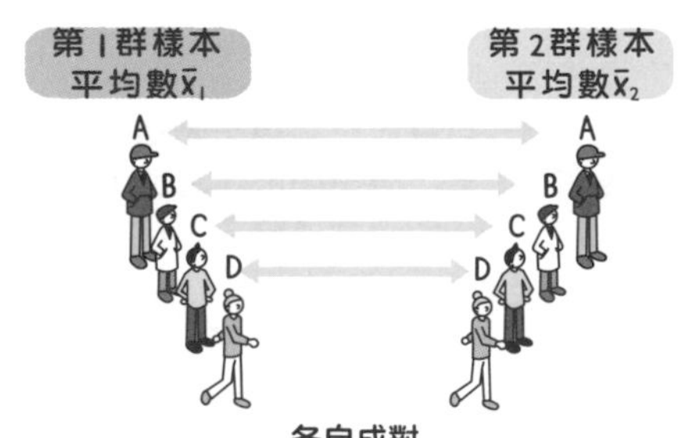

用於比較用藥前後或上課前後等

平均數差異檢定（testing for difference in means）••• 比較二組的樣本平均數，從資料被觀察到的機率，驗證母體之間也有相同差異，也就是樣本來自不同母體。

▶▶▶ 樣本平均數差異的分配和假設

● 二組樣本平均數皆未知，因此取樣本平均數差異，考慮差異的分配。

復習： 在特定值和樣本平均數的檢定（78頁起）中，用來比較的母體平均數為已知常數，因此容易檢討差異大小。

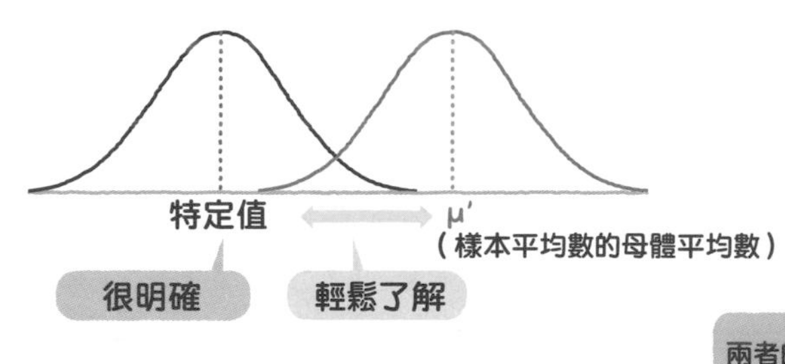

但如果是雙樣本的平均數差異檢定……

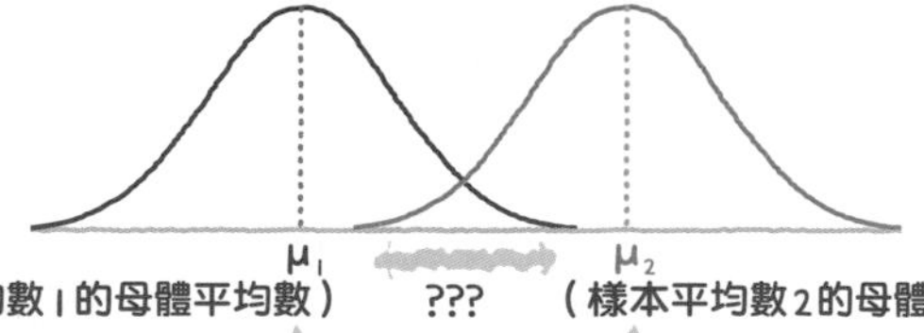

兩者的母體平均數皆未知，所以也不清楚差異大小……

因此……
考慮平均數差異的分配，虛無假設的真值（母體平均數）會變成0這個常數，就可以和檢定特定值和樣本平均數時一樣，進行檢定

H_0：二組的母體平均數沒有差異
H_1：二組的母體平均數有差異

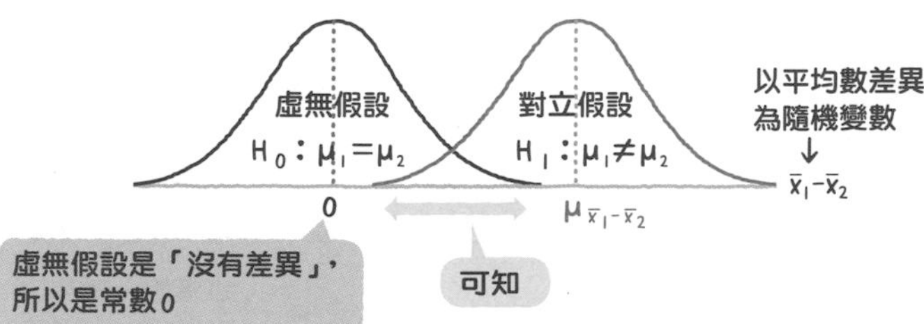

獨立資料（unpaired data）… 不同個體在各條件下的測量資料。觀察性別差異的實驗就屬於這種。
成對資料（paired data）… 相同個體在各條件下的測量資料。優點是可考慮個體差異。

▶▶▶ 變異數的可加性

- 計算檢定統計量時，有一點必須注意。也就是在樣本平均數差異的分配中，母體平均數可用個別母體平均數的差異，但誤差變異數會變成和。

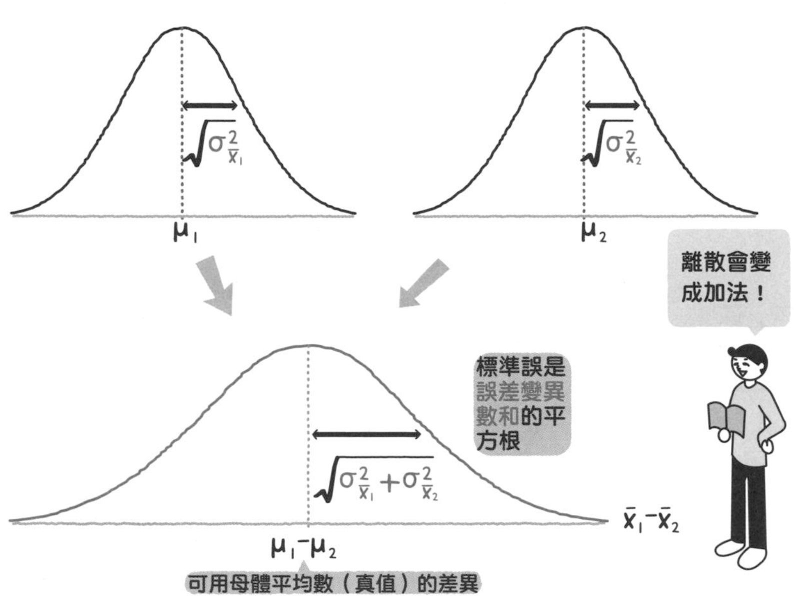

▶▶▶ 檢定統計量（z 分配）

- 已知母體變異數或大樣本時，使用 z 分配。
- 樣本平均數 $\bar{x}$ 的標準化變量 $z_{\bar{x}}$ 為（$\bar{x}-\mu$）/ $\sigma_{\bar{x}}$，因此樣本平均數 $\bar{x}_1$ 和 $\bar{x}_2$ 的差異也可以用一樣的方法標準化（只是要注意誤差變異數）。

虛無假設（H_0：$\mu_1=\mu_2$）下為 0

$$z_{\bar{x}_1-\bar{x}_2}=\frac{(\bar{x}_1-\bar{x}_2)-(\mu_1-\mu_2)}{\sqrt{\sigma^2_{\bar{x}_1}+\sigma^2_{\bar{x}_2}}}=\frac{(\bar{x}_1-\bar{x}_2)-(\mu_1-\mu_2)}{\sqrt{\frac{\sigma_1^2}{n_1}+\frac{\sigma_2^2}{n_2}}}\rightarrow\frac{\bar{x}_1-\bar{x}_2}{\sqrt{\sigma^2\left(\frac{1}{n_1}+\frac{1}{n_2}\right)}}$$

虛無假設下為相同的變異數 σ^2

各組的樣本大小

如果是大樣本，可用樣本變異數 s^2 取代

變異數的可加性（additivity of variance）…A組的變異數為 σ_A^2，B組的變異數為 σ_B^2 時，2組和（A+B）的變異數為 $\sigma_A^2+\sigma_B^2$。此外，除了和之外，差（A-B）的變異數也一樣是 $\sigma_A^2+\sigma_B^2$。

▶▶▶檢定統計量（t分配）

- 母體變異數未知且為小樣本時，使用t分配。
- 和z值不同的部分只有母體變異數 σ^2 是不偏變異數 $\hat{\sigma}^2$ 而已。
- 由第1群和第2群皆可計算出不偏變異數 $\hat{\sigma}^2$，因此使用以它們的自由度取加權平均後的值（加權平均變異數）。

$$t_{\bar{x}_1-\bar{x}_2}=\frac{\bar{x}_1-\bar{x}_2}{\sqrt{\hat{\sigma}^2\left(\frac{1}{n_1}+\frac{1}{n_2}\right)}} \quad \text{惟} \quad \hat{\sigma}^2=\frac{(n_1-1)\hat{\sigma}_1^2+(n_2-1)\hat{\sigma}_2^2}{(n_1-1)+(n_2-1)}$$

- 如果兩組都是相同大小n，公式會變得較簡單，如下所示：

$$t_{\bar{x}_1-\bar{x}_2}=\frac{\bar{x}_1-\bar{x}_2}{\sqrt{\frac{\hat{\sigma}_1^2+\hat{\sigma}_2^2}{n}}}=\frac{\bar{x}_1-\bar{x}_2}{\sqrt{\frac{s_1^2+s_2^2}{n-1}}}$$

使用樣本變異數 s^2 的右側公式也可以，不過如果已計算出不偏變異數 $\hat{\sigma}^2$，中間公式也OK

▶▶▶虛無假設之判定（t檢定）

- 使用檢定統計量（z或t），用和檢定特定值及樣本平均數時的相同步驟進行檢定。以下以t分配為例說明。

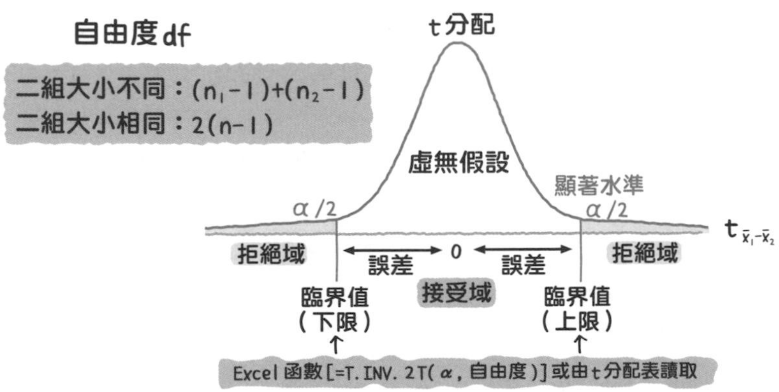

加權平均變異數（weighted average of variance）…由獨立雙樣本算出t值時，使用兩組的不偏變異數的平均數，但樣本大小不同時，就將兩組的自由度加權平均後計算加權平均變異數。

▶▶▶Welch檢定（變異數不假設同質的檢定）

- 獨立雙樣本平均數差異的檢定統計量（z、t），以兩組樣本的變異數相等為前提。因此在變異數同質性檢定（95頁）等變異數不能假設同質時，就使用Welch檢定。
- 檢定本身和一般的t檢定一樣，只是自由度的計算較為複雜。

不假設變異數同質時的檢定統計量：
（正確來說不是t值，所以加上「'」的符號）

$$t'_{\bar{x}_1-\bar{x}_2}=\frac{\bar{x}_1-\bar{x}_2}{\sqrt{\frac{\hat{\sigma}_1^2}{n_1}+\frac{\hat{\sigma}_2^2}{n_2}}}$$

不求加權平均變異數

← 檢定統計量t'近似服從自由度如右側公式的t分配

$$df=\frac{\left(\frac{\hat{\sigma}_1^2}{n_1}+\frac{\hat{\sigma}_2^2}{n_2}\right)^2}{\frac{\hat{\sigma}_1^4}{n_1^2(n_1-1)}+\frac{\hat{\sigma}_2^4}{n_2^2(n_2-1)}}$$

很長一段時間，統計學教科書總是教大家在獨立雙樣本平均數差異檢定之前，要先進行變異數同質性檢定，如果接受變異數同質的虛無假設，就使用t檢定，拒絕時就使用Welch檢定。

然而近年來，因為在檢定前進行檢定有多重檢定（120頁）的問題，而導致型一誤差的危險率α變大，所以流行不進行變異數同質性檢定，而是「如果兩組樣本大小接近，變異數應該也接近，所以一開始就用一般的t檢定，或者直接忽略變異數同質性的前提條件等，實施Welch檢定」（特別是在藥學領域，後者好像是主流做法）。

話雖如此，現行市售軟體只要進行t檢定，就會自動計算變異數同質性檢定和Welch檢定，所以我們只有兩種因應方法：①一開始就宣言要使用哪種檢定，忽略變異數同質性檢定的結果；②照舊在變異數同質性檢定後，第二階段實施t檢定，但同時考慮到多重檢定的問題，對兩者（變異數同質性檢定和t檢定）皆設定嚴格的顯著水準（例如，如果是5%就設定為2.5%）以進行判定。不過，②的缺點就是型二失誤的機率β會變大。

變異數同質性檢定(F檢定)

- 判定二組的變異數是否相等。
- 在變異數同質性下，二個不偏變異數的比例服從F分配（36頁）。

虛無假設 H_0： $\sigma_1^2 = \sigma_2^2$ 二組的母體變異數沒有差異

對立假設 H_1： $\sigma_1^2 \neq \sigma_2^2$ 二組的母體變異數有差異

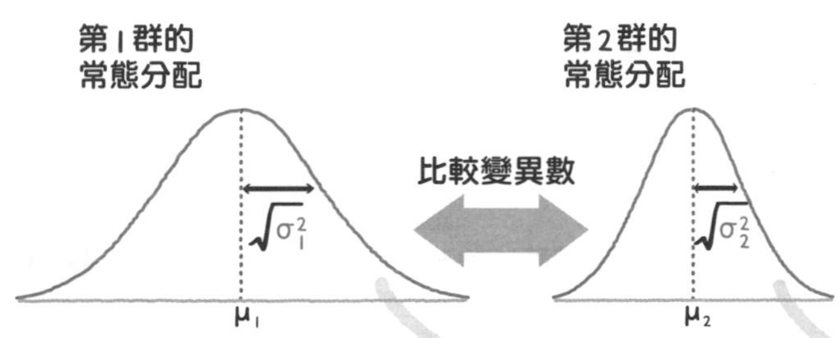

檢定統計量(F分配)

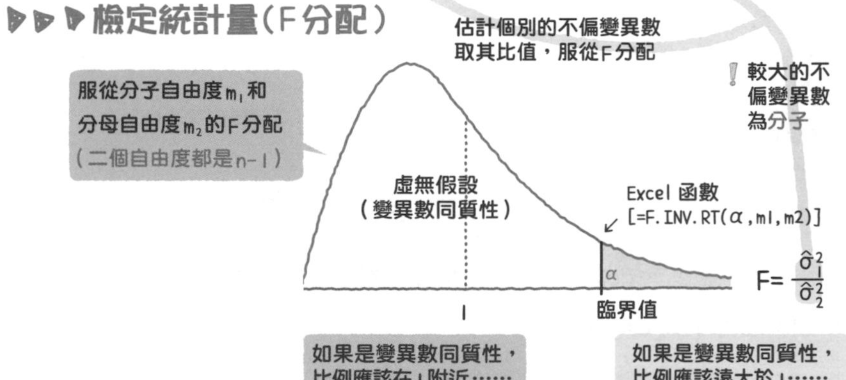

F值的分子數值必須比分母大，所以只考慮上（右）側的檢定。惟為避免檢定本身過於寬鬆，也有軟體從α/2（5%的檢定就是2.5%）的F分配表讀取臨界值，或直接輸出2倍的p值。

虛無假設的判定

- 檢定統計量>臨界值，或p值<α 時，拒絕虛無假設，接受對立假設。

Welch檢定（Welch's test）… 改良後的t檢定，當二組變異數不同時仍可使用。

變異數同質性檢定（test for homogeneity of variances）… 以變異數同質性為虛無假設的F檢定。t檢定前最好先接受虛無假設。

5 | 10

平均數差異檢定②

～成對雙樣本～

用二個條件測量相同個體時，已考慮到個體差異，檢定可更為正確。

事例：降血壓藥投藥前後的血壓變化（收縮期）

受試者	投藥前（x_1）	投藥後（x_2）	差d（$d=x_1-x_2$）
A	180	120	60
B	200	150	50
C	250	150	100
平均	$\bar{x}_1=210$	$\bar{x}_2=140$	$\bar{d}=70$

差d有分配

虛無假設是這些樣本的母體平均數 μ_1 和 μ_2 沒有差異

↓差d的分配畫成圖

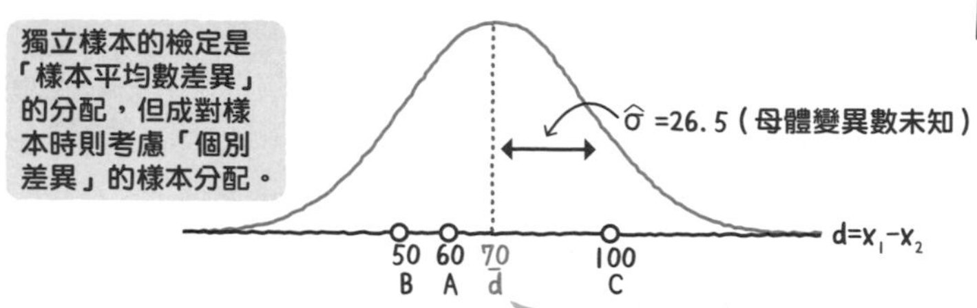

獨立樣本的檢定是「樣本平均數差異」的分配，但成對樣本時則考慮「個別差異」的樣本分配。
$\hat{\sigma}$ =26.5（母體變異數未知）
d=x₁−x₂
50 60 70 100
B A d̄ C

反證差d的平均數$\bar{d}$的真值（母體平均數）不是0

▶▶▶ 檢定統計量（t分配）

● 個別的d的分配無法預測誤差，因此考慮樣本$\bar{d}$的t分配……

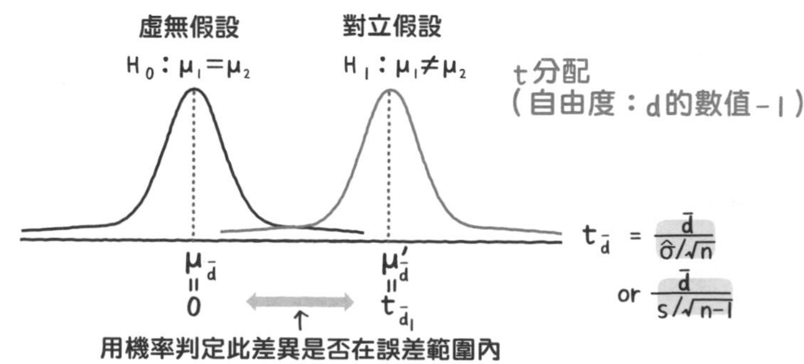

$$t_{\bar{d}} = \frac{\bar{d}}{\hat{\sigma}/\sqrt{n}} \quad \text{or} \quad \frac{\bar{d}}{s/\sqrt{n-1}}$$

成對樣本平均數差異檢定（paired test）••• 判定在二個條件下測量相同個體的平均數差異，是否也存在於母體。個體差異大時，可望得到精確度更高的結果。

練習 試著檢定左頁降血壓藥的事例吧（顯著水準雙邊為5%）。

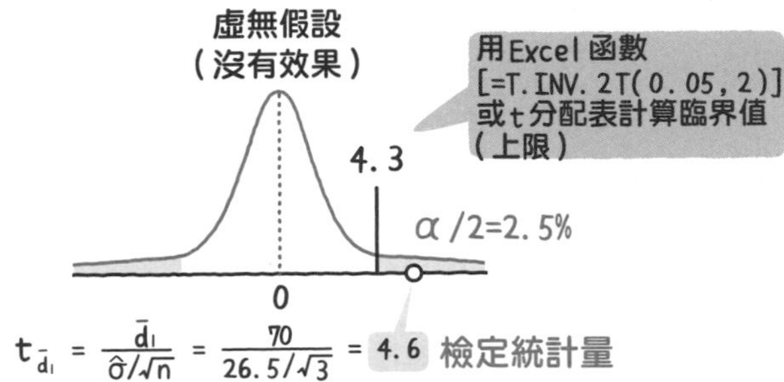

$$t_{\bar{d}_1} = \frac{\bar{d}_1}{\hat{\sigma}/\sqrt{n}} = \frac{70}{26.5/\sqrt{3}} = 4.6$$ 檢定統計量

答案：因為檢定統計量t（4.6）>臨界值（4.3），拒絕虛無假設，接受對立假設。因此可說此降血壓藥物有降血壓的效果。另外，用軟體計算p值為0.0445。因為p值小於顯著水準（α=0.05），也知道虛無假設會被拒絕。

專欄 正確的繪圖法

統計分析中繪圖很重要。不過，一樣是雙樣本的平均數差異，獨立雙樣本和成對雙樣本的繪圖法卻不一樣。特別是成對雙樣本是比較二組差異（亦即變化量），所以如果不畫成右圖的樣子，就無法推論檢定結果。

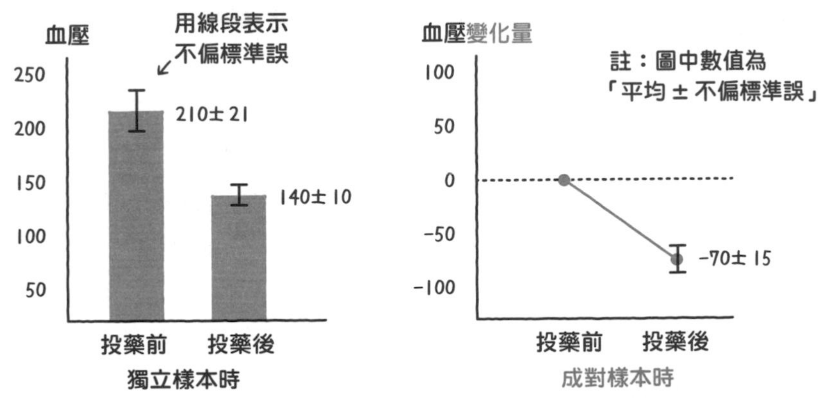

5 11

比例差異檢定

～獨立雙樣本～

在二個條件（組、群）下，判定母體比例是否有差異。
小樣本時請使用精確性檢定（142頁）。

假設

事例：某液晶面板工廠二條產線的良率

	產線A	產線B
良品	60片	80片
不良品	40片	120片
良率	0.6	0.4

可以不用原始資料，而用總計（摘要）後的資料檢定，也是優點之一

$$良率 = \frac{良品數}{良品數 + 不良品數}$$

檢討二條產線的良率（樣本比例）差異（0.2）是否在誤差範圍內，以判定二條產線真正的良率（母體比例）是否有差異。

檢討二條產線的良率（樣本比例）差異（0.2）是否在誤差範圍內，以判定二條產線真正的良率（母體比例）是否有差異。

虛無假設　$H_0 : p_1 = p_2$　二組母體比例沒有差異
對立假設　$H_1 : p_1 \neq p_2$　二組母體比例有差異

檢定統計量（z分配）

- 樣本夠大時，二組的樣本比例差異（$\hat{p}_1 - \hat{p}_2$）服從常態分配。
- 這裡以將此樣本比例差異標準化後的z統計量來說明。

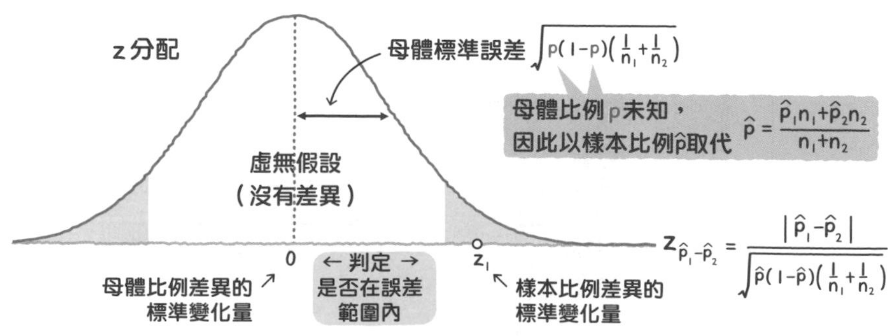

比例差異檢定（testing for difference in proportions）⋯ 判定二組樣本比例的差異，是否也存在於母體。樣本夠大時近似服從常態分配，因此為z檢定。

▶▶▶ 虛無假設的判定

- 右邊的檢定統計量＞上限，左邊的檢定統計量＜下限，或者是p值＜α，就拒絕虛無假設，接受對立假設（下圖為右邊）。

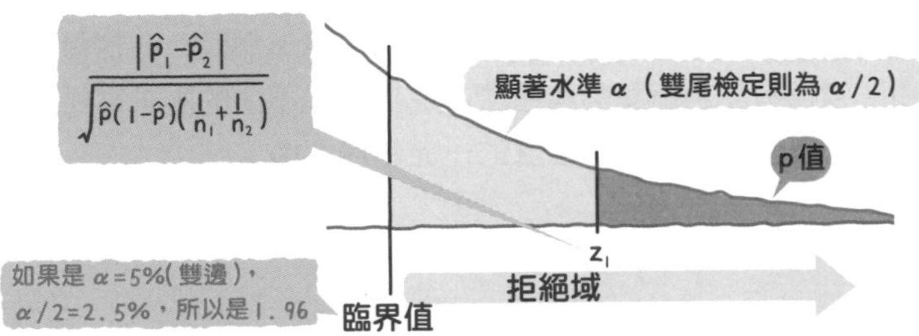

練習 試著以z檢定來檢定左頁液晶面板的良率事例吧（顯著水準雙邊為5%）。

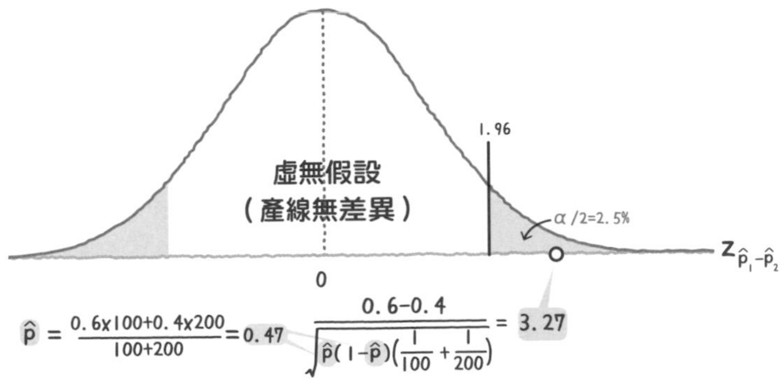

$$\hat{p}=\frac{0.6\times100+0.4\times200}{100+200}=0.47 \qquad \frac{0.6-0.4}{\sqrt{\hat{p}(1-\hat{p})(\frac{1}{100}+\frac{1}{200})}}=3.27$$

答案：因為檢定統計量z（3.27）>臨界值（1.96），拒絕虛無假設，接受對立假設。因此可說產線A的良率比產線B好。另外，用軟體計算p值為0.001。因為p值小於顯著水準（α=0.05），也知道虛無假設會被拒絕。

變異數可加性和合成變異數

比較獨立雙樣本平均數差異的檢定統計量（z和t）的公式，請確認原則上二個公式結構相同，也就是都使用比例差異的分配。只要注意到這一點，就可以理解檢定統計量用來取代母體比例P的樣本比例$\hat{p}$，就是計算不偏變異數$\hat{\sigma}$時使用的合成變異數，以及$(1/n_1+1/n_2)$是服從變異數可加性後，在虛無假設下將相同數值的$\hat{p}(1-\hat{p})$提出來整理後的結果。

分配的上側（upper tail）… 指機率分配的右尾。左尾稱為下側（lower tail）。也有檢定只用某單邊的機率判定（例如三組以上的獨立性檢定就只使用上側機率）。

5 | 12

驗證不低劣

～不劣性試驗～

在統計檢定中，不能接受「沒有差異」的虛無假設。然而，在提倡減降成本的現代社會中，常常有驗證新產品和原產品品質差異不大的需求。所以會採用單尾檢定的方法，驗證差異是在可容許的一定程度之內。

目的

- 例如推出低成本的新產品前，先和風評良好的原產品品質（有效程度和強度等）比較，證明沒有太大差異的情形等。

假設

- 目標是以新產品品質只比原產品差△（不劣性試驗的臨界值：可容許的平均數或比例差異）為虛無假設，用單尾檢定來拒絕，接受新產品和原產品差異不超過△的對立假設。

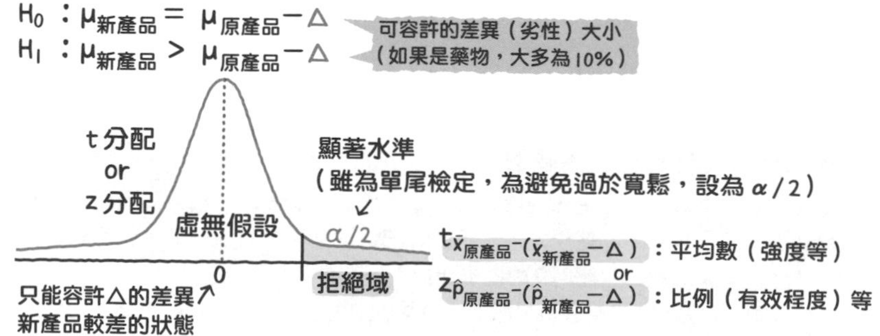

不劣性試驗（non-inferiority trials）··· 驗證新產品雖比原產品差，但卻沒有差到超出一定程度的方法。在日本是因1992年前厚生省發布的「統計解析方針」而廣為人知。

▶▶▶檢定統計量

- 只要將兩組平均數的差異（t值）或比例差異的檢定統計量（z值）的分子減去△即可。惟比例的分母標準誤差的計算會變得比較複雜。

- 假設優秀組（原產品）為1，想證明差異未達△以上的組（新產品）為2。

獨立雙樣本平均數差異的**檢定統計量**

$$t_{\bar{x}_1-(\bar{x}_2-\Delta)} = \frac{\bar{x}_1-(\bar{x}_2-\Delta)}{\sqrt{\hat{\sigma}^2\left(\frac{1}{n_1}+\frac{1}{n_2}\right)}}$$

成對雙樣本平均數差異的**檢定統計量**

$$t_{\bar{d}-\Delta} = \frac{\bar{d}-\Delta}{\hat{\sigma}/\sqrt{n}}$$

惟

$$\hat{p} = \frac{\hat{p}_1 n_1 + \hat{p}_2 n_2 - n_1\Delta}{n_1+n_2}$$

獨立雙樣本比例差異的**檢定統計量**

$$z_{\hat{p}_1-(\hat{p}_2-\Delta)} = \frac{\hat{p}_1-(\hat{p}_2-\Delta)}{\sqrt{\frac{(\hat{p}-\Delta)(1-\hat{p}+\Delta)}{n_1}+\frac{\hat{p}(1-\hat{p})}{n_2}}}$$

信賴區間之不劣性試驗

信賴區間的估計也可以確認不劣性。

如果是平均數，求出$\mu_{原產品}-\mu_{新產品}$的信賴區間，如果是比例，求出$p_{原產品}-p_{新產品}$的信賴區間，信賴界限的下限如果大於－△，就表示「新產品比原產品差，但差異未達△以上」。

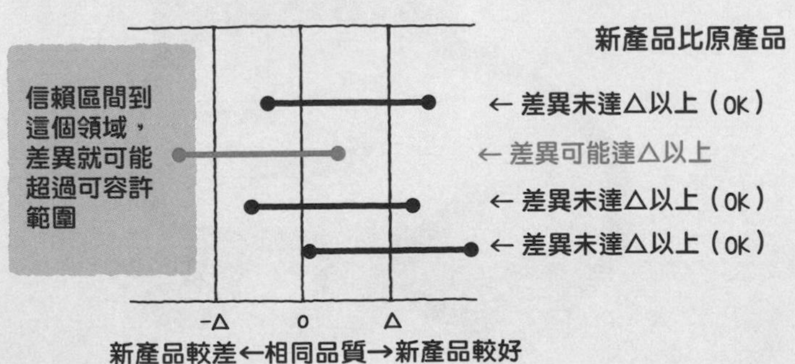

不劣性試驗的臨界值（non-inferiority margin）••• 是不劣性試驗設定的△，亦即可容許的平均數或比例的差異。設定值因領域而異，不過統計解析方針指出藥物的有效程度一般是10%。

X factor.

第6章 變異數分析與多重比較

6 1

用實驗確認效果

～單因子變異數分析～

判定實驗目的的要因是否會影響結果。
這是要檢定三組以上的平均數差異，以F分配檢定。
以事例介紹變異數分析的特徵後，首先要說明最基本的、只有一個要因且「獨立」的單因子變異數分析。

變異數分析特徵之一

● 即使組成群（組）的處理條件和水準有三個以上，也可以檢定平均數差異（t檢定僅限二群）。

例 **效果說不定會因藥而異？**

變異數分析特徵之二

● 可檢定多個要因的交互作用（相乘效應或沖銷效應）。

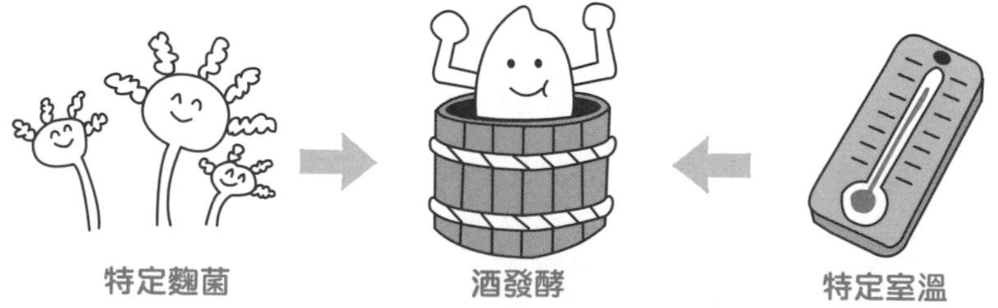

例 **光改變麴菌種類或改變室溫，酒的發酵沒有變化，可是如果同時改變二個要因，說不定有酒發酵更快速的組合？**

變異數分析（analysis of variance, ANOVA）･･･ 三組以上的平均數差異檢定。利用研究目的的要因效果大於誤差效果時，其變異數比F值會變大的性質。是實驗設計法的主軸。

單因子變異數分析

- 只有一個實驗目的要因（因素）時的最基本變異數分析。不成對。
- 確認人為改變處理條件（水準）的要因是否影響實驗結果。

事例 肥料種類和作物收成量的關係

對照組 ↘　三個處理條件：不同肥料

無肥料	肥料A	肥料B	
4kg	13kg	22kg	結果（觀察值）：每10公畝的收成量
6kg	9kg	18kg	
5kg	11kg	20kg	← 各組平均數

← 要因　肥料不同

用機率判定各組的這些平均數差異，是否在偶然的範圍內

不能說是偶然的顯著差異
→肥料不同會影響收成量

對照（Control）組的設定

t檢定時也一樣，實驗時希望能有「基準組」（不設定也可以分析）。
上述事例中不設定「無肥料」組，只用肥料A、B、C來實驗，就算是變異數分析檢測出顯著差異，也無法推論施肥本身的有效性。特別是測量用在人身上的藥物效果時，對照組不是「不投藥」，而是必須做出給予安慰劑（假藥）的對照組，讓「心理作用」的效果和其他水準一致。

實驗的重複

既然都說是變異數分析了，資料如果不離散就無法分析（優點請見159頁）。因此必須依各水準，重複多次獨立實驗，實際上應該重複多少次，將在檢定力分析（176頁～）說明。總而言之，本節事例以最容易計算的二次重複實驗（n=2）來說明。

單因子變異數分析（one-way ANOVA）⋯ 目的要因（因子，factor）只有一個的變異數分析。資料可能成對，可能不成對。
對照組（control group）⋯ 不經處理的實驗組。是對照實驗的基本條件，也稱為控制組。

▶▶▶ 變異數分析

- 全體資料的離散（總變異），由目的要因效果造成的離散（組間變異），以及非目的要因的誤差效果造成的離散（組內變異）所組成。

※$\bar{x}_{..}$為總平均數，$\bar{x}_{.j}$為組平均數，為每組樣本大小（重複數）

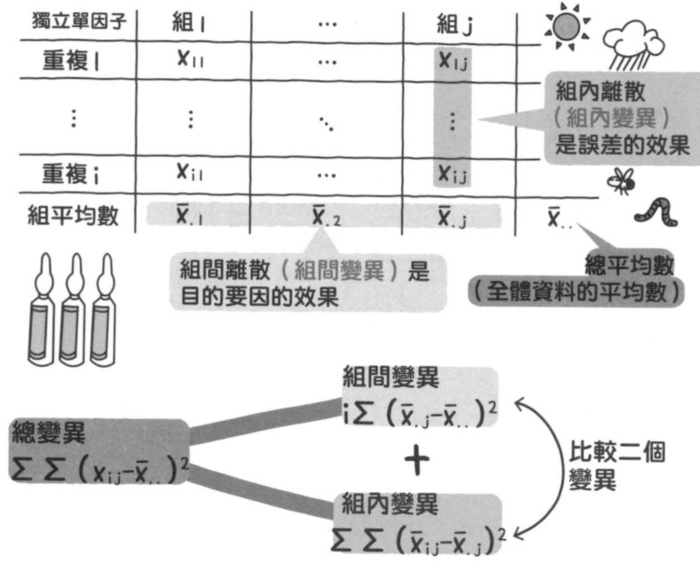

總變異（total variation）••• 指實驗觀察到的全體資料的離散（離均差平方和），包含目的要因效果造成的離散（組間變異等），以及誤差效果造成的離散（組內變異）。也稱為全體變異。

計算總變異

- 變異指的就是離均差平方和，也就是將各值和總平均數的離均差平方再加總。惟檢定不用總變異。

無肥料	肥料A	肥料B
4−12	13−12	22−12
6−12	9−12	18−12

①求離均差
各值減去平均數（總平均＝12）

無肥料	肥料A	肥料B
$(-8)^2$	1^2	10^2
$(-6)^2$	$(-3)^2$	6^2

②求離均差的平方
為消除負值

對照組 64+36+ 肥料A 1+ 9+ 肥料B 100+36
= 246 ←總變異

③求出總變異
加總所有離均差的平方（②）

計算組間變異

- 如果沒有誤差效果，各組內值應該相同。
- 組間變異的變異數是檢定統計量（F值）的分子。

	無肥料	肥料A	肥料B
	5−12	11−12	20−12
	5−12	11−12	20−12
組平均數 →	5	11	20

①求離均差
各組的組平均數減去總平均數

無肥料	肥料A	肥料B
$(-7)^2$	$(-1)^2$	8^2
$(-7)^2$	$(-1)^2$	8^2

②求離均差的平方

對照組 49+49+ 肥料A 1+ 1+ 肥料B 64+64
= 228 ←組間變異

③求出組間變異
加總所有離均差平方（②）

228 / (3−1) = 114
↑
自由度：組數（3）減平均數（＝總平均數1）

④求不偏變異數
為求出做為檢定統計量（F值）分子的不偏變異數，用組間變異（③）除以自由度。
也稱為要因變異數

組間變異（variation between subgroup）⋯ 處理的差異，亦即目的要因效果造成的離散（離均差平方和）。把此數值除以自由度（組數-1）求出的不偏變異數，是檢定統計量（F值）的分子。

計算組內變異

- 原本應該相同的組內值之所以離散，是因為有誤差效果。
- 組內變異的變異數是檢定統計量（F值）的分母。

	無肥料	肥料A	肥料B
	4-5	13-11	22-20
	6-5	9-11	18-20
組平均數 →	5	11	20

①求離均差

各值減去組平均數

無肥料	肥料A	肥料B
$(-1)^2$	2^2	2^2
1^2	$(-2)^2$	$(-2)^2$

②求離均差的平方

對照組 肥料A 肥料B

$1+1+4+4+4+4$

$=18$ ← 組間變異

③求出組內變異

加總所有離均差平方（②）

$18 / (6-3) = 6$

自由度：資料數（6）減平均數（組數3）

④求不偏變異數

為求出做為檢定統計量（F值）分母的不偏變異數，用組內變異（③）除以自由度。也稱為誤差變異數

檢定統計量(F值)

- 用組間變異的不偏變異數除以組內變異的不偏變異數，就是變異數分析的檢定統計量（F值）。

檢定統計量（F值）= 組間變異的不偏變異數（要因變異數） / 組內變異的不偏變異數（誤差變異數） = 114/6 = 19
事例的
檢定統計量
變異數和變異數的比原來
服從檢定統計量F分配！

組內變異（variation within subgroup）••• 處理的差異以外的影響，亦即誤差效果造成的離均差平方和。把此數值除以自由度（資料數、組數）求出的不偏變異數（誤差變異數），是檢定統計量的分母。

假設

- 和雙樣本時的假設，內容相同，以「有／沒有」改變處理的要因效果來表現，更容易了解。

虛無假設 H_0：$\mu_1=\mu_2=\mu_3$　組間的母體平均數沒有差異→無要因效果（＝各組樣本取自相同母體）

對立假設 H_1：$\mu_1\neq\mu_2\neq\mu_3$　不全等組間的母體平均數有差異→有要因效果（＝各組樣本來自不同母體）

假設的判定

- 檢定統計量＞臨界值或p值＜α，拒絕虛無假設，接受對立假設。

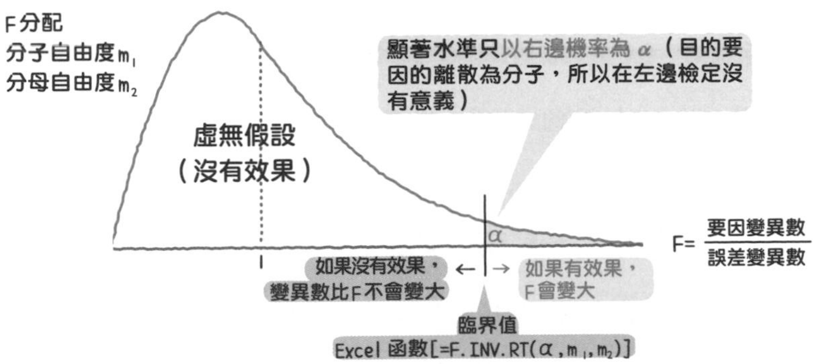

練習 用5%顯著水準來檢定事例中施肥對收穫量的效果吧。這麼一來，由觀察值算出的檢定統計量（19）大於臨界值（9.55），因此可說施肥有效。即使計算p值（1.98%）也小於α，因此得以確認。

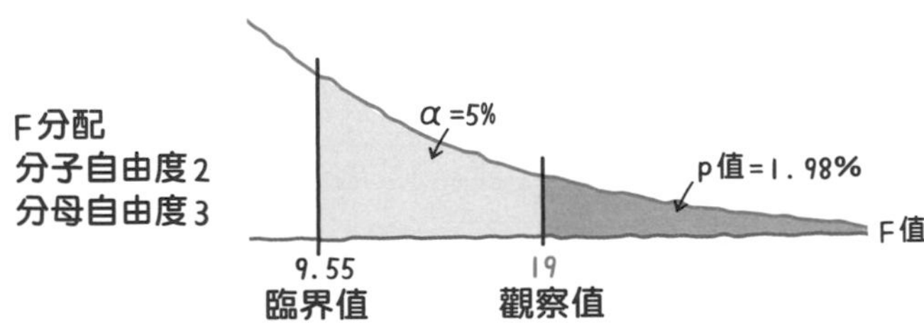

變異數分析的檢定統計量（test statistic for ANOVA）⋯以目的要因造成的資料不偏變異數為分子，誤差造成的不偏變異數（誤差變異數）為分母的F值。是右邊機率的單尾檢定。

6 | 2

多樣本的變異數同質性檢定

～ Bartlett 檢定～

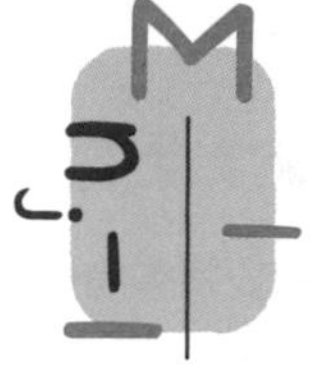

變異數分析也以變異數同質性為前提，因此最好事前檢定。

▶▶▶ 假設

虛無假設 H_0：$\sigma_1^2 = \sigma_2^2 = \sigma_3^2$→各組的母體變異數沒有差異（變異數同質）

對立假設 H_1：$\sigma_1^2 \neq \sigma_2^2 \neq \sigma_3^2$ 不全等→各組的母體變異數有一對以上的差異（變異數不

▶▶▶ 檢定統計量

● 以服從 χ^2 分配的「全組變異數的偏誤程度」為檢定統計量。

①求變異數的偏誤度。n_j 為組j的資料數，$\hat{\sigma}_j^2$ 為組j的不偏變異數，ln為自然對數。

$$\Sigma (n_j-1)\ln \frac{\Sigma (n_j-1)\hat{\sigma}_j^2}{\Sigma (n_j-1)} - \Sigma (n_j-1)\ln \hat{\sigma}_j^2$$

②偏誤度會隨著資料數變大，所以求出校正係數。

$$1+\frac{1}{3(j-1)}\left(\Sigma\frac{1}{n_j-1} - \frac{1}{\Sigma\frac{1}{n_j-1}}\right)$$

③偏誤度除以校正係數，就成為服從自由度j−1的 χ^2 分配的統計量。

練習 檢定事例（肥料和收成量）的變異數同質性吧（顯著水準5%）。

①變異數的偏誤度：$(1+1+1)\ln\frac{(1\times 2+1\times 8+1\times 8)}{(1+1+1)}-(\ln 2+\ln 8+\ln 8)=0.5232$

②校正係數： $1+\frac{1}{3(3-1)}\left\{\left(\frac{1}{1}+\frac{1}{1}+\frac{1}{1}\right)-\frac{1}{\left(\frac{1}{1}+\frac{1}{1}+\frac{1}{1}\right)}\right\}=1.4444$

③檢定統計量：在無虛假設下的 χ^2 值＝0.5262÷1.4444＝0.3622

④檢定結果：自由度為2的 χ^2 分配其右邊機率5%的臨界值為5.991，因此無法拒絕各組變異數相同的虛無假設（p值＝0.8343）。

因此，將變異數分析應用到事例的資料，看起來並無問題。

Bartlett檢定（Bartlett's test）… 變異數分析假設各組間的變異數相同，因此最好實施以變異數同質性為虛無假設的本檢定。其他還有常態性前提較寬鬆的Levene's檢定（變異數同質性檢定）等。

HELLO I AM...

羅納・愛默・費雪

Ronald Aylmer Fisher（1890-1962）

如果你問學統計學的人，「請舉出一位最偉大的統計學者」，是不是大家都會選擇費雪呢？除了本章介紹的變異數分析外，假設檢定、p值、自由度等現代推論統計學不可或缺的方法與概念，以及母數估計法之一的最大概似法，都是費雪的貢獻。

1890年費雪出生於倫敦郊外，從小就對數學很拿手。雖然他的近視嚴重到醫師禁止他晚上讀書，又體弱多病，但六歲左右他就開始對數學和天文學感到興趣，埋首解決數理統計學難題。後來家中破產，他在獎學金的資助下，1909年進入劍橋大學就讀，在學期間就發表多篇優秀的論文。費雪在統計學領域的業績一口氣開花結果，是在他拒絕卡爾・皮爾生的邀約，決定於英國羅莎斯特農業試驗場（Rothamsted Agricultural Experimental Station）就業後的事了（1919～1933年）。費雪在那裡的工作就是選擇高收成量的品種和有效的肥料。他立刻著手調查試驗場九十年來累積的資料，發現天候等的影響遠大於肥料的效果，而且彼此之間有混淆作用（confounding）派不上用場。所謂混淆，就是不知道到底影響結果的是哪一個因素。有了這個經驗，他主力實驗必須事先設計，以便確認效果，而非胡亂蒐集資料。

然而，費雪攻擊性格強烈也是眾所周知的事實。他和卡爾・皮爾生終生不和，也是無人不知無人不曉。據說兩人不和的起源，是因為皮爾生等人創立的《生物統計學》（*Biometrika*）遲遲不刊登費雪投稿的第二篇論文。這好像是因為這篇論文的內容數學性太強，以至於皮爾生無法理解。

費雪是老菸槍，所以晚年他一直對主張吸菸和肺癌有因果關係的研究存疑。他指出那些資料和實驗有所缺失，而且容易得癌症的基因和喜歡菸的基因又可能有混淆作用。不過，據說其實費雪存疑真正的原因，是因為那些研究用了他最討厭的貝氏統計學，也有一說是因為費雪背後有香菸公司資助研究……當然，現在吸菸和肺癌的因果關係已經獲得證實了。

6 | 3

考慮個體差異

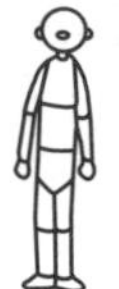

～重複量數單因子變異數分析～

在各項條件下測量相同個體時，實施重複量數單因子變異數分析可進行考慮到個體差異的檢定。
惟個體差異小時，有時很難檢測出要因效果。

重複量數單因子	組1	…	組j	個體平均數
個體1	x_{11}	…	x_{1j}	$\bar{x}_{1.}$
⋮	⋮	⋱	⋮	⋮
個體i	x_{i1}	…	x_{ij}	$\bar{x}_{i.}$
組平均數	$\bar{x}_{.1}$	$\bar{x}_{.2}$	$\bar{x}_{.j}$	$\bar{x}_{..}$

個體差異造成的離散

獨立樣本時的組內變異（誤差造成的變異）包含個體差異造成的變異（受試者間變異），但重複量數時可排除這種變異，提高精確度。

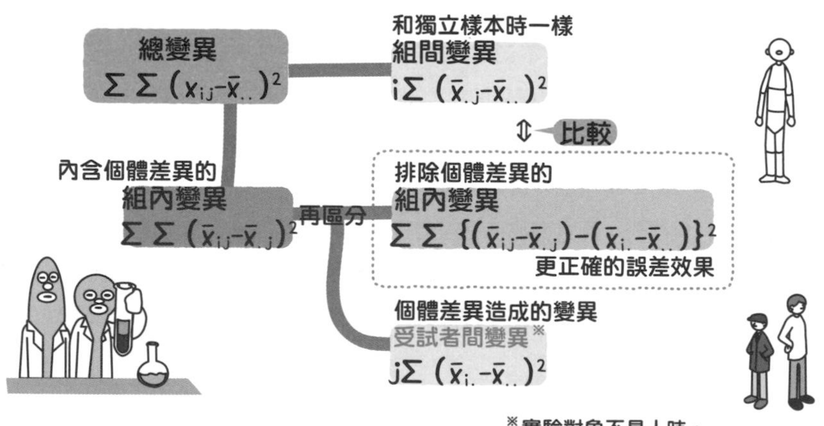

※實驗對象不是人時，稱為個體間變異或樣本間變異

重複量數單因子變異數分析（one-way ANOVA, repeated measurement）…一個目的要因，在各種條件下測量相同個體的資料所實施的變異數分析。個體差異大時，可望得到更精確的結果。

▶▶▶計算受試者間變異

事例：尿酸合成抑制劑和尿酸值（mg/dl）的關係

	未投藥	第1次投藥	第2次投藥	受試者平均數
A	22	13	4	13
B	18	9	6	11
組平均數	20	11	5	總平均數 12

- 可將每位受試者平均數的離散，視為個人差異造成的變異（自由度為受試者數-1）。
- 受試者平均數（13和11）減去總平均數（12）後，求離均差的平方。因為只是個人差異的變異，所以所有組會相同。

	未投藥	第1次投藥	第2次投藥
A	$(13-12)^2$	$(13-12)^2$	$(13-12)^2$
B	$(11-12)^2$	$(11-12)^2$	$(11-12)^2$

→ 受試者間變異 =1+1+1 +1+1+1 =6
自由度 =2−1=1

▶▶▶計算(重複量數時的)組內變異

- 獨立樣本時的組內變異減去受試者間變異，即可求得排除個體差異的組內變異。請注意自由度也會是減法。

獨立樣本的組內變異

	未投藥	第1次投藥	第2次投藥
A	$(22-20)^2$	$(13-11)^2$	$(4-5)^2$
B	$(18-20)^2$	$(9-11)^2$	$(6-5)^2$

→ （獨立）
組內變異=18
自由度6−3=3

減去受試者間變異（自由度也是）

→ （重複量數）
受試者間變異=18−6=12
自由度3−1=2
不偏變異數12/2=6

▶▶▶檢定統計量和虛無假設的判定

- 事例的要因效果的組間變異（114）和獨立樣本時相同，因此在虛無假設下的檢定統計量F值為114÷6=19，和5%顯著水準的臨界值$F_{(2,2)}$相同。保守來看，最好接受虛無假設，做出藥效不明的結論比較好。

受試者間變異（intersubject variation）··· 個體差異造成的資料離散（離均差平方和）。一般並非檢定的對象。也稱為個體間變異或樣本間變異。

6 | 4

找出交互作用

～雙因子變異數分析～

在有二個（雙因子）以上目的要因的變異數分析中，除了每個要因的主要效果外，還可以檢定交互作用的存在。

有重複試驗的雙因子		要因B 水準1	…	要因B 水準j	列平均
要因A	水準1	$x_{111}, \cdots, x_{11k}$	…	$x_{1j1}, \cdots, x_{1jk}$	$\bar{x}_{1..}$
	⋮	⋮	⋱	⋮	⋮
	水準i	$x_{i11}, \cdots, x_{i1k}$	…	$x_{ij1}, \cdots, x_{ijk}$	$\bar{x}_{i..}$
行平均		$\bar{x}_{.1.}$	…	$\bar{x}_{.j.}$	$\bar{x}_{...}$

為檢定交互作用，必須在各水準的排列組合內重複實驗（重複）（本表為重複k次）

總變異可分成要因效果造成的變異（組間變異）和誤差效果造成的變異（組內變異）。此外，要因效果造成的變異，又可以分成各個主要效果造成的變異（皆為組間變異）和交互作用造成的變異。

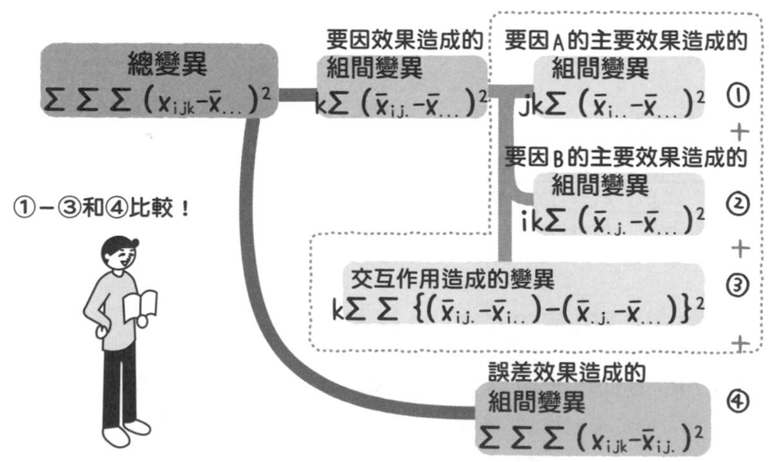

雙因子變異數分析（two-way ANOVA）… 目的亦即實驗想驗證的要因有二個時的變異數分析。和單因子相比，特徵就是可以檢定二因子的交互作用。

▶▶▶交互作用

- 指的是隨著一個要因採用的水準，另一個要因受到的要因組合效果，又分成相乘效應和相抵效應。
- 如下圖所示，用縱軸為觀察值、橫軸為另一個要因的圖來表示時，有交互作用時（粉色背景）的線條不會是平行線。

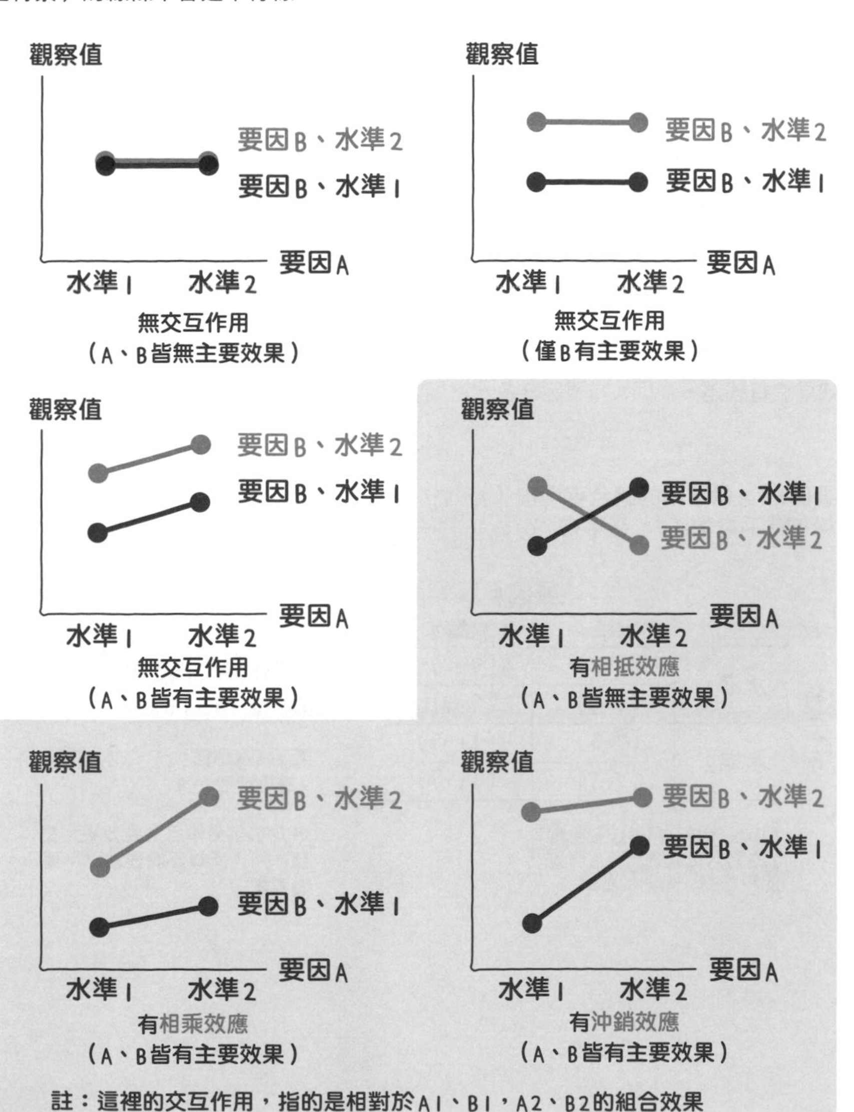

交互作用（interaction effect）··· 在多個要因間，組合特定水準時產生的相乘、相抵效應。
主要效果（main effect）··· 各要因單獨發揮的效果。二因子以上使用的用語。

▶▶▶計算要因效果造成的(組間)變異

雙因子變異數分析
練習用資料

		要因B		
		水準1	水準2	列平均
要因A	水準1	0	8	5
		2	10	
	水準2	6	9	9
		8	13	
	行平均	4	10	總平均數7

在各水準的組合內重複2次實驗（「有重複試驗的雙因子變異數分析」）

如不檢定交互作用，就不需要重複

- 首先，計算合計主要效果和交互作用組成的「要因效果」造成的變異，因此要考慮誤差以外的要因造成的變異。
- 如果沒有誤差，要因A和要因B各水準組合內的值應該全部相同。

要因A、B各水準的組合平均數（1、7、9、11）
減去總平均數（7）後平方

		要因B	
		水準1	水準2
要因A	水準1	$(1-7)^2$	$(9-7)^2$
		$(1-7)^2$	$(9-7)^2$
	水準2	$(7-7)^2$	$(11-7)^2$
		$(7-7)^2$	$(11-7)^2$

要因A水準2和要因B水準1的組合實驗觀察值6和8的平均數

要因效果造成的變異＝112
自由度＝4－1＝3
↑
要因A水準數（2）×B水準數（2）－總平均數（1）

※之後要分解各主要效果和交互作用，所以不需要求出不偏變異數

重複的變異數分析（ANOVA with replication）⋯要檢定交互作用，就必須在各水準的組合內重複實驗2次以上。要小心英語很容易和「重複量數」的repeated measurement弄混。

計算要因A主要效果造成的（組間）變異

- 資料離散的原因只有要因A的主要效果時，要因A各水準內（列內）的值應該完全相同。

①要因A各水準（列）中，計算列平均數減去總平均數後的平方值 → ②將左方計算的離均差平方全部加總，就是要因A主要效果造成的變異 → ③再除以自由度算出不偏變異數，作為統計量的分子

要因A			
	水準1	$(5-7)^2$	$(5-7)^2$
		$(5-7)^2$	$(5-7)^2$
	水準2	$(9-7)^2$	$(9-7)^2$
		$(9-7)^2$	$(9-7)^2$

$16+16=32$

水準1　水準2　主要效果造成的變異

$32/(2-1)=32$

自由度：水準數2－總平均數1

計算要因B主要效果造成的（組間）變異

- 資料離散的原因只有要因B的主要效果時，要因B各水準內（行內）的值應該完全相同。

①要因B各水準（行）中，計算行平均數減去總平均數後的平方值 → ②將左方計算的離均差平方全部加總，就是要因B主要效果造成的變異 → ③再除以自由度算出不偏變異數，作為統計量的分子

要因B	
水準1	水準2
$(4-7)^2$	$(10-7)^2$
$(4-7)^2$	$(10-7)^2$
$(4-7)^2$	$(10-7)^2$
$(4-7)^2$	$(10-7)^2$

$36+36=72$

水準1　水準2　主要效果造成的變異

$72/(2-1)=72$

自由度：水準數2－總平均數1

計算交互作用造成的變異

- 要因效果造成的變異包含要因A、B主要效果造成的變異，所以將要因效果造成的變異減去要因A、B的變異，就是交互作用造成的變異（119頁）。
- 自由度計算方法亦同，自要因效果的自由度減去要因A、B的主要效果自由度。

$112 - 32 - 72 = 8$

112：要因效果造成的變異
32：要因A主要效果造成的變異
72：要因B主要效果造成的變異
8 ← 交互作用造成的變異

自由度 $=3-1-1=1$

不偏變異數 $=8/1=8$

平方和的種類（type of sums of squares）… 自要因變異減去主要效果，剩下的就是交互作用，因此如果是不平衡（unbalance）的資料，減的順序就會影響結果。平方和的種類指的就是調整方法的種類（119頁專欄）。

計算誤差效果造成的（組內）變異

- 各水準組合內的值之所以離散，是誤差造成的效果。

各值減去要因A、B各水準組合的平均數後取平方值。

要因A		要因B 水準1	要因B 水準2
水準1		$(0-1)^2$	$(8-9)^2$
		$(2-1)^2$	$(10-9)^2$
水準2		$(6-7)^2$	$(9-11)^2$
		$(8-7)^2$	$(13-11)^2$

總和 →

誤差效果造成的變異＝14

自由度＝8－4＝4

不偏變異數 14/4＝3.5

↑ 檢定統計量的分母

檢定統計量和虛無假設的判定

- 檢定要因A與要因B的主要效果，以及交互作用這三種效果。皆使用「沒有效果」為虛無假設。
- 三個統計量（F值）的自由度，分母、分子皆為1，因此5%顯著水準的臨界值為7.7。

要因A的統計量：32/3.5＝9.1＞5%臨界值 F(1,1)：7.7→拒絕虛無假設

要因B的統計量：72/3.5＝20.6＞5%臨界值 F(1,1)：7.7→拒絕虛無假設

交互作用的統計量：8/3.5＝2.3＜5%臨界值 F(1,1)：7.7→無法拒絕虛無假設

- 本事例要因A和要因B的主要效果的存在，皆經過統計5%水準的認定，但無法確認交互作用的存在。

用Excel免費增益集「分析工具箱」中的「變異數分析：有重複試驗的雙因子變異數分析」分析事例的結果，如右表所示。行為要因A、樣本為要因B、觀察到的變異數比例為檢定統計量的F值。

	A	B	C	D	E	F	G
1	變動要因	變動	自由度	分散	變異比	P-值	F臨界值
2	樣本	32	1	32	9.14	0.04	7.71
3	行	72	1	72	20.57	0.01	7.71
4	交互作用	8	1	8	2.29	0.21	7.71
5	重覆誤差	14	4	3.5			
7	合計	126	7				

合併（pooling）••• 本書中雖未說明，不過只要將可判斷為沒有效果的交互作用變異和自由度加上誤差，就可以放大主要效果的檢定統計量。直交表實驗法中主要效果也是對象。

試著用其他方法來求出交互作用造成的變異吧

117頁自要因效果造成的變異，減去各個主要效果造成的變異，求出交互作用造成的變異，其實也可以利用114頁的公式（如下）求出。用這個公式來計算事例吧。

$$k\Sigma\Sigma\{(\bar{x}_{ij.}-\bar{x}_{i..})-(\bar{x}_{.j.}-\bar{x}_{...})\}^2$$

		要因B 水準1	要因B 水準2
要因A	水準1	$\{(1-5)-(4-7)\}^2$	$\{(9-5)-(10-7)\}^2$
		$\{(1-5)-(4-7)\}^2$	$\{(9-5)-(10-7)\}^2$
	水準2	$\{(7-9)-(4-7)\}^2$	$\{(11-9)-(10-7)\}^2$
		$\{(7-9)-(4-7)\}^2$	$\{(11-9)-(10-7)\}^2$

總和 → 交互作用造成的變異 8

事例中任一種組合都有二個資料（重複二次），但實際上常常都不會是相同大小吧（這種狀況稱為不平衡或非平衡）。

處理不平衡資料時要小心。因為在這種狀況下，變異數分析的前提「各要因直交（零相關）」的條件常常不成立。更進一步來說，要因之間相關時，先計算的要因和交互作用的平方和（變異），會略微大於後計算的要因平方和（變異）。也就是說，各主要效果和交互作用的檢定結果，會因為計算順序而異。因此，為了避免計算順序的影響，有一些調整相關部分的方法。也就是平方和種類（Type）Ⅰ至Ⅳ。在此只簡單介紹如何區分使用。

- Type Ⅰ：受計算順序影響的方法，不常用。
- Type Ⅱ：只調整主要效果，不調整交互作用的方法。
- Type Ⅲ：同時調整主要效果和交互作用，是軟體的標準指定方法。
- Type Ⅳ：用於有遺漏儲存格（完全沒有資料的組合）時。

6 | 5

不可重複檢定

～多重檢定～

變異數分析無法知道哪個組間的平均數有差異，所以很想重複進行雙樣本平均數的檢定（例如t檢定），但絕不可以這麼做。對同一實驗體系得出的資料重複檢定數次，即使每一次檢定都用5%的顯著水準進行，整體來看某些檢定會出錯，導致結果為顯著的機率變高（＝檢定太寬鬆）。

▶▶▶ 變異數分析的缺點

- 變異數分析會比較多樣本的平均數，但無法特定出哪個組間有差異（只要有一對有差異，就會拒絕虛無假設）。

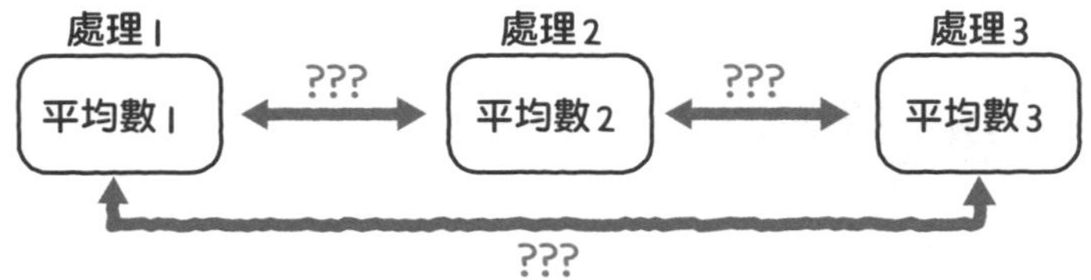

▶▶▶ 多重比較

- 為找出哪個組間的平均數有差異，就想在各組間重複進行「雙樣本平均數差異的檢定」（多重比較），但同一筆資料絕對不能重複檢定。

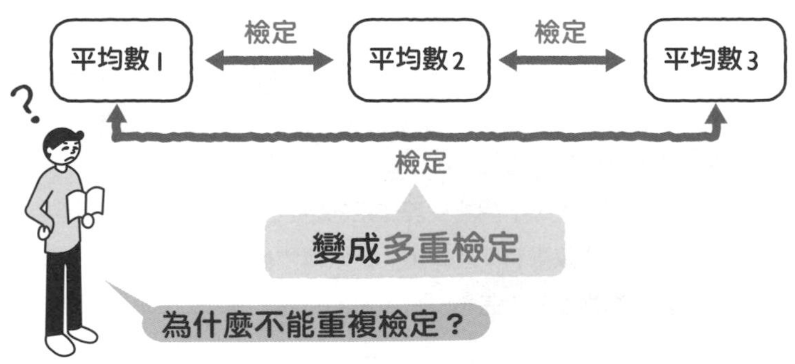

多重比較（multiple comparison）… 變異數分析檢定多樣本間的平均數差異，但無法得知哪一組間有顯著差異。因此就一對一對比較平均數，特定出有顯著差異的那一對。

▶▶▶ 多重檢定

- 重複檢定也就表示同時必須拒絕那些虛無假設。同時在機率論中就表示乘法。
- 檢定的基準為不犯型一誤差的機率（1-α），因此重複檢定n次，就表示基準的（1-α）也被乘了n次，會變小。
- 檢定基準的（1-α）變小，其補數（1-（1-α））也就是顯著水準會變大，更容易拒絕虛無假設。

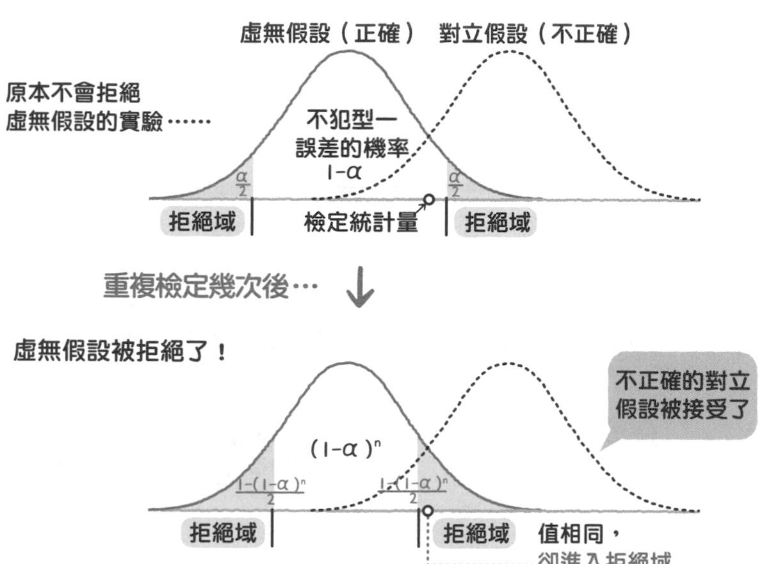

三組的多重比較例（單尾檢定）

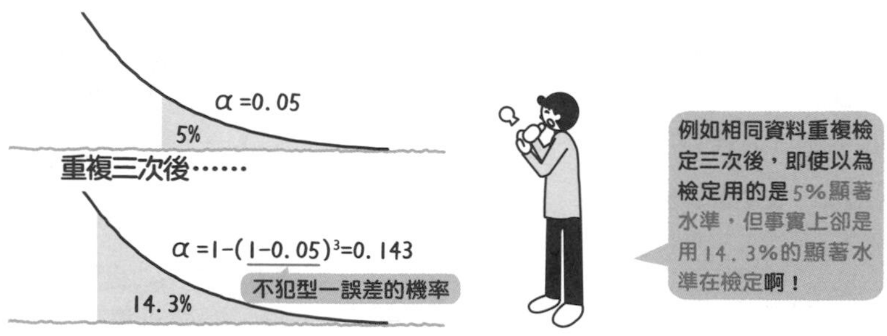

多重檢定的問題（multiplicity problem）… 針對相同資料組重複檢定數次，會提高犯型一誤差的機率。換個角度來說，也就是以高出想像的顯著水準進行檢定。

6 | 6

重複檢定（多重比較法）①

～ Bonferroni 法和 Scheffe 法～

要針對相同資料重複檢定時，就使用多重比較法。
因應多重檢定校正對象不同，有二十種以上的多重比較法，可大致分成三類。

多重檢定校正種類

- 即使重複檢定，檢定統計量也不容易進入拒絕域，也就是讓檢定更嚴格的校正方法，視對象不同主要可分成三類。

多重檢定校正方法

- **顯著水準校正型**……視重複次數縮小顯著水準，讓拒絕域不會變大（代表性方法：Bonferroni 法）
- **檢定統計量校正型**……視組數縮小檢定統計量，更難進入拒絕域（代表性方法：Scheffe 法）
- **分配校正型**……從即使重複次數增加，顯著水準也不會變大的獨特分配，讀取臨界值進行判定（代表性方法：Tukey 法、Dunnett 法）

Bonferroni 法（校正顯著水準）

- 事先將顯著水準除以重複次數（比較組數）後檢定的方法。
- 如果是A、B、C三組，就要比較AB、AC、BC這三組，因此用原本的 α 除以3，以算出新的 α'檢定（右圖）。
- 方法很簡單，人工計算也很容易，和統計量本身沒有關係，因此成對資料和質化資料也可使用。
- 超過5組時會變得太嚴格，這也是缺點。

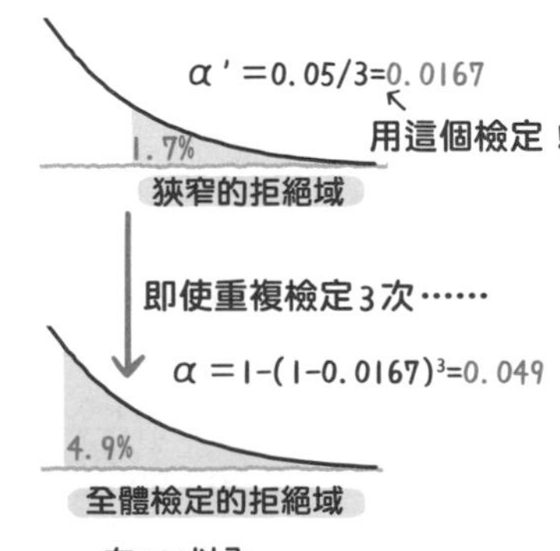

Bonferroni 法（Bonferroni's method）･･･ 事先將顯著水準除以重複次數，讓顯著水準變小，以便即使重複檢定，也可以讓顯著水準落在一開始預設基準內的修正方法。

▶▶▶ Scheffe法（校正檢定統計量）

- 不像Bonferroni法一對一對比較（成對比較）組間，而將複數組彙整成二組，加以比較（對比）。
- 將檢定統計量（F值）的分子除以「組數-1」，使用嚴格的分子。
- 排序資料也可使用。

▶▶▶ 對比

- 當組數為j，各組母體平均數為 μ_j時，對比定義如下：

$$\sum c_j\mu_j \quad 惟 \quad \sum c_j=0$$

cj是各組的常數（對比係數），只要決定適當的常數，就可以表現對比總和為0的各種虛無假設。

例如可考慮如下對比。

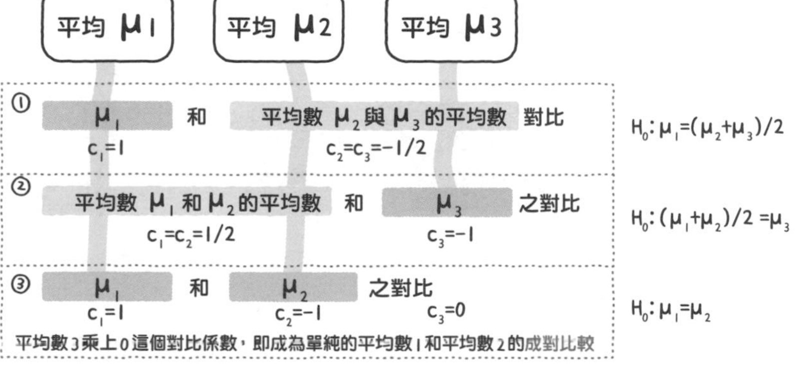

※只要調整對比係數，其他還有無數的對比可能性，但一般軟體只會檢定（如③所示的）成對比較的組合。

▶▶▶ 檢定統計量與判定

- 比較檢定統計量和臨界值，亦即F（j－1，N－j；α）。這裡的j是組數，$\bar{x}_j$是j組平均數，$\hat{\sigma}_e^2$是不偏誤差變異數，n_j是組j的樣本大小，N是所有樣本的大小。

嚴格計算

$$F=\frac{(\sum c_j\bar{x}_j)^2/(j-1)}{\hat{\sigma}_e^2\sum c_j^2/n_j} \quad 惟 \quad \hat{\sigma}_e^2=\frac{\sum(n_j-1)\hat{\sigma}_j^2}{N-j}、\hat{\sigma}_j^2=\frac{\sum(x_{ij}-\bar{x}_j)^2}{n_j-1}$$

Scheffe法（Scheffeśmethod）⋯將複數組彙整成二組比較（對比）的方法。因此原本對象可以是無數的組合。將檢定統計量（F值）的分子除以「組數-1」，使用嚴格的分子。

6 7

重複檢定（多重比較法）②

～ Tukey 法和 Tukey-kramer 法～

讓2組的t檢定適用於多組的方法。
比較檢定統計量t值，和取自Student化全距分布的q（臨界值）。
Tukey-kramer法則是不平衡時也可使用的改良方法。

Tukey法的檢定統計量

- 組1和組2的成對比較時，任一組的樣本大小都是n時的檢定統計量，就是獨立雙樣本平均數差異t檢定略為變形後的內容。

$$t_{\bar{x}_1-\bar{x}_2}=\frac{\bar{x}_1-\bar{x}_2}{\sqrt{\frac{\hat{\sigma}_e^2}{n}}}$$

這是所有組共通的不偏變異數，也就是做為變異數分析的檢定統計量F值分母之不偏誤差變異數

幾乎和2組的t檢定相同，但分母的不偏變異數是以所有組為對象算出，所以其他組的離散也會影響檢定。

臨界值(q值)

- 多重比較會進行多個成對比較，其中檢定統計量最大的就是在比較平均數最大組和平均數最小組時。這一對的統計量分配就是Student化全距分配，從該分配取出的臨界值稱為q。

$$q=\frac{\bar{x}_{最大}-\bar{x}_{最小}}{\sqrt{\hat{\sigma}_e^2/n}}$$

每一對都使用此全距的分配，取任意顯著機率的臨界值，就是嚴格的檢定。

Tukey法（Tukey's test）… 最常見的多重比較法，以自「Student化全距分配」中取出的q值為臨界值，對使用不偏誤差變異數的檢定統計量t值進行檢定。

Tukey法的判定

- 從專用的分配表（277頁），以任意的顯著機率（一般為 $\alpha=5\%$）讀取的q（自由度v是所有樣本大小N－組數j）為臨界值，判定每一對的檢定統計量，是最為嚴格的檢定。

Tukey法的檢定統計量（t的絕對值） ←比較→ （＞就拒絕虛無假設） 臨界值（自附錄的分配表讀取）

Tukey-Kramer法的檢定統計量（不平衡也OK）

$$t_{\bar{x}_1-\bar{x}_2}=\frac{\bar{x}_1-\bar{x}_2}{\sqrt{\hat{\sigma}_e^2\left(\frac{1}{n_1}+\frac{1}{n_2}\right)}}$$

用成對比較的兩組樣本大小，加權不偏誤差變異數

臨界值（q）的修正

Tukey法的顯著判定

$$\frac{|\bar{x}_1-\bar{x}_2|}{\sqrt{\hat{\sigma}_e^2/n}} > q$$

↓ 兩邊分母除以$\sqrt{2}$

Tukey-Kramer法當二組樣本大小相同時的顯著判定

$$\frac{|\bar{x}_1-\bar{x}_2|}{\sqrt{2\hat{\sigma}_e^2/n}} > \frac{q}{\sqrt{2}}$$

不平衡時也流用除以$\sqrt{2}$的臨界值

Tukey-Kramer法的判定

Tukey-Kramer法的檢定統計量（t的絕對值） ←比較→ （＞就拒絕虛無假設） 臨界值（自q分配表讀取的值除以$\sqrt{2}$）

什麼是Student化全距？

「Student化全距分配」還真是難懂的名詞。所謂Student化指的就是在t分配所出現的準標準化。也就是說這項分配，指的是檢定力最強的最大範圍除以不偏標準誤差的值的分配。當然，這種分配函數也有定義，但實在太難，在此省略。順帶一提此分配的形狀近似F分配。

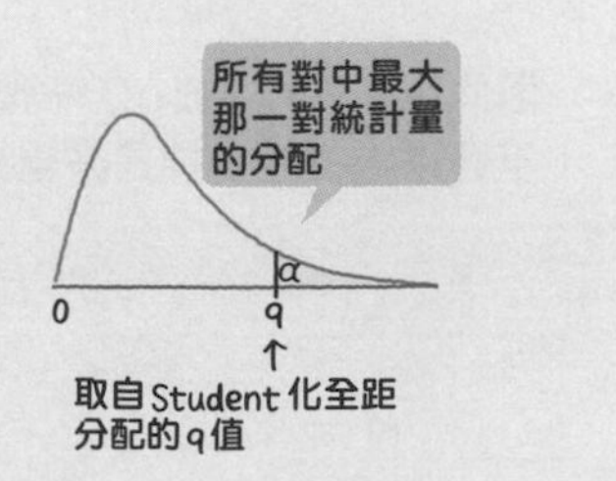

Tukey-Kramer法（Tukey-Kramer method）··· 將Tukey法改良成不平衡資料也可使用的多重比較法。惟自q分配表讀取臨界值時，必須除以$\sqrt{2}$。

事例

飼料添加物和肉牛成長速度

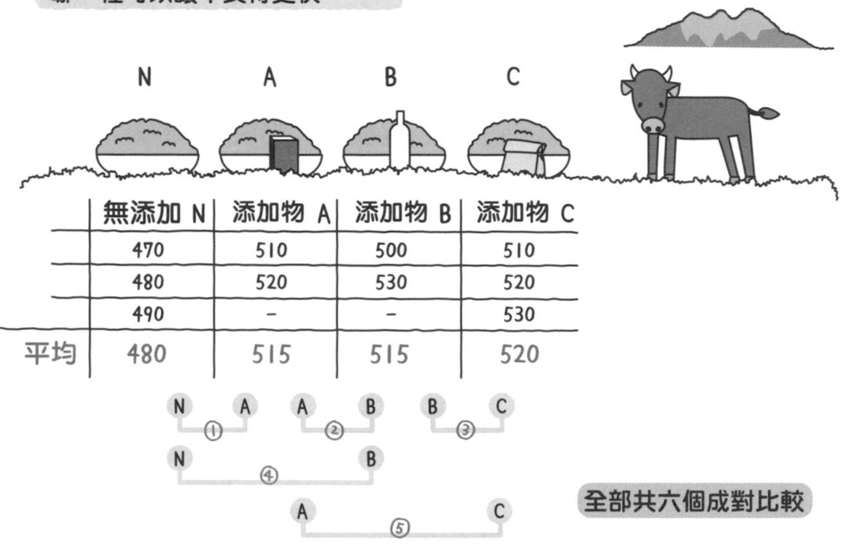
飼料公司要調查三種添加物中，
哪一種可以讓牛長得更快
N
A
B
C

	無添加 N	添加物 A	添加物 B	添加物 C
	470	510	500	510
	480	520	530	520
	490	-	-	530
平均	480	515	515	520

N–A ①　A–B ②　B–C ③
N–B ④
A–C ⑤
N–C ⑥

全部共六個成對比較

對此資料實施六次
「獨立2組平均數的t檢定」…

t值	A	B	C
N	4.2*	2.6	4.9**
A		0.0	0.6
B			0.4

註：*為p<5%，**為p<1%

控制組的無添加N和添加物A、無添加N和C之間可檢測出顯著差異！

因此應該採用A或C任一種添加物（如較便宜的）吧。
不過這種檢定可能是多重檢定……

Student化全距分配（Studentized range distribution）…所有組中平均數差異（範圍）最大的一對的統計量分配。

練習 事例的6對中，對無添加N和添加物A這一對實施Tukey-Kramer法。當然其他對也可比照辦理。

①首先，針對所有4組分別計算組內變異的不偏變異數（右式）

$$\hat{\sigma}_j^2 = \frac{\sum (x_{ij}-\bar{x}_j)^2}{n_j-1}$$

$$\hat{\sigma}_N^2 = \frac{\sum (x_{iN}-480)^2}{3-1} = 100 \qquad \hat{\sigma}_A^2 = \frac{\sum (x_{iA}-515)^2}{2-1} = 50$$

$$\hat{\sigma}_B^2 = \frac{\sum (x_{iB}-515)^2}{2-1} = 450 \qquad \hat{\sigma}_C^2 = \frac{\sum (x_{iC}-520)^2}{3-1} = 100$$

②代入各組內變異的不偏誤差變異數，計算全體的不偏誤差變異數$\hat{\sigma}_e^2$

$$\hat{\sigma}_e^2 = \frac{\sum (n_j-1)\hat{\sigma}_j}{N-j} = \frac{\sum (n_j-1)\hat{\sigma}_j}{10-4} = 150$$

誤差自由度（v）：所有樣本大小N減去組數j的值

③代入全體的不偏誤差變異數，計算檢定統計量

$$t_{\bar{x}_1-\bar{x}_2} = \frac{\bar{x}_A-\bar{x}_N}{\sqrt{\hat{\sigma}_e^2\left(\frac{1}{n_A}+\frac{1}{n_N}\right)}} = \frac{515-480}{\sqrt{150\left(\frac{1}{2}+\frac{1}{3}\right)}} = 3.1$$

④比較檢定統計量和q分配表的值（÷$\sqrt{2}$）。

比較組數（j）為4、誤差自由度（v）為6之q分配表（277頁）的值，和統計量3.1。5%的q分配表的值為4.896，用此值除以$\sqrt{2}$所得之3.462為臨界值。3.1小於3.462，因此無法檢測出顯著差異。

用相同方式比較每一對，結果如下：

t值	A	B	C
N	3.1	3.1	4.0*
A		0.0	0.4
B			0.4

註：＊為$p<5\%$

只有N和C的組間可說母體平均數有差異。
也就是說不要用添加物A比較好。

q值（q, Q）⋯ 服從Student化全距分配的統計量。如果將統計量最大一對的臨界值（亦即q值）也用在其他對的檢定上，就等於用最嚴格的基準加以檢定。

6 | 8

重複檢定（多重比較法）③

～ Dunnett 法～

如果只看和對照組的成對比較即可，更容易檢測出顯著差異。不過，因為有無數的專用表，實際上會用軟體計算。

126頁的事例	無添加 N	添加物 A	添加物 B	添加物 C
平均	480	515	515	520

N–A ①　N–B ②　N–C ③

用於只想知道和對照組之間是否有顯著差異時

▶▶▶ 假設

- 虛無假設 ：$\mu_N=\mu_A$，$\mu_N=\mu_B$，$\mu_N=\mu_C$ ← 比較對數由 6 減成 3，可減輕多重檢定的影響。
- 對立假設：比較對象只有對照組，所以有三種可能。

可能性1（雙尾檢定）　$\mu_N \neq \mu_A$，$\mu_N \neq \mu_B$，$\mu_N \neq \mu_C$

可能性2（單尾檢定）　$\mu_N > \mu_A$，$\mu_N > \mu_B$，$\mu_N > \mu_C$

可能性3（單尾檢定）　$\mu_N < \mu_A$，$\mu_N < \mu_B$，$\mu_N < \mu_C$

} 因為是單尾檢定，比可能性1更容易檢測出顯著差異。

▶▶▶ 檢定統計量與判定

- 檢定統計量和Tukey-Kramer法相同。
- 比較的成對數和Tukey-Kramer法不同，必須由Dunnett法專用表讀取臨界值。專用表低估了複數成對比較的統計量之間發生相關係數的部分，以校正多重檢定的問題。因此，專用表中即使顯著水準一樣是5%，除了雙尾、右尾的差異外，也會因相關係數而有無數的存在（因此本書並未掲載）。
- 以下為根據可能性1的對立假設檢定126頁事例的結果。ABC所有組和N組之間有顯著差異。

t值	A	B	C
N	3.1※	3.1※	4.0※

註：＊為p<5%

所有組相同大小的相關係數

$$\rho = \frac{n_2}{n_2 + n_1}$$

Dunnett's test ··· 只比較對照組和處理組。原則上和Tukey法相同，但必須按由組間樣本大小差異算出的相關係數準備檢定表。

專欄

一開始就當成只有二組OK嗎？（以及最佳多重比較法的選擇方法）

在課堂上教多重比較法時，常有學生問「那一開始就當成只有（可檢測差異的）二組，不就好了？」我懂大家的想法，可是所謂的實驗就是事先宣言「要用如此這般的內容進行」，然後照著實施。所以實驗結束後才把沒有顯著差異的組「當成不存在」，這種作法是不被允許的「欺騙行為」。

本章只介紹基本的多重比較法，可是最近的統計分析軟體可能搭載超過20種方法，讓大家難以決定到底用哪種方法好。不過，其實大多數方法都只是經過些許改良，以便在檢定力下降時仍可使用，所以不太需要煩惱。不管多簡單的軟體，一定都配備Tukey-Kramer法，Bonferroni法不過是用嚴格的顯著水準，自分配表讀取臨界值而已。只要固定用其中一種方法，應該不會有問題。不過，要小心的是Bonferroni法只要超過5組，就會變得太過嚴格。如果軟體搭載名字很難懂的方法如R-E-G-W之Q(F)，那指的是逐步（Stepwise）法，也就是檢定力最高的方法，建議大家優先使用。此外，也有軟體搭載的是未調整多重檢定問題的(Waller-)Duncan和Student-Newman-Keuls，請大家不要使用。

最後我將Tukey-Kramer以外的方法彙整成以下表格，請大家參考。大家可以想成愈左邊的方法檢定力愈高。

和對照組比較	Williams※1	Dunnett	Holm	Bonferroni	Scheffe
不等變異數※2	Tamhane T2	Games-Howell	Dunnett T3(C)		
有對應※3	Sidak	Holm	Bonferroni		
排序資料※4	Shirley-Williams※1	Steel (-Dwass)	Holm	Bonferroni	Scheffe

※1：用於預測組間有單調性（$\mu_1<\mu_2<\mu_3$等）時。

※2：其他的多重比較法都假設所有組的變異數相等。

※3：除此之外的多重比較法都不適用於組間「成對」時。

※4：檢定等級資料的檢定方法稱為無母數統計檢定，將於下一章解說。

This must be
non-parametric.

第7章　無母數分析方法

7 | 1

不取決於分配的檢定

～無母數分析方法～

不以「母體服從特定機率分配」為前提的統計方法總稱。

▶▶▶ 有母數分析方法和無母數分析方法

- 有母數分析方法的t檢定和變異數分析，都假設母體服從常態分配，因此得以在虛無假設下計算實驗結果的發生機率。

t檢定概念圖
（實際上是以平均數差異的分配檢定）

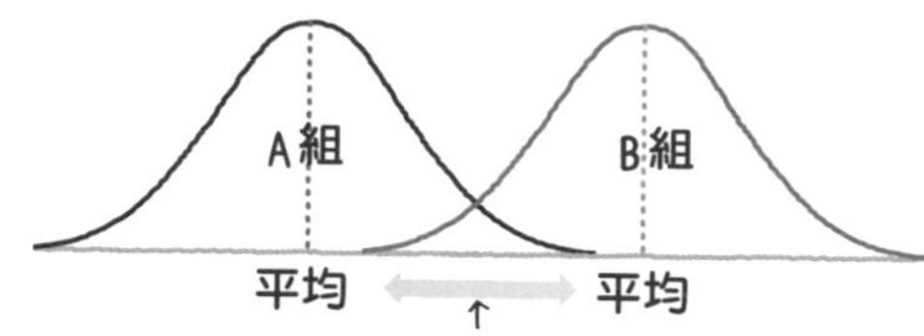

如果各組都服從常態分配（及變異數同質性），就可用與平均數的差異程度，判定二組是否相同

母體如果不以任何機率分配為前提

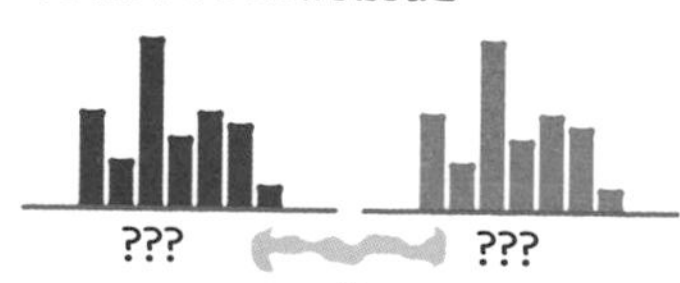

分配形狀不明，就無法評估二組的差異程度
（原本質化資料等就無法計算平均數）

不知道到底呈現哪種分配，就無法調查二組到底是近似還是遠離哦。

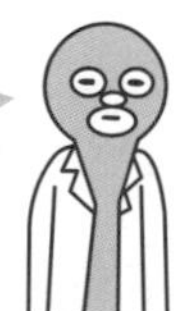

必須有不取決於母體分配的方法！

用無母數分析方法「間接」計算（在虛無假設下）實驗結果發生的機率，然後檢定

有母數分析方法（parametric methods）…… 以母體服從特定機率分配為前提的統計方法總稱。例如，t檢定和變異數分析的前提，就是母體必須服從常態分配。

● 無母數分析方法有效的場景　其1：質化資料

以名目尺度或順序尺度測量的質化資料，取得的值原本就不是隨機變數，因此無法假設母體的機率分配。

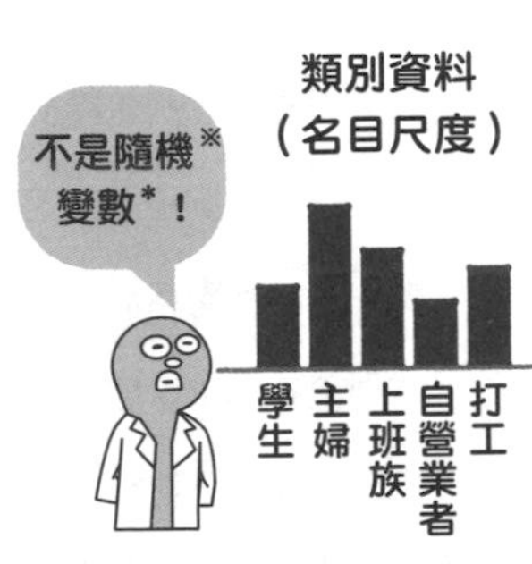

※指的是要取該值的機率確定的變數，必須以量化尺度測量。尺度水準將於下2頁說明

● 無母數分析方法有效的場景　其2：有離群值時

事例：飼料中的離胺酸濃度與豬里脊肉脂肪率

	離胺酸濃度 0.4%	離胺酸濃度 0.6%
豬里脊肉脂肪率	7.0	4.1
	6.5	4.8
	6.2	3.9
	7.1	5.2
極端高的值	30.0	4.9
平均數	11.4	4.6

實施獨立雙樣本的平均數差異t檢定，結果t值＝1.5、雙邊p值＝0.2，無法檢測出顯著差異。

這是為了確認「限制豬飼料中的離胺酸這種胺基酸濃度，肌肉中的脂肪率會變高」的實驗資料。怎麼看都覺得是有顯著差異的資料，可是因為有極端大的數值，所以用t檢定無法檢測出顯著差異。但是，只要不是輸入錯誤或測量機器出問題，也不能排除這筆資料。

只要有離群值，t檢定的檢定力就會下降啊……

無母數分析方法（non-parametric methods）…不以母體服從任何分配為前提的統計方法總稱。對於質化資料、有離群值的量化資料等有效。

各種無母數檢定

無母數分析方法名稱	組數*1	成對*1	資料	幾乎對應的有母數分析方法或目的
獨立性檢定(皮爾生 χ^2 檢定)	多組	無	質化	獨立多組比例差異檢定
(費雪)精確性檢定	2組	無	質化	獨立雙樣本比例差異檢定(小樣本)
麥內瑪(McNemar)檢定*2	2組	有	質化	成對雙樣本比例差異檢定
寇克蘭(Cochran)Q檢定*2	多組	有	質化	成對多組比例差異檢定
曼恩－惠尼U檢定	2組	無	量化、等級	獨立雙樣本平均數差異檢定
符號檢定	2組	有	量化、等級	成對雙樣本平均數差異檢定
魏克生符號檢定	2組	有	量化	成對雙樣本平均數差異檢定
K-W檢定	多組	無	量化、等級	獨立單因子變異數分析
弗里曼檢定	多組	有	量化、等級	成對單因子變異數分析
Steel-Dwass法*2	多組	無	量化、等級	多重比較法(所有對比較)
Steel法*2	多組	無	量化、等級	多重比較法(對照組比較)
Shirley-Williams法*2	多組	無	量化、等級	多重比較法(對照組比較且組間有單調性)

＊1：可用多組用的方法檢定2組資料，或用獨立樣本方法檢定成對樣本資料（惟後者精確度可能降低）。
＊2：非本書內容。

專欄
何種量化資料可用無母數分析方法？

質化資料就用無母數分析方法，不需要遲疑。可是量化資料到底應不應該用無母數分析方法呢？實在令人頭疼。因為樣本大小和母體分配無關，所以小樣本就用無母數分析方法的原則好像也不能說完全正確。

其實最近發現，就算對母體為常態分配的樣本使用無母數分析方法，檢定力下降幅度也有限。也就是說，不論是何種量化資料，其實都可以用無母數分析方法。

何謂質化資料？ ——尺度水準——

心理學家史丹利．史密斯．史蒂文斯（Stanley Smith Stevens）將測量資料的尺度分成四種。每種尺度和測量資料的特徵與事例等整理如下表。

由此可知因應測量尺度的水準，每種資料各有容許和不容許的計算。例如，以名目尺度和順序尺度測量的質化資料（分別為類別尺度、等級尺度），無法計算平均數，因此要檢定差異就只能用無母數分析方法。

	資料種類	尺度水準	值的含意	直接可計算	事例
質化資料	類別資料	名目尺度	值只是為了區分、分類	計算次數	性別、血型
	等級資料	順序尺度	值的大小關係有意義	> =	滿意度、偏好度
量化資料	等距資料	區間尺度	值的區間相等	+ −	攝氏溫度、智能指數
	等比資料	比率尺度	原點（0）已定	+ − × ÷	重量、長度、金額

可計算的統計量因測量尺度而不同。

	類別資料	等級資料	等距資料	等比資料
眾數	○	○	○	○
中位數	×	○	○	○
平均數	×	×	○	○

註：○為可計算，×為不可計算。

無法計算平均數也就表示不能使用 t 檢定或變異數分析。 ←—無母數分析上場！

尺度水準（level of measurement）··· 根據資料所有的資訊性質，按統計學方法分類的基準，最早出現於 Stanley S. Stevens於1946年表發表在*Science*雜誌上的"On the Theory of Scales of Measurement"。

7 2

質化資料檢定

～獨立性檢定（皮爾生 χ^2 檢定）～

判定列聯表的表側和表頭有關還是獨立。也就是要驗證表側和表頭的二變數之間是否有關係。

如果是2×2（交叉表）4個儲存格時，目的和比例差異檢定（98頁）和隨後說明的費雪精確性檢定（142頁）相同。

即使沒有原始資料，只要有列聯表即可檢定，因此也被稱為「列聯表檢定」，或依提出者姓名，稱為「皮爾生 χ^2 檢定」。

你覺得主管機關有好好維護森林嗎？（摘錄自日本 2010 年農林水產省調查）

獨立？有關？

表側＼表頭	北海道	東北	關東	北陸	東海
有	19	18	89	9	16
沒有	17	51	336	31	64
認為有的比率	0.53	0.26	0.21	0.23	0.20

想檢定認為有的比率是否有地區性差異！

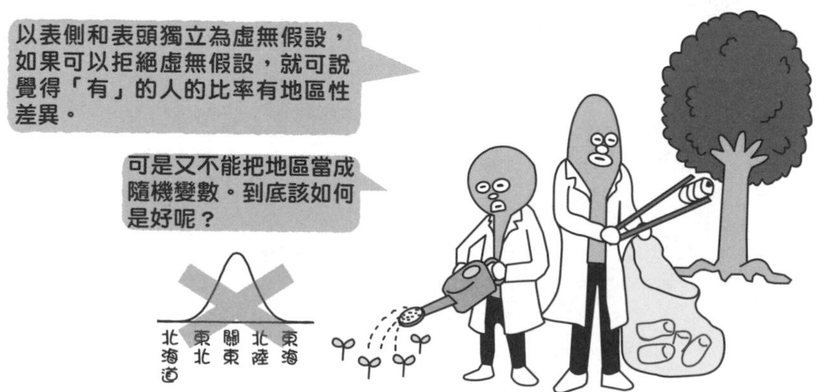

以表側和表頭獨立為虛無假設，如果可以拒絕虛無假設，就可說覺得「有」的人的比率有地區性差異。
可是又不能把地區當成隨機變數。到底該如何是好呢？
北海道
東北
關東
北陸
東海

皮爾生 χ^2 檢定（Pearson's chi-square test）…卡爾・皮爾生提出的無母數檢定方法，用 χ^2 分配檢定觀察次數服從期望次數的虛無假設。分成獨立性檢定和適合度檢定。

▶▶▶期望次數

- 思考虛無假設正確，亦即表側和表頭獨立時期望的次數分配，用來和觀察到的次數分配比較。
- 兩者分配大為不同時，即可拒絕獨立的虛無假設。

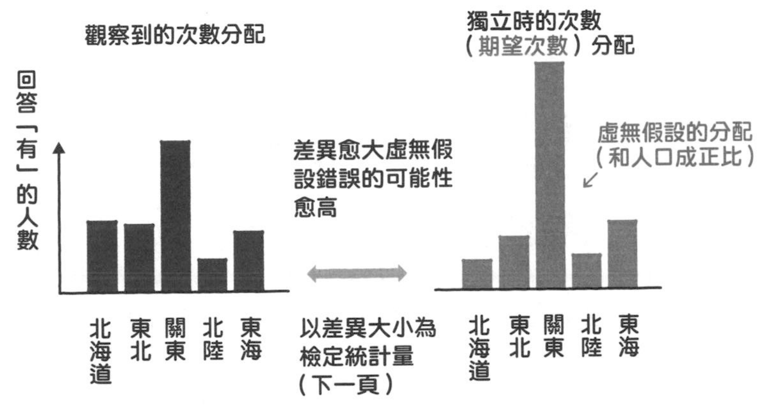

觀察次數表

	北海道	東北	關東	北陸	東海	合計
有	19	18	89	9	16	151
沒有	17	51	336	31	64	499
合計	36	69	425	40	80	650

如果是獨立的，不論是哪個地區，「有」和「沒有」的次數比率（151：499）應該相同才是……

期望次數表

	北海道	東北	關東	北陸	東海	合計
有	8.4	16.0	98.7	9.3	18.6	151
沒有	27.6	53.0	326.3	30.7	61.4	499
合計	36	69	425	40	80	650

每個地區的次數都是151：499

期望次數（expected frequency）••• 獨立性檢定中，在列聯表表側和表頭獨立的虛無假設成立的前提下期望的行列次數，由觀察次數的行列合計比例逆推求出。

▶▶▶檢定統計量（χ^2值）

- 虛無假設下期望的次數分配和觀察次數分配的差異大小，用近似服從 χ^2 分配的統計量表示，並加以檢定。
- 嚴格來說此統計量並非 χ^2 值，但總次數多時就會近似服從 χ^2 分配，因此為求方便簡稱為 χ^2 值。

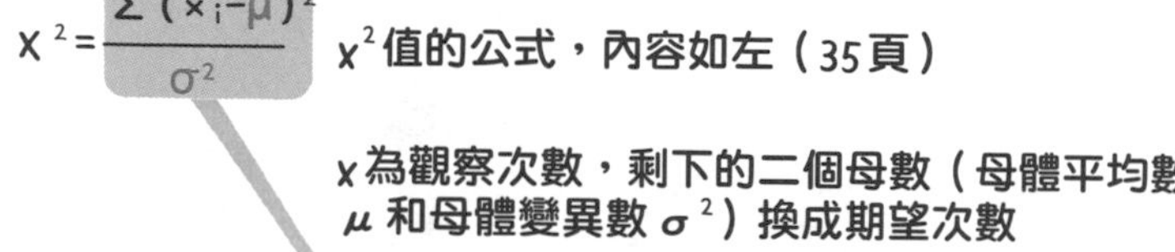

$\chi^2 = \frac{\Sigma (x_i-\mu)^2}{\sigma^2}$
χ^2值的公式，內容如左（35頁）
x為觀察次數，剩下的二個母數（母體平均數 μ 和母體變異數 σ^2）換成期望次數

皮爾生的χ^2 = $\Sigma\Sigma\frac{(觀察次數-期望次數)^2}{期望次數}$ ← 獨立性檢定的統計量

有二個 Σ 是因為不論是從列或行皆可加總（此外，也因為分母的期望次數會視儲存格而異，所以在公式全體加上 ΣΣ）

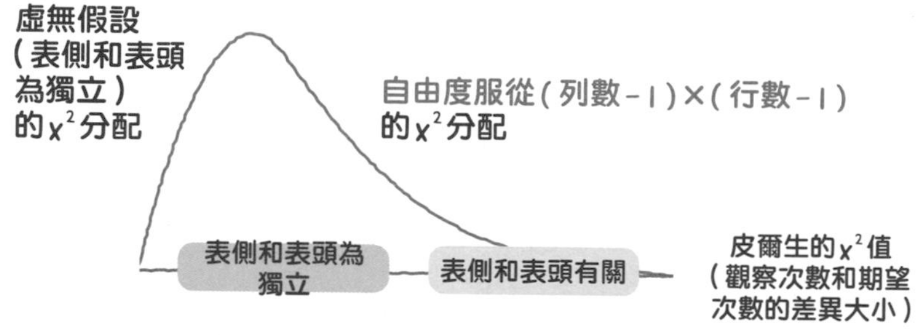

原本的χ^2值中將母數換成期望次數，所以「不依賴母數」，也就是無母數分析方法

皮爾生χ^2檢定還有一種適合度檢定。原則上內容和獨立性檢定相同，從χ^2統計量檢定某特定理論上的次數（＝期望次數）的分配，和觀察到的次數分配是否適合（→虛無假設）。

獨立性檢定（test for independence）… 以列聯表的表側和表頭，亦即二個變數獨立為虛無假設的無母數檢定方法。另有殘差分析（Residual Analysis），可特定出哪個儲存格的觀察次數和期望次數的差異較大。

練習 用136頁的事例資料檢定獨立性吧。

觀察次數	北海道	東北	關東	北陸	東海
有	19	18	89	9	16
沒有	17	51	336	31	64

$$\frac{(\text{觀察次數}-\text{期望次數})^2}{\text{期望次數}} = \frac{(19-8.4)^2}{8.4} = 13.4$$

觀察次數	北海道	東北	關東	北陸	東海
有	8.4	16.0	98.7	9.3	18.6
沒有	27.6	53.0	326.3	30.7	61.4

每個儲存格的統計量	北海道	東北	關東	北陸	東海
有	13.4	0.2	1.0	0.0	0.4
沒有	4.1	0.1	0.3	0.0	0.1

加總所有行列的10個儲存格，就是 $\Sigma\Sigma\frac{(\text{觀察次數}-\text{期望次數})^2}{\text{期望次數}} = 19.6$

實施 χ^2 檢定

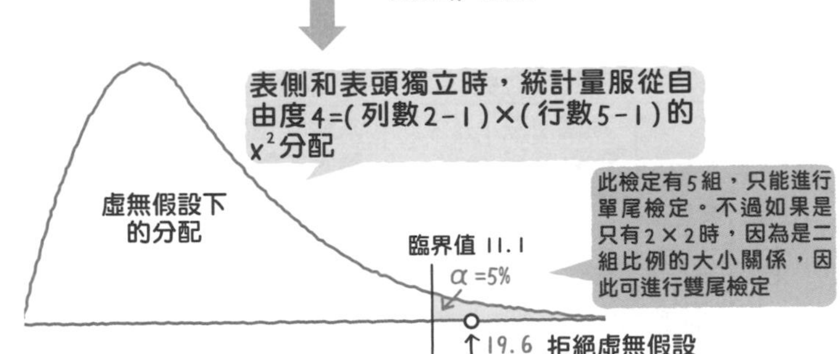

表側和表頭獨立時，統計量服從自由度4=(列數2−1)×(行數5−1)的χ^2分配
虛無假設下的分配
臨界值 11.1
α =5%
19.6 拒絕虛無假設
此檢定有5組，只能進行單尾檢定。不過如果是只有2×2時，因為是二組比例的大小關係，因此可進行雙尾檢定

答案：檢定統計量19.6大於5%顯著水準的臨界值11.1，因此可說會因地區而有差異。

7 無母數分析方法 質化資料檢定

適合度檢定（test for goodness of fit）⋯ 檢定觀察次數分配是否和理論上的期望次數分配相同（適合）的無母數分析方法。例如，可檢定來客數是否會因為星期幾而不同（期望次數是每天都一樣）。

獨立性檢定缺點和校正

- 4個儲存格（2行×2列的交叉表）且為小樣本時，p值會比原本來得小，以至於低估型一失誤的可能性，所以一開始就會先將檢定統計量校正得小一點（連續校正）。這是因為檢定統計量雖然是離散型資料，但假設的x^2分配卻是連續型。
- 此外，小樣本的定義一般是總次數n未滿20，或n未滿40且期望次數有未滿5的儲存格時。

獨立性檢定的統計量 $x^2 = \Sigma\Sigma \frac{(觀察次數 - 期望次數)^2}{期望次數}$

分子（觀察次數和期望次數的差異）減去0.5，讓統計量變小

實施Yates連續校正後的統計量 $x^2 = \Sigma\Sigma \frac{(觀察次數 - 期望次數 - 0.5)^2}{期望次數}$

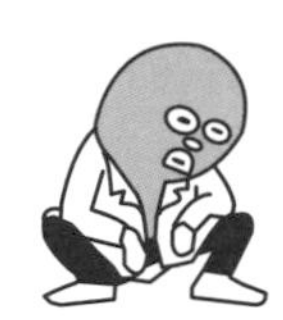

事例：某課程和考試結果（n=25）

觀察次數	上課	未上課
合格	4人	6人
不合格	1人	14人

→ 期望次數

期望次數小於5的儲存格

觀察次數	上課	未上課
合格	2人	8人
不合格	3人	12人

→ 統計量

未經校正的檢定統計量

觀察次數	上課	未上課
合格	2.0	0.5
不合格	1.3	0.3

x^2值=4.1，p=0.03

→ 校正

實施Yates校正後的檢定統計量

觀察次數	上課	未上課
合格	1.13	0.28
不合格	0.75	0.18

x^2值=2.34，p=0.13

校正前在5%顯著水準會被拒絕的虛無假設，校正後不會被拒絕

註：因常會校正得太小，所以也有人認為小樣本的2×2交叉表最好用後2頁說明的「費雪精確性檢定」比較好。

連續校正（continuity correction）… 實際的統計量是離散型，可是要用近似的連續型機率分配來檢定，就容易犯型一誤差。為了避免發生這種現象，事先將檢定統計量校正得小一點。

▶▶▶ 關聯係數（獨立係數）

- 獨立性的檢定統計量 χ^2 值，會隨著總次數或儲存格數增加而變大，因此如果單純想知道表側和表頭的關係強烈與否，就必須計算不受其左右的關聯係數。
- 關聯係數有很多種，本書僅介紹代表性的Cramer's V係數（❗）。

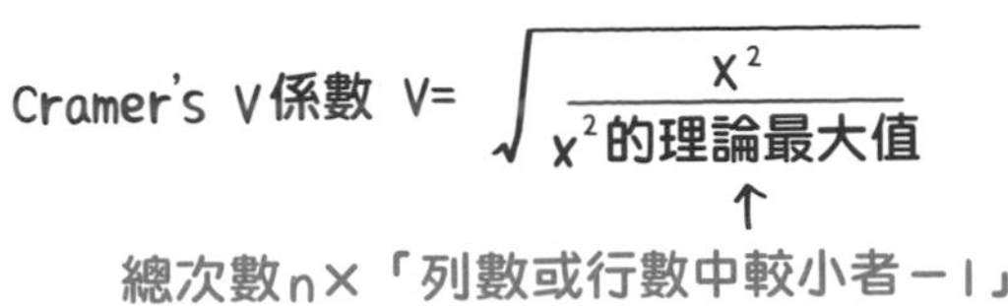

$$\text{Cramer's V係數 } V=\sqrt{\frac{\chi^2}{\chi^2\text{的理論最大值}}}$$

以森林維護的事例來說，就是19.6÷650×(2-1)的平方根，因此V=0.17。關聯係數和相關係數一樣，取0～1的值，並沒有「多少以上相關性強」的基準。話雖如此，0.17應該可以說是「有弱相關」吧。

連續校正的必要性

原本的統計量儘管是離散型資料，檢定時假設的分配卻是連續型分配。在這種情形下有必須注意的事項。

以下圖為例。統計量為「4」時，在虛無假設下，此統計量發生的機率（p值）原本應該是加總灰色部分的值（比「3.5」更右側）。但是，因為假設服從連續型機率分配去計算p值，結果會變成比「4」更右側的粉紅色面積。也就是說低估了發生型一失誤的可能性。因此，一開始就必須把統計量校正得小一點。

右尾檢定的事例

由離散型資料算出的原本p值（灰色部分）

由連續型機率分配算出的近似p值（粉紅色部分）

2　3　3.5　4　5

校正後的統計量

實驗統計量（校正前）

關聯係數（coefficient of association）••• 獨立性檢定中顯示表頭和表側關係強弱的指標，Cramer's V係數是知名代表。

Cramer's V係數（Cramer's coefficient of association）••• χ 2值除以「列數或行數中較小者－1」後取平方根。0～1的值，愈接近1相關愈強。

2×2交叉表檢定
～費雪精確性檢定～

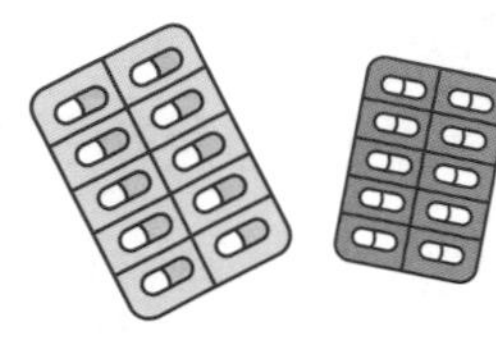

這是小樣本的類別資料用的檢定方法。據說會比Yates校正後的結果更為正確。大樣本或儲存格數多時計算量龐大，所以一般只會用於小樣本的2×2交叉表。

假設

事例：真藥和假藥的有效率

	假藥	真藥
有效	1人	6人
無效	5人	2人
有效率	0.17	0.75

比例差異檢定（98頁）考慮的是樣本比例（也就是這裡的有效率）的差異分配，精確性檢定用的是2×2交叉表的次數

● 母體比例沒有差異時，觀察次數的配置應不會偏向一方。反之母體比例有差異時，次數配置應該會偏向一方。

H_0：有效率（母體比例）無差異
（虛無假設的次數配置）

	假藥	真藥
有效	3	4
無效	3	4
有效率	0.50	0.50

H_1：有效率（母體比例）有差異
（最極端的對立假設的次數配置）

	假藥	真藥
有效	0	7
無效	6	1
有效率	0.00	0.875※

略微偏向 ← 觀察到的次數配置接近哪一邊呢？ → 大幅偏向

實際觀察到的次數配置，如果比較接近對立假設的模式而非虛無假設，應該就可以說母體比例有差異！

※觀察到的次數列的和不固定（第1、2列都是7人）的話，就很難計算機率，因此不考慮（有8：無0）

費雪的精確性檢定（Fisher's exact test）··· 對有偏誤的期望次數和小樣本的2×2交叉表有效。在固定邊際次數的狀態下，直接求出偏誤大於觀察到的次數配置的機率，和顯著水準比較。

▶▶▶特定次數配置所得機率

● 固定邊際次數（行、列的分別小計）即可計算在虛無假設下觀察到特定次數配置的機率p。

	假藥	真藥	小計
有效	a	b	a+b
無效	c	d	c+d
合計	a+c	b+d	n

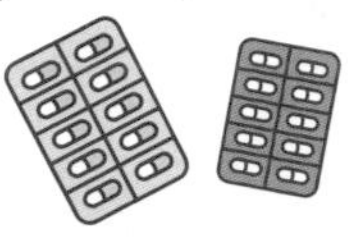

計算由全體n選擇第1列的排列組合 ${}_{n}C_{(a+b)}$ 中，自第1行取出a個且自第2行取出b個的機率

$$p=\frac{{}_{(a+b)}C_{a}\times{}_{(b+d)}C_{b}}{{}_{n}C_{(a+b)}}$$

! 為階乘

$$=\frac{(a+b)!(c+d)!(a+c)!(b+d)!}{n!a!b!c!d!}$$

▶▶▶虛無假設的判定

● 在固定觀察到的邊際次數時可能的次數配置中，計算偏向大於觀察到的次數配置的次數配置機率和，與顯著水準比較。

在此說明只有單邊的序列模式，也可考慮雙尾檢定中左邊比例會變大的偏向次數配置

H_0：母體比例無差異（偏向小）

	假藥	真藥	小計
有效	3	4	7
無效	3	4	7
合計	6	8	14

$$p=\frac{7!7!6!8!}{14!3!4!3!4!}=0.408$$

在虛無假設下，偏向小的配置機率變高

高機率

	假藥	真藥	小計
有效	2	5	7
無效	4	3	7
合計	6	8	14

$$p=\frac{7!7!6!8!}{14!2!5!4!3!}=0.245$$

觀察到的次數配置

	假藥	真藥	小計
有效	1	6	7
無效	5	2	7
合計	6	8	14

$$p=\frac{7!7!6!8!}{14!1!6!5!2!}=0.049$$

低機率

↑↓加總

p=0.051＞顯著水準 α/2：0.025

接受虛無假設

（無法確認真藥的有效性）

H_1：母體比例有差異（偏向大）

	假藥	真藥	小計
有效	0	7	7
無效	6	1	7
合計	6	8	14

$$p=\frac{7!7!6!8!}{14!0!7!6!1!}=0.002$$

邊際次數（marginal frequency）･･･ 表示列聯表的列方向和行方向合計數的次數。在精確性檢定等中，固定邊際次數可大幅限定接近無限的次數配置的組合可能性。

7 | 4

獨立雙樣本的等級資料檢定

～曼恩－惠尼 U 檢定～

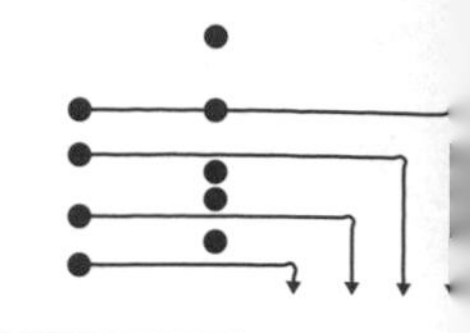

獨立雙樣本平均數差異檢定（t檢定）的無母數版本。
轉換成等級資料，計算表示分配重疊程度的統計量（U值）。
可用於滿意度等等級資料，或有離群值的量化資料。
也稱為魏克生等級和檢定（Wilcoxon rank sum test）。

▶▶▶ 檢定統計量（U值）

- 首先，將原始資料轉換成兩組混合後的等級（值相同則給予等級的平均值）。
- 其次，以一組的等級為基準，合計等級小於基準的另一組資料數，即為U值。

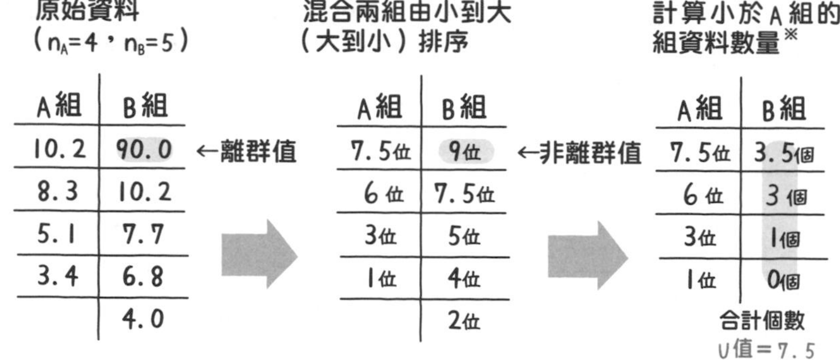

原始資料（$n_A=4$，$n_B=5$）

A組	B組
10.2	90.0 ←離群值
8.3	10.2
5.1	7.7
3.4	6.8
	4.0

混合兩組由小到大（大到小）排序

A組	B組
7.5位	9位 ←非離群值
6位	7.5位
3位	5位
1位	4位
	2位

計算小於A組的B組資料數量※

A組	B組
7.5位	3.5個
6位	3個
3位	1個
1位	0個

合計個數 U值＝7.5

用圖來表示…

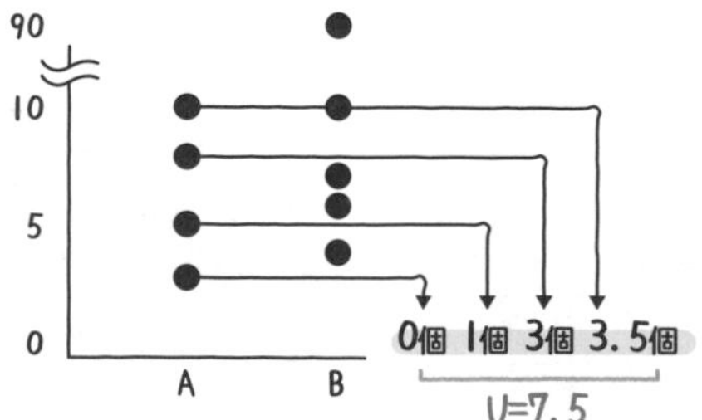

※也可以用以B為基準的U值（＝12.5）檢定，不過用計算簡單、值較小的統計量U於左尾檢定（其他無母數檢定亦同）

曼恩－惠尼U檢定（Mann-Whitney U test）…獨立的等級資料中，計算小於A組等級的B組等級數量，以合計值為檢定統計量。虛無假設為二組的順序關係無偏向。

▶▶▶ U分配（小樣本）

- 兩組樣本大小都未滿20時，U值位於0和兩組大小相乘值（$n_A \times n_B$）之間，是左右對稱的分配。
- 兩組等級配置愈接近，愈集中在中央，愈遠則愈朝向兩邊分布。

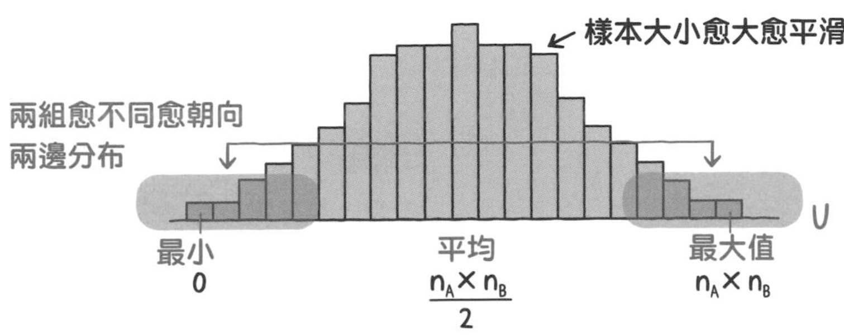

▶▶▶ U檢定（小樣本）

虛無假設H_0：兩組樣本來自相同母體
對立假設H_1：兩組樣本來自不同母體

以278頁的U檢定表（兩邊5%）的一部分，也就是表側為小樣本組（A組）

	4	5	6	7
3	–	0	1	1
4	0	1	2	3
5		2	3	5

由此表讀取臨界值

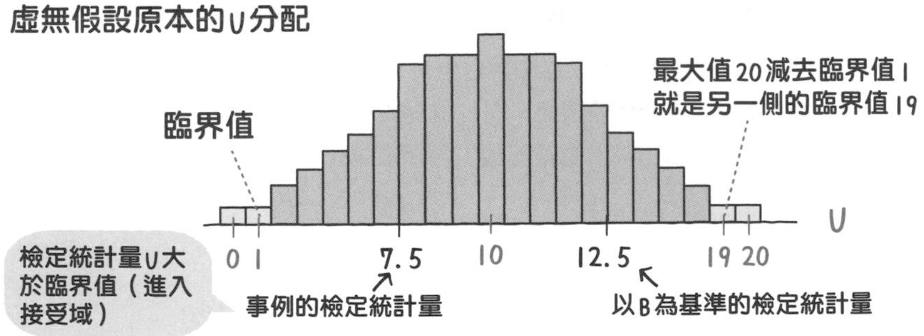

- 事例的檢定結果：在兩邊5%的顯著水準下，無法拒絕虛無假設（→試著實施t檢定，結果為t＝0.9、p＝0.4，也無法拒絕。）

中位數差異檢定（testing for difference medians）••• 等級資料檢定的比較對象不是平均數，而是表示分配全體位置的中位數。此外，請注意中位數檢定，指的是將一個要因用以中位數分割為2的獨立性檢定。

U檢定（大樣本）

- 有一組大於20時，U值近似服從常態分配，因此可用z檢定。
- 不過，為了由標準常態分配表求出臨界值，要將U值標準化。

U的標準化變數 $z_U = \dfrac{U-\mu_U}{\sigma_U}$

U的平均數 $\dfrac{n_A \times n_B}{2}$

U的標準誤 $\sqrt{\dfrac{n_A \times n_B(n_A+n_B+1)}{12}}$

註：標準誤很大，所以大多不進行連續校正

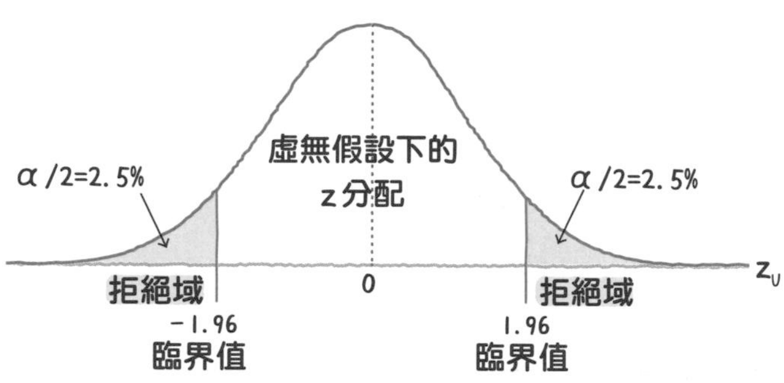

同等級（並列）

- 原本就是等級資料時（如用5級調查滿意度等），有時會有同等級資料。
- 同等級資料多，U的標準化變量z_U的絕對值算出來會偏小，檢定力變差，所以利用以下公式，算出略微偏小的標準誤差，將z_U的絕對值校正得大一點。n為二組合計的資料數，w為同等級的等級數，t為某等級中同等級並列的資料數。

$$\sigma_U' = \sqrt{\frac{n_A \times n_B}{n(n-1)}\left(\frac{n^3-n-\sum_{i=1}^{w}(t_i^{\,3}-t_i)}{12}\right)}$$

同等級（tie）… 檢定等級資料時，同等級的資料愈多，檢定統計量的分母，亦即標準誤差算出來就會偏小，影響檢定力。為避免這種狀況，會先將標準誤差校正得大一點。

HELLO I AM...

法蘭克・魏克生

Frank Wilcoxon（1892-1965）

令人驚訝的是發明無母數分析方法的人既不是統計學家，也不是數學家，而是化學家（F. Wilcoxon）和經濟學家（H. B. Mann）。

1892年雙親都是美國人的魏克生在愛爾蘭出生，取得康乃爾大學物理化學博士學位後，進入化學工廠的研究所成為研究員。之後，他歷經多家民間化學公司的工作，並累積了為數眾多的推論統計學相關成就。其中最著名的，就是以他為名的魏克生等級和檢定（U檢定）與魏克生符號檢定（150頁）。因為在特定溫度處理活化酵素的化學實驗中，偶爾會觀察到離群值，明明是有效的處理，在傳統的t檢定或變異數分析中卻無法檢測出差異。魏克生極為困擾，歷經試誤後，他想出了將資料轉換成不受離群值影響的等級，然後利用等級的組合機率檢定的方法。剛好同時期另一位經濟學家曼恩也和統計學部的研究生惠尼，在檢定二個時間點的薪資差異時想到相同的方法，因而開啟了無母數分析的大門。

專欄
就算有離群值也想用有母數分析！

有離群值且不能以服從常態分配為前提時，就是本章說明的無母數分析活躍的時候。可是無論如何就是想用t檢定等有母數分析方法時，有一種密技（？）就是取資料的自然對數。也就是即使不是常態分配的資料，只要取其自然對數就會近似常態分配，因此可實施t檢定等（52頁Fisher的z轉換也是一樣的原理）。

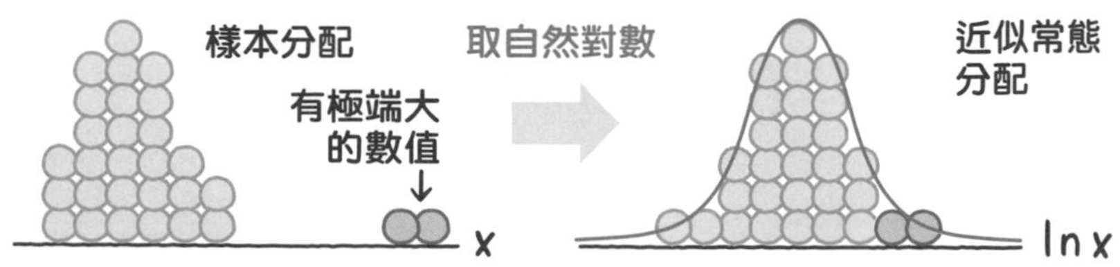

成對雙樣本的等級資料檢定

～符號檢定～

成對雙樣本的平均數差異檢定（t檢定）的無母數版本。
針對每對（pair）差異的符號數進行檢定。
差異大小不是問題，因此可使用等級資料。
量化資料使用檢定差異大小的魏克生符號檢定（150頁），精確度更高。

檢定統計量（r值）

- 算出每對的差異數，分別計算符號＋、－的個數（差異為0的對不計），以較少的符號數量為統計檢定量r。

事例：對搬家公司的滿意度

	A公司	B公司	差異數（a-b）
A	5	3	+2
B	4	3	+1
C	4	1	+3
D	5	1	+4
E	3	2	+1
F	2	4	-2

＋5個
－1個

以較少的符號數量為檢定統計量r（左尾檢定）

比較 較少者 → r=1

兩組無差異時，＋－數量幾乎相同……
兩組有差異時就會只有＋（－很少）或只有－（＋很少）

為什麼（較少的）符號數量可以檢定兩組有、無差異呢…

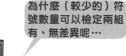

符號檢定（sign test）… 成對雙樣本等級資料的無母數檢定方法。算出每對的差異數，分別計算符號＋、－的個數，以較少的符號數量為統計檢定量r，服從二項分配。

▶▶▶ 符號檢定（小樣本）

● 虛無假設（兩組無差異）正確時，＋、－出現的機率各為二分之一，因此統計量r服從試驗次數n、母體比例（出現率）二分之一的二項分配。

● 對數n在25以下時，可直接計算小於r值的機率，或使用機率1/2的二項分配表（279頁）檢定。在此說明前者。

事例（n=6）的r分配

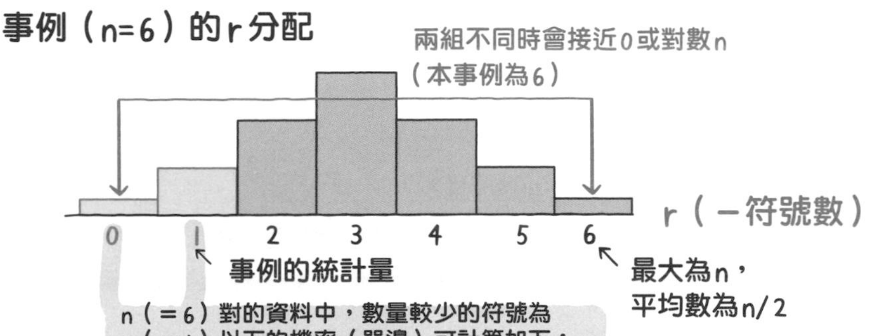

$$({}_nC_0+{}_nC_1)(\frac{1}{2})^n=({}_6C_0+{}_6C_1)(\frac{1}{2})^6=(1+6)(\frac{1}{64})=0.11$$

檢定事例發現兩邊p值為0.22（單邊為p=0.11），因此在5%的顯著水準下無法拒絕虛無假設

復習：二項分配的機率公式
n次試驗下成功m次的機率，如以出現率為p……

$${}_nC_m \cdot p^m \cdot (1-p)^{n-m}$$

▶▶▶ 符號檢定（大樣本）

● 對數n大於25時，統計量r近似服從常態分配，可利用z檢定。

● 和曼恩－惠尼U檢定一樣，比較標準化後的r值和自z分配表讀取的臨界值，如果小於臨界值就拒絕虛無假設。

r的標準化變量（已校正）

$$z_r=\frac{r-\mu_r+0.5}{\sigma_r}=\frac{r-\frac{n}{2}+0.5}{\frac{\sqrt{n}}{2}}$$

一般會加上0.5進行連續校正

小樣本與大樣本的區別 ••• 無母數檢定時，小樣本會利用檢定表檢定，大樣本則利用服從某機率分配進行檢定，惟大樣本的定義因檢定種類而異。

成對雙樣本量化資料無母數檢定

～魏克生符號檢定～

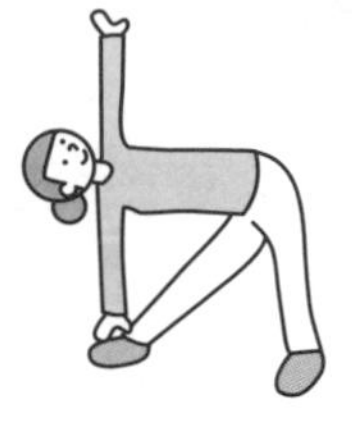

和符號檢定一樣，用來檢定成對雙樣本的差異。
計算檢定統計量時會用到組間差異大小，所以只能用在量化資料上（等級資料就用符號檢定）。

檢定統計量（T值）

- 算出每對的差異數，將絕對值由小到大排序。
- 將符號換回等級，求出數量較少的符號的等級和，做為檢定統計量（差異為0的對不計）。

事例：減肥前後的中性脂肪（mg/dl）

	前	後	差異數
A	250	120	+130
B	180	155	+25
C	160	145	+15
D	145	125	+20
E	130	135	−5
F	120	130	−10

①差異絕對值由小到大排序

	差異絕對值 →	等級
A	130	6
B	25	5
C	15	3
D	20	4
E	5	1
F	10	2

②等級加回符號

	有符號等級
A	+6
B	+5
C	+3
D	+4
E	−1
F	−2

③求出數量較少符號的等級和

	−的等級
A	
B	
C	
D	
E	1
F	2

等級和（T值）
1+2=3

魏克生符號檢定（Wilcoxon signed-rank test）…成對雙樣本量化資料的無母數檢定。自每對差異絕對值的等級符號中，取較小一方的符號的等級和為檢定統計量T。

圖解：

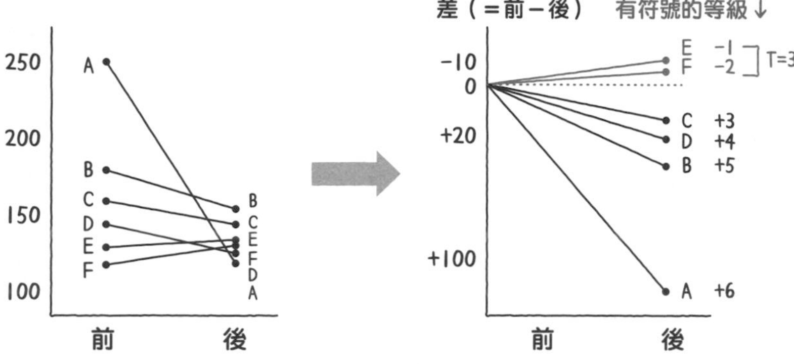

▶▶▶ 魏克生符號檢定（小樣本）

- 利用兩組的分配差異愈大，統計量T愈小的特徵（左尾檢定）。
- 對數n在25以下時，可用專用表（280頁）檢定。

虛無假設的分配：T值是分布在0～n(n+1)/2之間

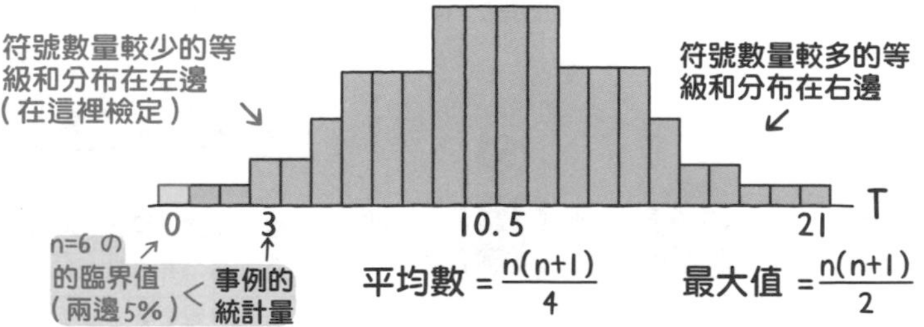

$$\text{平均數}=\frac{n(n+1)}{4}\qquad \text{最大值}=\frac{n(n+1)}{2}$$

→事例中，統計量3大於臨界值0，因此不能拒絕虛無假設。

▶▶▶ 魏克生符號檢定（大樣本）

- 對數n大於25時，統計量T近似服從常態分配，可利用z檢定。標準誤差（分母）夠大，因此不需要連續校正。

T的標準化變量

$$z_T=\frac{T-\mu_T}{\sigma_T}=\frac{T-\left\{\frac{n(n+1)}{4}\right\}}{\sqrt{\frac{n(n+1)(n+2)}{24}}}$$

小於臨界值的話就拒絕虛無假設

7 | 7

獨立多樣本等級資料檢定

～K－W檢定～

獨立多樣本差異（單因子變異數分析）的無母數版。
可用於等級資料、有離群值時，以及無法假設組間變異數同質、資料數差異極大時。
這是由曼恩－惠尼U檢定衍生出的多樣本檢定方法，可求出近似 χ^2 分配的統計量（因統計量名稱，也被稱為「H檢定」）。

▶▶▶ 等級和的偏誤

- 所有組一起排序，再計算每組的等級和。
- 利用每組分配位於全體的位置不同（虛無假設）時，每組等級和的偏誤會變大的特徵。

事例：不同品種西瓜的甜味官能評價（5分評價）

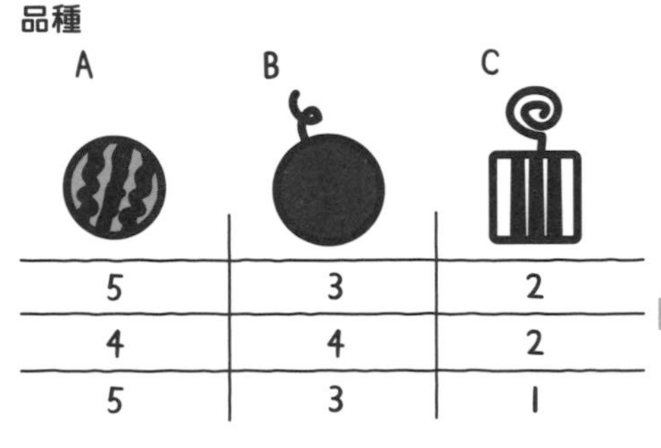

A	B	C
5	3	2
4	4	2
5	3	1

所有組一起由大到小（小到大）排序，再計算每組的等級和R值

相同就給予等級的平均數

A	B	C
第1.5名	第5.5名	第7.5名
第3.5名	第3.5名	第7.5名
第1.5名	第5.5名	第9名
6.5	14.5	24.0

等級和R

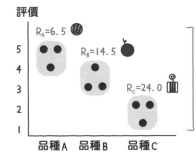

評價

$R_A=6.5$　$R_B=14.5$　$R_C=24.0$

5　4　3　2　1

品種A　品種B　品種C

← 組間分配的位置不同，等級和R的偏誤會變大

R的偏誤統計量：

$$\sum_{i}^{j} \frac{R_i^2}{n_i} = \frac{6.5^2}{3} + \frac{14.5^2}{3} + \frac{24^2}{3} = 276.2$$

j：組數　n_i：組i資料數
R_i：組i等級和

K－W檢定（Kruskal-Wallis test）･･･ 獨立多樣本的無母數檢定。利用組間分配愈不同，每組等級和R的偏誤愈大的特徵。將R的偏誤校正為服從 χ^2 分配的結果就是檢定統計量H。

檢定統計量（H值）

- 對等級和R的偏誤統計量實施以下校正，使其近似 χ^2分配，以求出檢定統計量H（也有人用T或K為符號）。

$$H = \frac{12}{n(n+1)} \sum_{i}^{j} \frac{R_i^2}{n_i} - 3(n+1) = \frac{12}{9(9+1)} \times 276.2 - 3(9+1) = 6.82$$

← 事例的統計量

校正項（n為資料總數）

有些軟體當內含同等級資料時，會將H值修正得較大一點

H檢定（小樣本）

- 小樣本時直接用 χ^2檢定會略為嚴格（檢定力下降），因此用專用表（281頁）檢定。
- 因為是 χ^2檢定，只檢定右尾（H＞臨界值就拒絕虛無假設）。
- 小樣本指的是3組17以下、4組14以下。

K－W檢定表摘錄

n_1	n_2	n_3	p=0.05
3	3	3	5.600
2	2	6	5.346
2	3	5	5.251

三組資料數ni都是3時5%顯著水準的臨界值

事例的檢定結果：
檢定統計量H（6.82）大於5%顯著水準的臨界值（5.6），因此可以拒絕虛無假設
→西瓜甜味因品種而異

H檢定（大樣本）

- 大樣本時自 χ^2分配表讀取臨界值，H大於臨界值時拒絕虛無假設，接受組間（的中位數）有差異的對立假設。
- χ^2分配的自由度為組數減1的值。

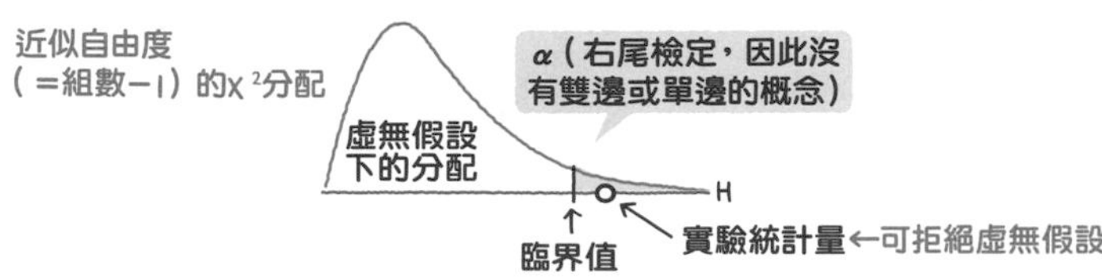

成對多樣本等級資料檢定

～弗里曼檢定～

成對多樣本差異（單因子變異數分析）的無母數版本。
可用於等級資料和有離群值的量化資料。
以二組實施時，結果和符號檢定相同。

等級和的偏誤

- 和K－W檢定一樣，可求出表示每組等級和偏誤的統計量R，不一樣的是要在受試者（個體）內排序。

事例：對某課程的滿意度調查（5分評價）

	第1學期	第2學期	第3學期
A	3	4	5
B	1	3	5
C	1	2	4

→

	第1學期	第2學期	第3學期
A	第3名	第2名	第1名
B	第3名	第2名	第1名
C	第3名	第2名	第1名
等級和R	9	6	3

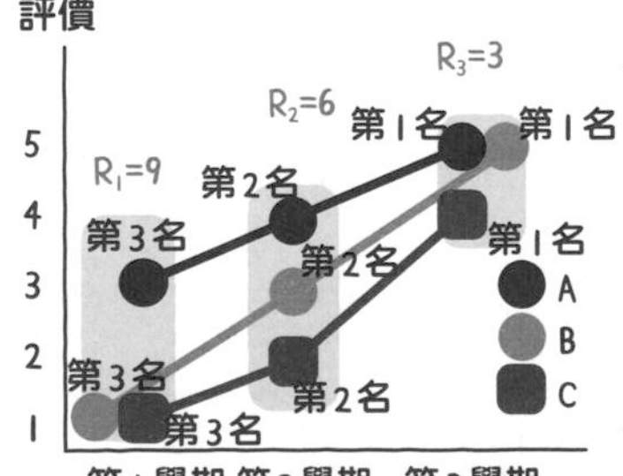

← 組間分配的位置不同，等級和R的偏誤會變大

R的偏誤（R_i為組i的等級和）：

$$\sum_{i}^{j} R_i^2 = 9^2+6^2+3^2=126$$

每一組資料數都一樣，所以不同於K－W檢定，不需要用R_i除以n_i

弗里曼檢定（Friedman test）･･･ 成對多樣本的無母數檢定。內容和K－W檢定幾乎相同，但利用個體內排序的等級計算等級和R，可顧及個體差異。檢定統計量為Q。

檢定統計量（Q值）

- 對等級和R的偏誤實施以下校正，使其近似 χ^2分配。

$$Q=\frac{12}{n\times j(j+1)}\sum_{i}^{j}R_i^2-3n(j+1)=\frac{12}{3\times 3(3+1)}\times 126-3(3+1)=6.0$$

← 事例的統計量

校正項（n為對數，j為組數）

有些軟體當內含同等級資料時，會將Q值修正得較大一點

弗里曼檢定（小樣本）

- 小樣本時直接用 χ^2 檢定的話，會因組數或資料數而略為嚴格或寬鬆，因此用專用表（282頁）檢定。
- Q大於表的臨界值就拒絕虛無假設。
- 小樣本指的是3組9以下、4組5以下。

弗里曼檢定表（3組）摘錄

n	p=0.05
3	6.00
4	6.50
5	6.40
6	7.00

校正得略為嚴格的例子

因為是三組，對（pair）數n為3時5%顯著水準的臨界值

事例的檢定結果：
檢定統計量Q（6.0）在5%顯著水準的臨界值（6.0）以上，因此可以拒絕虛無假設

→課程評價因學期而異

弗里曼檢定（大樣本）

- 大樣本時自 χ^2分配表讀取臨界值，Q大於臨界值時拒絕虛無假設，接受組間（的中位數）有差異的對立假設。
- χ^2分配的自由度為組數減1的值。

肯德爾和諧係數W

- 顯示各受試者內排序一致性的統計量，取0～1的值。在本事例中三位受試者每學期的等級都一致，所以是「1」。

不是組別而是受試者別（事例表中的列別）
↓

$$W=\frac{\text{每位受試者等級和的變異數}}{\text{每位受試者等級和的變異數理論最大值}}$$

$$\frac{\text{組數(受試者數}-1)}{12}$$

肯德爾和諧係數（Kendall's coefficient of concordance）… 受試者間等級的一致性。每位受試者等級和的變異數除以其理論最大值。為0～1的數值，愈接近1愈一致。用於感官評價員的評價一致性等。

Each - Other

第8章 實驗設計法

8 | 1

費雪實驗設計三原則①

～重複～

所謂實驗設計法，就是設計成功實驗的原則集。
費雪將這些原則整理成三原則（重複、隨機、局部控制）
此外，實驗設計中也包含了只進行部分實驗、決定分析所需要的最少必要資料數的方法等，設計有效實驗的方法。

▶▶▶費雪實驗設計三原則

- 所謂實驗失敗，指的就是在實驗後的變異數分析中，明明沒效卻誤以為有效，或是明明有效卻未能判定為有效。反之，所謂成功的實驗，就是在有要因效果時能確實檢測出效果。
- 只要遵守費雪提倡的三原則，就可以避免實驗失敗。

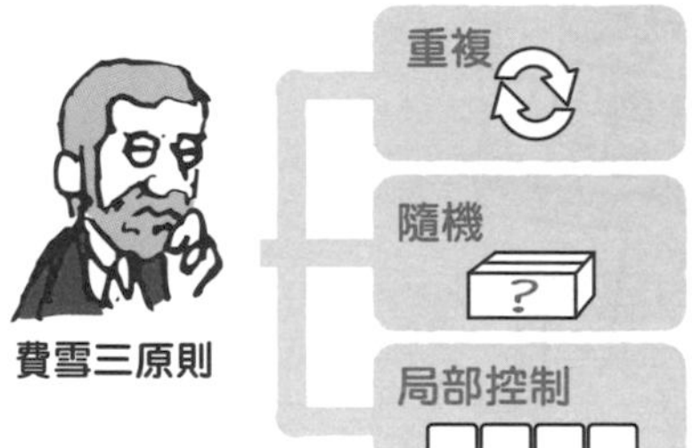

費雪三原則
重複
在相同水準（組、處理）內
重複獨立的實驗
隨機
?
隨機配置實驗的時間（順序）
和空間（場所）
局部控制
細分時間和空間
進行實驗（區集化）

只是一個勁兒地埋首實驗……
怪了？
沒有意料中的
結果……
又必須重做
實驗了！
?
後悔莫及
依照三原則
實驗
檢測出要因的
效果了！
!
太好了，
成功了！
事前要確實設計
實驗！

費雪三原則（basic principles of experimental designs）…為了實驗能確實檢測出應有效果，費雪所提倡有關空間和時間配置的原則集，也就是重複、隨機、局部控制。

重複原則

- 為評價變異數分析必要的誤差變異數，重複在相同水準（組、處理）內的實驗。沒有此步驟就無法進行變異數分析。

$$\text{變異數分析的檢定統計量}\ F=\frac{\text{要因變異數}}{\text{誤差變異數}}=\frac{\text{組間變異}/\text{自由度}(=\text{組數}-1)}{\text{組內變異}/\text{自由度}(=\text{資料數}-\text{組數})}$$

↖ 不是複數資料就無法計算

事例：三階段施肥水準的農圃實驗

3重複/水準

水1	水2	水3
水1	水2	水3
水1	水2	水3

如何決定重複次數，將在檢定力分析中說明

重複的優點

- 計算F值的變異使用的平均數測量誤差變小，提升實驗統計量（甚至是檢定）的精確度。
- 分子的組間變異變大，F 值也會變大。再加上分母的自由度變大，臨界值變小，檢定力提升。

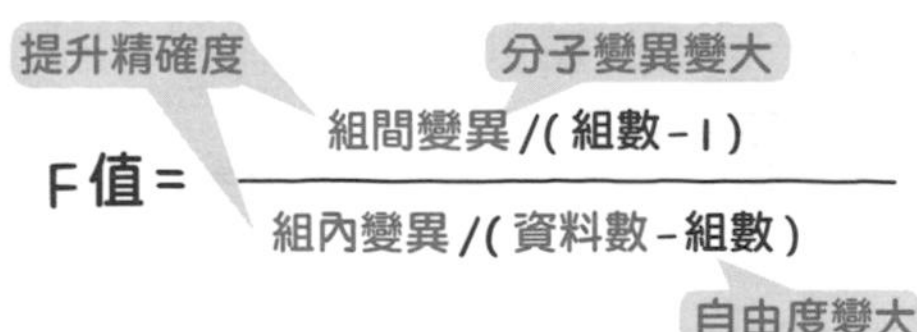

提升精確度
分子變異變大
F值 = 組間變異 /(組數 - 1) / 組內變異 /(資料數 - 組數)
自由度變大

假重複

- 只實驗一次，由同一個體反覆測量（假重複），就會用到大的自由度使用的臨界值，檢定較會寬鬆。

假重複事例（在某水準內的實驗）

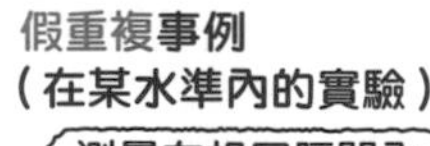

不是n=3而是取平均數n=1
不過測量誤差為1/$\sqrt{3}$，所以並非無意義

正確重複事例

用水泥或壺完全隔開

n=3
各取平均數

重複（replication）⋯ 重複獨立實驗。這是變異數分析的必要條件，可提升檢定力和檢定精確度。

假重複（pseudoreplication）⋯ 用同一個體反覆測量等，只要實驗不獨立就不能稱為重複。

8 2

費雪實驗設計三原則②

～隨機～

隨機指的是為避免原本應視為誤差的要因有系統（方向性）地進入實驗結果，而隨機配置實驗空間和時間順序。

▶▶▶ 隨機原理

非隨機事例：確認3水準的施肥效果的農圃實驗（1～3為施肥水準）

農田的南方有森林

施肥量

1	2	3
1	2	3
1	2	3

日照量

每種效果都會以同方向（或反方向）進入（交絡）結果哦…

變異數分析

在同方向交絡（上例）

就算可以拒絕虛無假設（施肥水準間無差異）……

在反方向交絡 ⇄

就算不能拒絕虛無假設（施肥水準間無差異）……

也無法區別是施肥量的效果還是日照量的效果
說不定是施肥量和日照量的效果方向相反而互相抵銷了…

隨機（randomization）…變異數分析中為避免效果判定錯誤，會隨機配置時間和空間，以將系統誤差轉為隨機誤差。對象是所有順序會影響結果的要因。

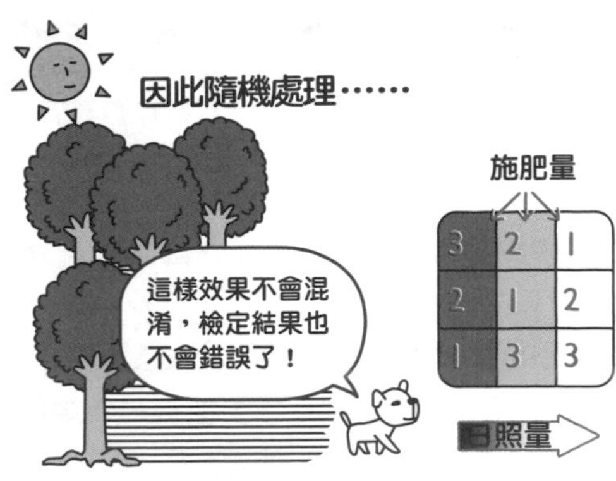

日照量效果均一進入施肥水準中哦

● 隨機處理就是將系統誤差（54～55頁）轉成偶然誤差。

▶▶▶ 隨機的對象

● 除了像農圃這樣的空間，實驗順序（時間）也是隨機的對象。

必須隨機處理的事例：冬天的室內試驗（藥品濃度差異的效果驗證）

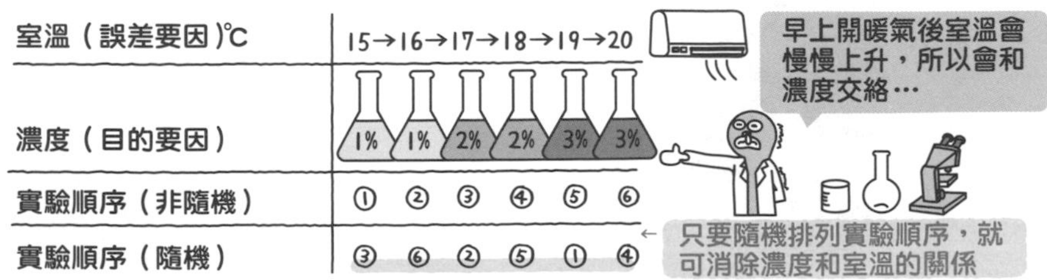

室溫（誤差要因）℃	15→	16→	17→	18→	19→	20
濃度（目的要因）	1%	1%	2%	2%	3%	3%
實驗順序（非隨機）	①	②	③	④	⑤	⑥
實驗順序（隨機）	③	⑥	②	⑤	①	④

交絡（confounding）··· 雖知多個要因會影響結果，卻無法區分每個要因的影響程度的狀態。

8 3

費雪實驗設計三原則③

～局部控制～

局部控制是指細分空間、時間的實驗場所（區集化），在各區集內都進行實驗，然後再分析。

和隨機處理一樣，局部控制是讓非目的要因不會有系統地交絡實驗結果的方法，但不是把系統誤差轉成偶然誤差，而是把系統誤差本身視為一個要因，以消除系統誤差。

▶▶▶局部控制原則

確認施肥效果的農圃實驗（和隨機一樣）的事例：

整體來看有些實驗場
日照量不同……

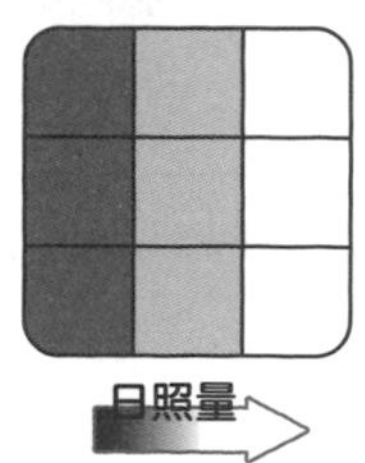

分成小區集來看，
日照量就會相同

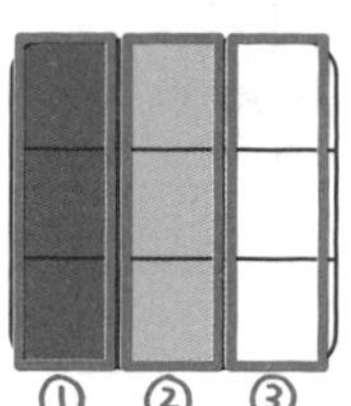

區集（局部）內的
日照量沒有差異

局部控制

各區集（局部）中
實驗所有水準

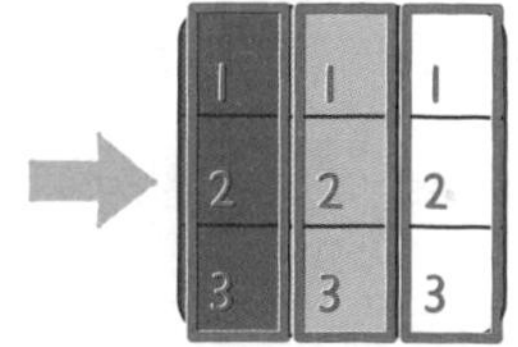

1，2，3＝施肥水準
除了施肥，區集也當成
要因去分析

以本事例來說，
只要使用施肥和
區集為要因的雙
因子變異數分析
即可

局部控制（local control）⋯將實驗全體的空間或時間細分成幾塊（區集化），在各區集內都進行實驗再分析。對於減輕大規模實驗中系統誤差的影響，特別有效。

局部控制實驗檢定

- 除目的要因外，也把系統誤差當成一個要因，因而可個別獨立檢定。亦即檢定目的要因效果時，不再受系統誤差效果的影響。

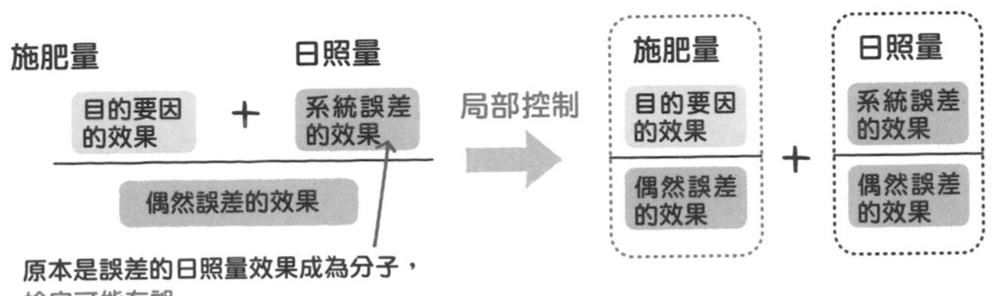

細分（區集化）的對象

- 以可能成為實驗系統誤差的所有要因（時間、場所）為對象。
- 實驗規模大（重複多），全體隨機處理後，誤差反而會變大時導入。例如，只用一位檢查員、一台製造設備要搜集許多資料，就會因疲勞、習慣、磨耗等而產生新的誤差。

以下要因就是經整理後可細分的對象。

- **感官分析：檢查員（個人差異影響常常大過目的要因的效果。）**
- **工廠實驗：生產線、原料批量、日、作業員、出貨批量、作業時段**
- **農業試驗：農圃的區隔、植物工廠的棚架、果樹個體、播種日、收成日**
- **問卷或訪談調查：調查員、訪問地區、回答日**

區集（block）••• 局部控制中經細分後的空間或時間，每個區集就視為一個誤差要因（區集要因）。相當於成對變異數分析中的各個個體（受試者）。

各種實驗配置

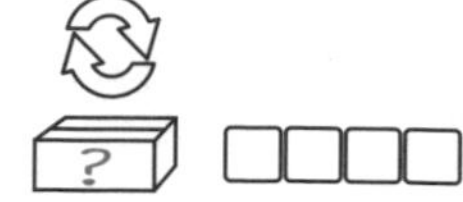

完全符合費雪三原則的實驗稱為「隨機區集設計」，只符合重複和隨機原則的實驗稱為「完全隨機設計」。

應該用哪一種實驗，端視實驗規模、可預知的交絡亦即系統誤差的性質、該領域的慣例等而定。

除此之外，也有其他視系統誤差性質和數量而定的各種實驗時間、空間的配置方法，如拉丁方格設計、裂區設計等。

▶▶▶ 完全隨機設計和隨機區集設計

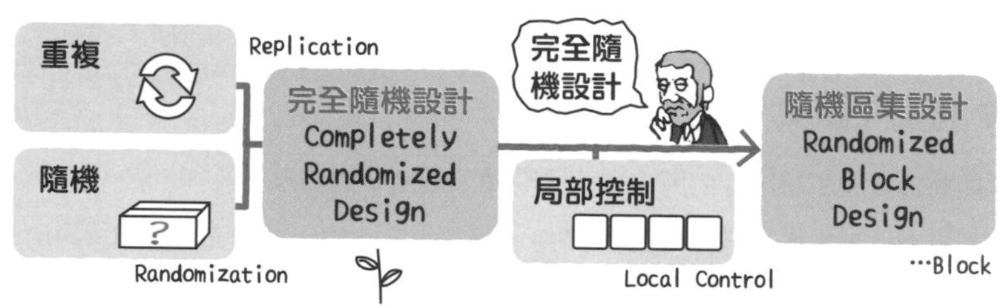

農圃的事例（1～3為目的要因的水準）

以農圃全體為單位隨機處理要重複的區隔

隨機處理區集內的區隔

訣竅：大規模（重複多）的實驗、可預測會有個人差異等效果大且難以隨機處理的系統誤差交絡時，選擇導入局部控制的隨機區集設計比較好。

完全隨機設計（completely randomized design）…實施重複與隨機處理的實驗配置，適合小規模實驗。誤差變異雖然會變大，但因自由度不減，誤差變異數可能小於隨機區集設計。

隨機區集設計（randomized block design）…適用重複、隨機和局部控制三原則的實驗配置。適合區集要因影響大、重複次數多的大規模實驗。

拉丁方格設計

- 隨機區集設計進一步發展，導入二個區集要因的實驗，就稱為拉丁方格設計。所謂拉丁方格，就是在n行n列的表的各行列中，讓n個不同的數字或符號只出現1次的表格。
- 除了目的要因外，還導入二個區集要因，因此是三因子配置（前提是沒有交互作用）。

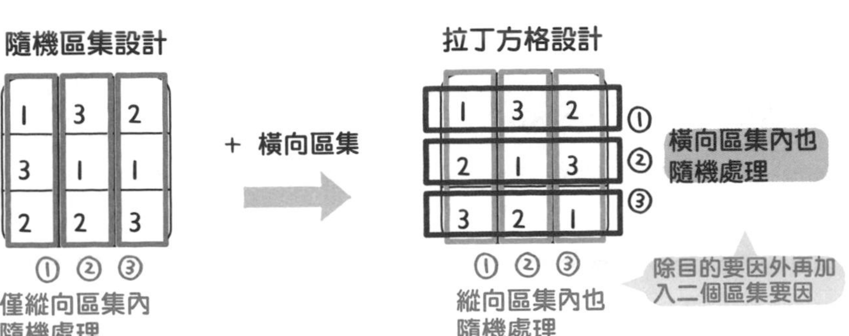

裂區設計

- 要因有二個以上，且其中有不容易變更水準的要因時，將實驗分成幾個階段，依階段適用完全隨機設計、隨機區集設計、拉丁方格設計，即可進行合理的實驗。
- 下例為二個要因（澆水和施肥），一次要因使用完全隨機設計，二次要因使用隨機區集設計。

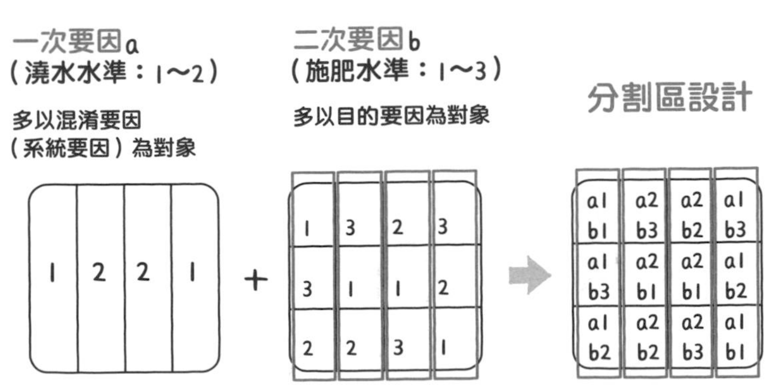

拉丁方格設計（Latin square design）••• 導入二個區集要因的實驗配置，為無交互作用的三因子配置實驗。
裂區設計（split-plot design）••• 有難以變更水準的要因時，將實驗分割成幾個階段實施的方法。

8 | 5

減少實驗次數

～直交表實驗法～

想確認效果的要因太多，實驗組合可能過於龐大時，只實驗部分要因的方法。利用直交表減少要因、水準的組合，對觀察到的資料進行變異數分析。應用於品質工程和行銷領域。

▶▶▶ 直交表實驗法的角色

在工業領域、從頭開始摸索的初期實驗等，想確認效果的要因實在太多。

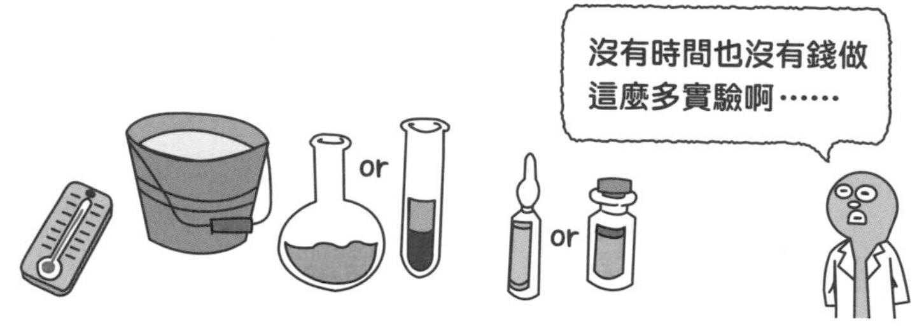

or
or
沒有時間也沒有錢做
這麼多實驗啊……

即使是只有二個水準的要因，如果有四個要因，就有 2^4 共 16 種組合，（就算不重複）最少必須進行 16 次實驗。

使用直交表來設計實驗……

只要進行半數，亦即 8 次實驗即可。

真是救了我一命！
可是為什麼可以這樣做呢…

直交表實驗法（orthogonal design method）･･･ 將要因分配到直交表中，減少實驗的組合數，讓實驗更有效率的方法。對於想驗證效果的要因眾多時有效。惟前提條件是要因之間彼此不相關。

什麼是直交表？

- 直交表指的就是任取二行，水準的所有組合出現次數都相同的表。將要因分配到直交表上，以減少實驗次數。
- 直交意謂要因各自獨立，因此要因之間的相關係數為0。

要將7個2水準要因的實驗組合減少為8個時的拉丁方格設計

分配主要效果和交互作用、誤差

$L_8(2^7)$	行1	行2	行3	行4	行5	行6	行7
①	1	1	1	1	1	1	1
②	1	1	1	2	2	2	2
③	1	2	2	1	1	2	2
④	1	2	2	2	2	1	1
⑤	2	1	2	1	2	1	2
⑥	2	1	2	2	1	2	1
⑦	2	2	1	1	2	2	1
⑧	2	2	1	2	1	1	2

實驗次數（組合數）　水準值

實驗次數（列）比要因數（行）大1（列≦行就無法計算哦）

★任一行中水準2和水準2各出現4次

★任二行中，水準1和水準2的全部組合（1·1、1·2、2·1、2·2）都各出現2次

各種直交表

- 除此之外，視水準和要因數量，還有各種直交表（也可以自己做）。
- 另外，混合類無法檢定交互作用。

主要直交表

- 2水準要因（283頁）（所有要因都是2水準）：$L_4(2^3)$、$L_8(2^7)$、$L_{16}(2^{15})$等
- 3水準要因（284頁）（所有要因都是3水準）：$L_9(3^4)$、$L_{27}(3^{13})$等
- 混合要因（285頁）（包含2水準和3水準的要因）：$L_{18}(2^1 \times 3^7)$、$L_{36}(2^{11} \times 3^{12})$等

直交表（orthogonal table）···取任二行（行分配要因），水準的所有組合出現次數都相同的表。也有所有行都是相同水準數的表，以及混有不同水準數的行的表。

▶▶▶直交表原理

- 在此以最基本的$L_4(2^3)$型直交表為例，說明直交表的原理。抽出前頁$L_8(2^7)$型直交表中第1、3、5、7列的前三行，就成為這張表，應該比較容易理解吧。
- 這張表是以二個2水準要因，亦即雙因子配置為基本編製而成。

$L_4(2^3)$	行 1	行 2	行 3
實驗①	1	1	1
實驗②	1	2	2
實驗③	2	1	2
實驗④	2	2	1
	要因A	要因B	交互作用（含誤差）

最多可分配三個（含交互作用）2水準要因的表，可將原本需要8次的實驗減少為4次

二個要因分別為A、B，左起第一行就分配要因A，第二行分配要因B，第三行分配交互作用（A×B）。惟最後一行也包含誤差（註1、2）

改寫成表頭為要因A，表側為要因B的表……

		要因A 水準1	要因A 水準2
要因B	水準1	實驗①資料	實驗③資料
要因B	水準2	實驗②資料	實驗④資料

和雙因子變異數分析（114頁）一樣形式的表

要看要因B就比較實驗①·③和實驗②·④（L_4表第2行的1·1和2·2）的資料

要看要因A就比較實驗①·②和實驗③·④（L_4表第1行的1·1和2·2）的資料

要看要因A和B的交互作用，就比較實驗①·④和實驗②·③（L_4表第3行的1·1和2·2）的資料

註1：$L_4(2^3)$型直交表的資料是「不重複試驗的雙因子變異數分析」，可檢定要因A與B的主要效果，但交互作用則交絡了誤差，不重複試驗就無法檢定。
註2：如果可以假設沒有交互作用A×B，也可以在第三行分配第三個要因（也就是165頁的拉丁方格設計）。

線點圖（linear graphs）…用「點」來表現實驗要驗證的主要效果，用連接點與點的「線」來表現交互作用的圖。各種直交表都備有幾種線點圖，只要找到結構和實驗一樣的線點圖就很容易分配了。

▶▶▶ 分配至L8直交表

- 2水準型和3水準型中，分配到行的要因是固定的（混合型的話，要在哪一行分配哪個要因皆無妨）。
- 以下利用常用的$L_8(2^7)$型直交表，說明要因的分配方法。

$L_8(2^7)$	行1	行2	行3	行4	行5	行6	行7
實驗①	1	1	1	1	1	1	1
⋮	第2至8列省略						

- $L_8(2^7)$原則上是三因子配置。假設三個要因分別是A、B、C，第一行就是要因A，第2行是要因B，第3行是他們的交互作用A×B，第4行是要因C，第5行是A×C，第6行是B×C，第7行是A×B×C。

$L_8(2^7)$	A	B	AxB	C	AxC	BxC	AxBxC
實驗①	1	1	1	1	1	1	1
⋮	第2至8列省略						

- 第7行分配到的三要因交互作用常常極小，所以一般會用第4個要因D取而代之。
- 沒有誤差就無法進行變異數分析，所以有一行會分配給誤差用。一般來說，會以不感興趣的交互作用行（二行以上也OK）為誤差。

- 以下為L_8表最常用的分配模式。

$L_8(2^7)$	A	B	AxB	C	AxC	誤差	D
實驗①	1	1	1	1	1	1	1
⋮	第2至8列省略						

←最正統

- 除此之外，還有許多分配模式。用極端的例子來說，如果可以假設沒有交互作用，6個要因就可以分配如下（1行是誤差）。

$L_8(2^7)$	A	B	C	D	E	誤差	F
實驗①	1	1	1	1	1	1	1
⋮	第2至8列省略						

誤差分配…為了檢定效果，必須把直交表的任1行以上分配給誤差。惟使用Lenth法計算虛擬標準誤差（Pseudo Standard Error, PSE）時，也可以用沒有誤差行的飽和設計來檢定。

8 實驗設計法 減少實驗次數

分配至L8直交表～續～

- 接著利用前頁介紹的分配模式來設計實驗吧。這個模式是用來檢定四個要因（A、B、C、D）和二個交互作用（A×B、A×C）的分配。
- 因為對要因B和要因C的交互作用（B×C）不感興趣，所以第6行分配給誤差。
- 要因D是取代A×B×C的分配，因此請分配一個不會和其他要因有交互作用的要因。

$L_8(2^7)$	A	B	AxB	C	AxC	誤差	D
①	1	1	1	1	1	1	1
②	1	1	1	2	2	2	2
③	1	2	2	1	1	2	2
④	1	2	2	2	2	1	1
⑤	2	1	2	1	2	1	2
⑥	2	1	2	2	1	2	1
⑦	2	2	1	1	2	2	1
⑧	2	2	1	2	1	1	2

自想確認主要效果的4個要因中選出水準的分配
（不用交互作用和誤差的行）

$L_8(2^7)$	A	B	C	D
實驗 ①	1	1	1	1
實驗 ②	1	1	2	2
實驗 ③	1	2	1	2
實驗 ④	1	2	2	1
實驗 ⑤	2	1	1	2
實驗 ⑥	2	1	2	1
實驗 ⑦	2	2	1	1
實驗 ⑧	2	2	2	2

只要進行八個實驗即可

例如
最上方的實驗①，
就是讓四個要因的
水準全為「1」的
實驗吧

多水準法（multi-level method）… 在2水準要因直交表分配4水準要因的方法。整合2行為1行。
虛擬水準法（pseudo-level method）… 在2水準要因直交表分配3水準要因的方法，為多水準法的應用型。

▶▶▶檢定直交表實驗法所得資料（以L8表為例）

● 在想檢定的主要效果和交互作用，從水準1的資料和水準2的資料平均數檢定變異數比值（F值）。接著，來檢定要因A的主要效果吧。

$L_8(2^7)$	A	B	AxB	C	AxC	誤差	D	資料
①	1	1	1	1	1	1	1	1
②	1	1	1	2	2	2	2	4
③	1	2	2	1	1	2	2	1
④	1	2	2	2	2	1	1	5
⑤	2	1	2	1	2	1	2	3
⑥	2	1	2	2	1	2	1	8
⑦	2	2	1	1	2	2	1	4
⑧	2	2	1	2	1	1	2	9

①首先計算總變異。也就是各資料和總平均的離均差平方和。

覆習：總變異＝$\Sigma\Sigma(x_{ij}-\bar{x}_{..})^2$　惟i為重複次數，j為組（水準）數

本事例的總變異＝$(1-4.375)^2+(4-4.375)^2+\cdots+(9-4.375)^2=59.875$

②計算要因A的主要效果造成的變異（組間變異）。亦即上圖的虛線箭頭。

覆習：要因（組間）變異＝$i\Sigma(\bar{x}_{.j}-\bar{x}_{..})^2$

水準1（1、4、1、5）的組平均數2.75和總平均數4.375的離差＝-1.625

水準2（3、8、4、9）的組平均數6.00和總平均數4.375的離差＝+1.625

組間變異（重複次數4）＝$4\times\{(-1.625)^2+(1.625)^2\}=21.125$

要因變異數（自由度為組數2－總平均數1等於1）＝21.125÷1＝21.125

③以相同方式計算4個要因和2個交互作用的所有變異。

要因B為1.125，要因C為36.125，要因D為0.125，A×B為0.125，A×C為1.125

④總變異減去所有要因變異後，剩餘的就是誤差變異。

誤差變異＝59.875－21.125－1.125－36.125－0.125－0.125－1.125＝0.125

誤差變異數＝（總變異自由度7減去各要因自由度1後剩餘的「1」就是自由度）
＝0.125÷（7－6）＝0.125

⑤以要因變異數÷誤差變異數計算F值，和臨界值（自由度1、1）比較後判定。

要因A的F值＝21.125÷0.125＝169.0＞　臨界值（5%）＝161.45 ◀顯著

直交表實驗法的缺點 ･･･ 直交表實驗法的缺點：①部分或完全無法檢定交互作用。②重複次數少，因此檢定力下降。③難以處理水準數多的要因等。

直交表實驗法應用①
～品質工程（參數設計）～

為有效率地開發技術和新產品，由日本學者田口玄一創立的工程方法，也稱為田口方法（Taguchi Methods, TM）。

品質工程

- 由參數設計、線上品質工程、MT系統組成，參數設計會用到直交表。

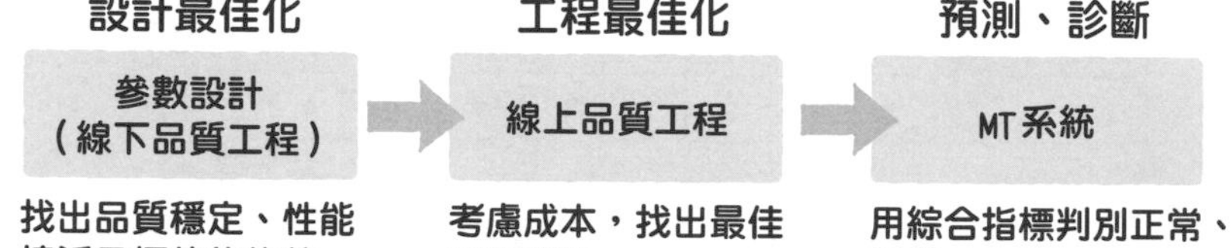

找出品質穩定、性能接近目標值的條件

考慮成本，找出最佳工程條件

用綜合指標判別正常、異常

參數設計目的

- 用直交表找出品質變異最小的控制因子（參數）和水準的組合。使用SN比作為變異的指標。

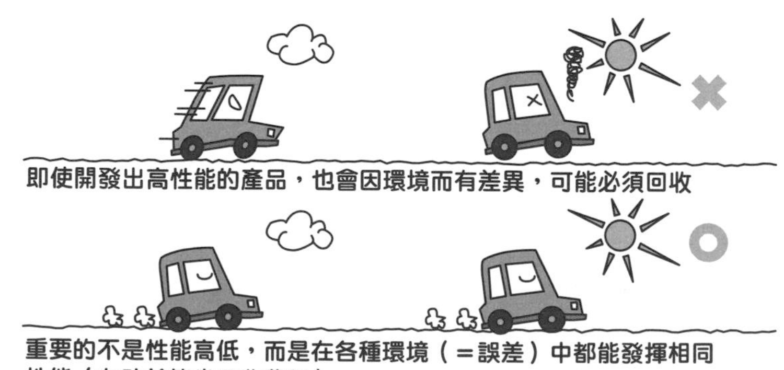

即使開發出高性能的產品，也會因環境而有差異，可能必須回收

重要的不是性能高低，而是在各種環境（＝誤差）中都能發揮相同性能（有助於節省回收費用）

品質工程（quality engineering）…為有效實現技術開發應具備要件的方法論，也稱為田口方法。構成品質工程的三大系統中，最初的參數設計會用到直交表實驗法。

▶▶▶ 參數設計概要

- 參數設計為提高設計的實用性，會使用不考慮交互作用的$L_{18}(2^1 \times 3^7)$等混合要因直交表。
- 將信號因子和誤差因子配置在直交表外側，積極將造成誤差的外部要因導入設計，是參數設計的特徵。

	控制因子								信號因子M_1		信號因子M_2			
L_{18}	A	B	C	D	E	F	G	H	誤差N_1	誤差N_2	誤差N_1	誤差N_2		SN比
①	1	1	1	1	1	1	1	1	$y_{1,1,1}$	$y_{1,1,2}$	$y_{1,2,1}$	$y_{1,2,2}$	→	η_1
②	1	1	2	2	2	2	2	2	$y_{2,1,1}$	$y_{2,1,2}$	$y_{2,2,1}$	$y_{2,2,2}$	→	η_2
⋮	⋮	⋮	⋮	⋮	⋮	⋮	⋮	⋮	⋮	⋮	⋮	⋮	計算	⋮
⑱	2	3	3	2	1	2	3	1	$y_{18,1,1}$	$y_{18,1,2}$	$y_{18,2,1}$	$y_{18,2,2}$	→	η_{18}

直交表實驗法（內側配置）　　參數設計特有配置（外部配置）

- 特性（y）：要穩定的對象，亦即要測量的實驗結果（例如引擎扭力）
- 信號因子（M）：可自由變化特性的要因（燃油噴射量）
- 誤差因子（N）：難以控制的外部要因（氣溫、濕度、氣壓、空汙等）
- SN比（η）：顯示不均大小的指標（扭力穩定值）
- 控制因子（A～H）：可控制的實驗條件（汽缸和活塞的形狀與材質、節流閥和燃料噴射裝置的控制方法等）

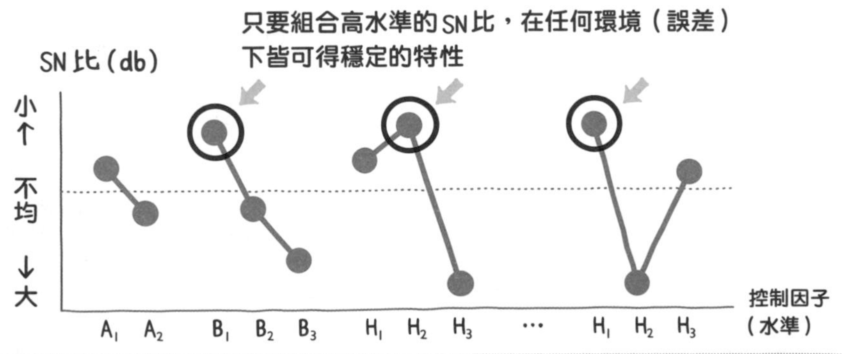

直交表實驗法應用②
～聯合分析～

調查消費者喜歡什麼樣的產品和服務（市場調查）的方法。
在消費者實驗中，為減輕受試者的負擔，使用直交表實驗法。

▶▶▶聯合分析

● 聯合分析直覺評估組合屬性（要因）和水準的輪廓表，釐清哪個屬性和水準較受重視。

事例：手機行銷

步驟①：決定屬性和水準

	螢幕	電子錢包	防水	TV
水準1	4吋	無	無	無
水準2	5吋	有	有	有

←要因稱為屬性

為減少組合數量而使用直交表，所以控制在2～3個水準左右

步驟②：編製輪廓表（由屬性和水準組成的假設性產品）

● 分配至適合屬性和水準數量的直交表，編製輪廓表。本事例中有4個屬性，每個屬性都有2個水準，所以分配至$L_8(2^7)$直交表第1、2、4、7行。

輪廓表No.	螢幕	電子錢包	防水	TV	評分
①	1	1	1	1	1
②	1	1	2	2	4
③	1	2	1	2	2
④	1	2	2	1	3
⑤	2	1	1	2	5
⑥	2	1	2	1	7
⑦	2	2	1	1	6
⑧	2	2	2	2	8

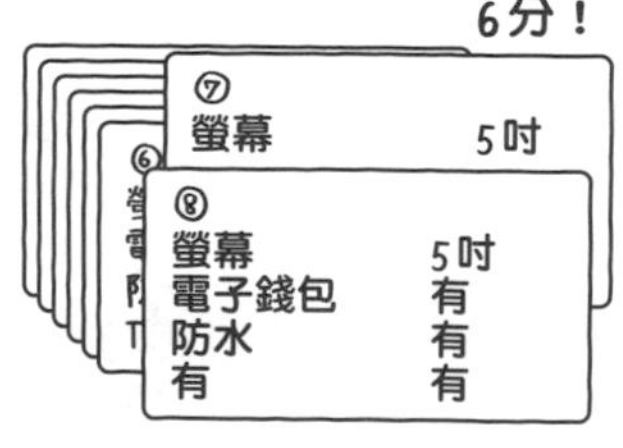

6分！
⑦
螢幕 5吋
⑧
螢幕 5吋
電子錢包 有
防水 有
有 有

出示用圖或文字顯示屬性、水準組合的八張卡片給受訪者，用分數評估他們想要的程度。

聯合分析（conjoint analysis）… 由消費者對商品的評價，掌握商品每個屬性（要因）的重要程度（消費者偏好），同時模擬商品整體魅力的行銷策略。

步驟③：計算個別成分效用

- 以屬性（4行）為自變數，評分為依變數進行多元迴歸分析（196頁～）。
- 此迴歸係數在聯合分析中被稱為個別成分效用（partworth），也就是以水準1為基準（0），表示消費水準2時的滿意度。
- 光是這麼做還是難以理解，因此轉換成平均數為0的數值。以螢幕屬性為例，如果以水準1（4吋）的個別成分效用為-2.00，水準2（5吋）為+2.00，平均數就是0。

多元迴歸分析結果

	迴歸係數
螢幕	4.00
電子錢包	0.50
防水	2.00
TV	0.50
截距	-6.00

步驟④：計算重要程度

- 各屬性重要程度就是該屬性個別成分效用的範圍（最大值和最小值的差）占全體的比例。舉例來說，螢幕屬性的個別成分效用範圍就是水準2的效用2.00，減去水準1的效用-2.00，也就是4.00。同理可證，電子錢包的重要程度為0.50，防水為2.00，TV為0.50，合計為7.00。因此，螢幕重要程度為4.00÷7.00，也就是57.1%。
- 個別成分效用和重要程度有許多表現方法，如果將事例的結果彙整如下，應該比較容易了解吧。

屬性	水準	個別成分效用（-2 -1 0 +1 +2）	重要程度（%）
螢幕	5吋		57.1
	4吋		
電子錢包	有		7.1
	無		
防水	有		28.6
	無		
TV	有		7.1
	無		

由此可知對這位消費者來說，手機規格最重要的是螢幕大小，其次是防水功能。
因此鎖定此消費者為客層的商店，只要提供5吋且具防水功能的手機，就算沒有電子錢包和TV功能，也能滿足這位消費者。

輪廓表卡（profile card）⋯將組合各屬性和水準的假設性商品描繪在卡片上，出示給受訪者（消費者）。編製此卡片時如使用直交表實驗法，可大幅減輕受訪者的負擔。

如何決定樣本大小

～檢定力分析～

檢定的樣本大小不能太大，也不能太小。
實驗前必須先決定恰到好處的樣本大小，以便檢定時能確實檢測出想確認的程度差異（效果）。
因為計算很複雜，最後會介紹使用免費軟體R的方法。

樣本大小與檢定力分析

- 估計信賴區間時樣本大小n愈大愈好，但檢定時n太大，就會檢測出沒有意義的些微差異。
- 在此介紹如何決定適合檢定的樣本大小。

~~樣本太小~~	就算有充分差異（效果）也檢測不出來：因為檢定力弱
~~樣本太大~~	就算是無意義的些微差異也會檢測出來：因為檢定力太強

↓ 恰到好處的樣本大小是？

不同檢定有不同方法，在此針對雙樣本t檢定和變異數分析說明 → **檢定力分析**（Power Analysis）

檢定力分析有二種

- **事前分析**（A priori）：實驗前先決定可望達到實驗的目標檢定力的樣本大小
- **事後分析**（Post hoc）：實驗後確認實施的檢定有多少檢定力

檢定力分析（power analysis）••• 有關檢定力相關的樣本大小和誤差機率的分析方法總稱。除了事前決定樣本大小的方法外，還有事後計算效果量和檢定力的方法、求出誤差機率 α、β 的方法等。

▶▶▶顯著水準與檢定力（復習）

- 檢定力分析正如其名，主要考慮的是檢定力，在此先來復習一下關係密切的顯著水準和檢定力。
- 顯著水準指的就是該檢定可容許犯下型一失誤（明明虛無假設H_0為真，卻拒絕虛無假設的錯誤）的危險率，以 α 表示。
- 檢定力指的則是不犯型二失誤（明明對立假設H_1為真，卻接受虛無假設H_0的錯誤，機率以 β 表示）的機率，以 β 的補數（1 - β）來表示。

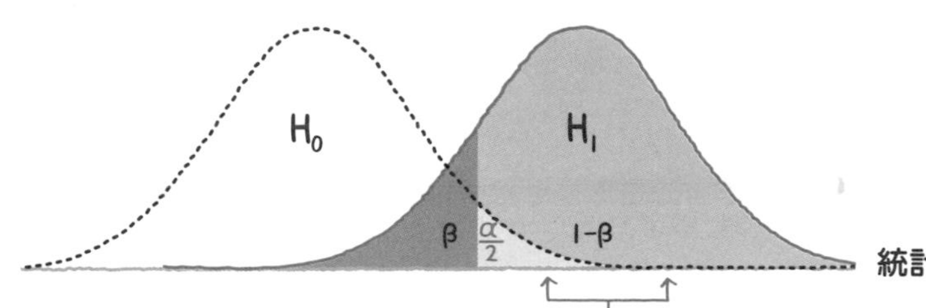

顯著水準 α 小，檢定力（1 – β）高比較好，如果是相同的樣本大小和相同的效果量（次頁），兩者就是取捨（無法並存）的關係

▶▶▶決定檢定力三要素

- 檢定力大小由顯著水準、效果量、樣本大小三要素決定。這些要素之間的關係整理如下：

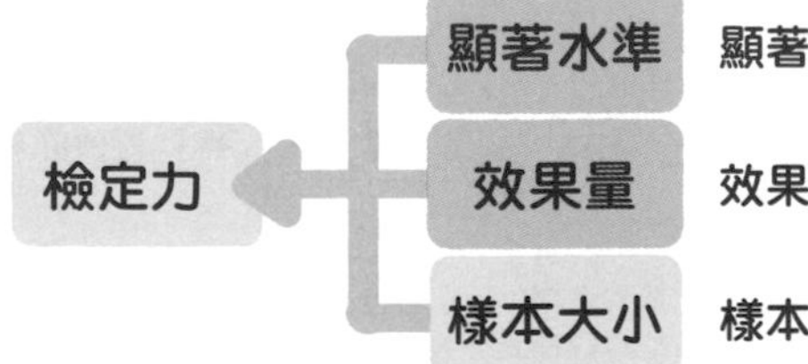

顯著水準 α 大，檢定力就強

效果量大，檢定力就強

樣本大小大，檢定力就強

如果可以事前推測顯著水準和效果量，
就可計算可達成目標檢定力的樣本大小。

樣本大小的決定方法 ••• 設定該檢定所能容許的型一誤差機率（顯著水準）、實驗要驗證的要因影響大小（效果量）、該檢定期待的能力（檢定力），即可事前求出。

效果量

- 效果量，指的就是效果本身的大小（相關強弱或藥效等）。換句話說，也就是表示虛無假設有多不正確的指標。相同顯著水準和相同樣本大小時，效果量愈大檢定力愈高。
- 這是要因原有的性質，所以和樣本大小完全無關。
- 和p值等檢定結果也沒有直接關係。即使效果量大，如果樣本太小檢定力也低，也可能檢測不出差異。

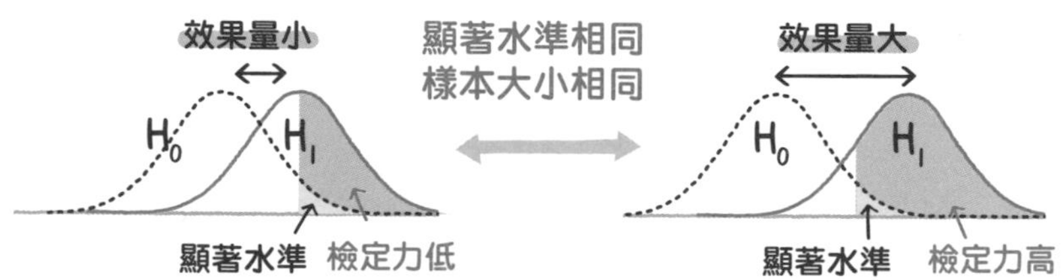

計算效果量

- 效果量的計算方法因檢定而異（相同檢定也可能有不同的效果量計算方法），不過都是自檢定統計量中，去除樣本大小和自由度的影響。接著來介紹利用統計量計算的主要計算公式（！）。

獨立雙樣本平均數差異t檢定的效果量 $\hat{d}$	$\lvert t值 \rvert \times \sqrt{\frac{n_1+n_2}{n_1 \times n_2}}$
成對雙樣本平均數差異t檢定的效果量 $\hat{d}$	$\lvert t值 \rvert \times \sqrt{1/n}$
變異數分析的效果量 $\hat{f}$	$\sqrt{F值 \times \frac{組間變異的自由度}{組內變異的自由度}}$

！儘管只能從實驗結果來計算效果量，要決定樣本大小卻必須事先有效果量。因此，可參考既有研究等估計，如果這樣也有困難，那就只能自行指定合宜的數值。例如t檢定的d的合宜數值，如果預測效果量小就指定0.2，中等效果量就指定0.5，效果量大就指定0.8左右，而變異數分析的f則是依效果量小、中、大，分別指定為0.1、0.25、0.4左右為合宜數值。此外，上述公式是根據樣本來估計，所以都加上^的符號。

效果量（effect size）••• 表示原因對結果的影響大小的統計量總稱。實際上真正的（母體）效果量不明，因此將由樣本算出的檢定統計量，去除依賴自由度的部分後再估計。

練習

下表為成對雙樣本平均數差異檢定中，「對3名受試者投予降血壓藥物前後的血壓（收縮壓）」事例。用這個事例來計算效果量$\hat{d}$吧。

首先，計算t值（參閱96頁）。

受試者	投藥前（X_1）	投藥後（X_2）	差異d（X_1-X_2）
A	180	120	60
B	200	150	50
C	250	150	100
平均	$\bar{x}_1=210$	$\bar{x}_2=140$	$\bar{d}=70$

根據以下公式，檢定統計量t值為4.6（p值＝0.04）

$$t_{\bar{d}} = \frac{\bar{d}}{\hat{\sigma}/\sqrt{n}} = \frac{70}{26.5/\sqrt{3}} = 4.6$$

- 惟本公式中分母使用樣本大小（n＝3），因此只要增加樣本大小，即使用的是相同藥物，t值也很可能會變大（p值會變小）。如果單純想知道這款藥物的效果而非檢定結果，這樣就讓人傷腦筋了。
- 因此，對此t值乘上$\sqrt{1/n}$，以去除樣本大小的影響，這個數值就是效果量（左頁第二個公式）。

$$\text{效果量 } \hat{d} = t_{\bar{d}} \times \sqrt{\frac{1}{n}} = 4.6 \times \sqrt{\frac{1}{3}} = 2.6$$

※那麼只要有效果量，是不是就不需要檢定統計量或p值呢？其實不然。效果量沒有誤差和機率的概念，所以即使手邊的資料只是出於偶然，呈現出效果大的結果，也無法判定（偶然的程度大小）。

d族與r族 ••• 效果量有二種，一種是表示組間差異大小的d族，一種是表示組間關聯性大小的r族。本節介紹的效果量是d族（的估計量），至於各種相關係數和關聯係數等則是r族。

▶▶▶計算檢定力

- 事前要決定樣本大小，就必須先設定「想要這種程度的檢定力」的目標值（！）。
- 事前的檢定力如果是右邊的單尾檢定，就是對立假設H_1的統計量分配中大於臨界值的部分（機率）。

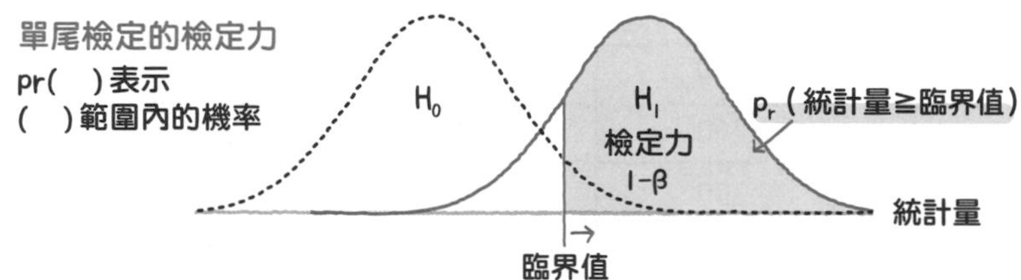

- 變異數分析如果只是單尾檢定就沒有問題，如果是雙尾檢定如t檢定等，就有點棘手了。這是因為也必須求出比左邊臨界值（負號）更小的部分，以它們之和做為檢定力（1-β）。不過，「單邊α/2的檢定」和「雙邊α的檢定」，檢出力是一樣的。

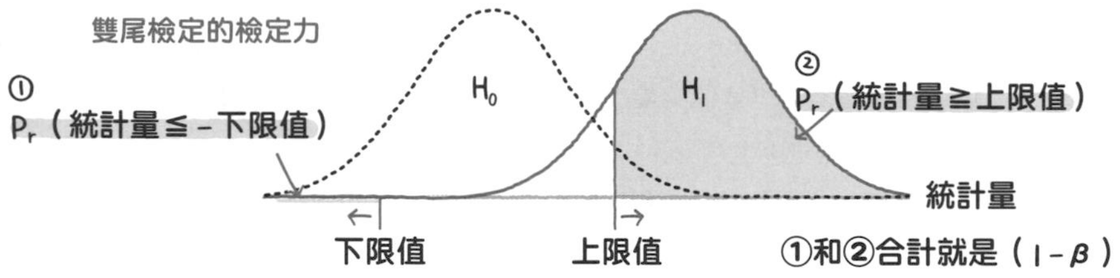

- 要計算出臨界值外側的機率，必須具備非中心分配的知識。這是相當艱深的內容，本書省略不提，不過可以用Excel的累積z分配函數（NORM.S.DIST）來計算。此外，2頁後也將說明利用免費軟體R的算出方法。

> 檢定力的目標值當然是愈高愈好，不過必要樣本大小變得太大也讓人困擾，所以必須適當取捨。例如，統計學家科恩就提出0.8（80%）左右較為合宜的指針。

檢定力（statistical power）…有差異時可正確判定為有差異的檢定能力強弱，是犯型二失誤的機率的補數（85頁）。設想檢定力0.8左右的檢定，求樣本大小。

計算樣本大小

- 只要確定顯著水準、效果量、檢定力三要素，就可求出樣本大小。

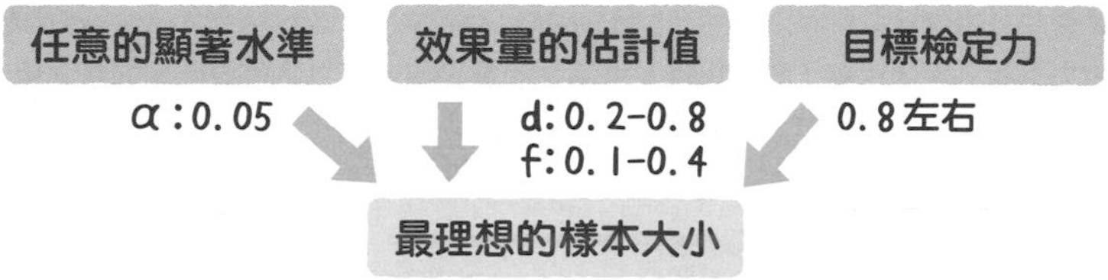

任意的顯著水準	效果量的估計值	目標檢定力
α：0.05	d：0.2–0.8 f：0.1–0.4	0.8左右

→ 最理想的樣本大小

- 不過，因為必須由檢定力去逆推，所以必須使用近似公式和對應表、軟體計算。

使用近似公式的t檢定例：

獨立雙因子平均數差異t檢定的樣本大小（成對時就刪除第一項的2×，獨立時就取1/2）。

→計算例：假設顯著水準α＝雙邊5%（z＝1.96），檢定力為0.8，效果量為中等的0.5，就必須要64/組樣本。

1－β為0.8，就在z表上讀取右尾機率為0.2的0.84，並加上－號

$$n = 2\times\left(\frac{z_{\alpha/2}-z_{1-\beta}}{\text{效果量}}\right)^2+\frac{z_{\alpha/2}^2}{4}$$

$$= 2\times\left(\frac{1.96-(-0.84)}{0.5}\right)^2+\frac{1.96^2}{4}$$

$$= 63.7$$

使用對應表的變異數分析例：

變異數分析的樣本大小（重複數量）不能和t檢定一樣，用近似公式算出，必須不斷重複試誤，十分麻煩。右表是針對實現檢定力0.8的樣本大小，依效果量與組數彙整的結果（獨立單因子變異數分析）。

組數	實現檢定力0.8的樣本大小／組（α＝5%）		
	效果量小（f=0.10）	效果量中（f=0.25）	效果量大（f=0.40）
3	323	53	22
4	274	45	19
5	240	40	16
6	215	36	15

G*power ··· 檢定力分析計算繁瑣，實際上會利用軟體計算。除了R之外，杜塞道夫大學的Axel Buchner教授等開發的G*power也是非常好用的免費軟體。

利用R的檢定力分析①～t檢定～

如同前面的說明，檢定力分析（計算檢定力和樣本大小）真的很麻煩。因此，一般都用軟體來算。「G*power」也是一種方便好用的免費軟體，不過本書要說明的是使用「R」軟體的計算方法，在之後的章節也會出現這個軟體。說到R，它內建的power.t.test或power.anova.test函數當然也可以進行檢定力分析，但因引數（設定項目）太多，不易使用，所以本書要介紹的是利用「pwr」這個外掛程式的方法。首先，使用前請先安裝pwr，執行library(pwr)。這些R的基本使用方法，請詳閱卷末附錄A。

進行t檢定的檢定力分析，要使用以下指令：

```
> pwr.t.test（n＝樣本大小，d＝效果量，sig.level＝顯著水準，power＝檢定力，
  type＝成對、獨立，alternative＝對立假設的位置）
```

惟成對與否的欄位，如果是獨立雙樣本要輸入“two.sample”，母體平均數檢定輸入“one.sample”，成對雙樣本則輸入“paired”。至於對立假設位置的欄位，如果是雙邊就輸入“two.sided”，左邊輸入“less”，右邊則輸入“greater”。

指令中n、d、sig.level、power四個引數中如有一個未指定，執行指令後就會傳回該引數的數值。

①檢定力的計算例（不指定power）：

在獨立雙樣本平均數差異的t檢定中，效果量只有偏小的0.2，顯著水準設定為雙邊5%時，樣本大小60/組時的檢定力。

```
> pwr.t.test（d=0.2,n=60,sig.level=0.05,type=“two.sample”,alternative=“two.sided”）
```

結果為0.19……也就是此檢定的檢定力很低。

②樣本大小的計算例（不指定n）：

將上一頁的內容變更為成對樣本來計算。計算顯著水準為雙邊5%，效果量中等為0.5，目標檢定力為0.8時的樣本大小。

```
> pwr.t.test（d=0.5,power=0.8,sig.level=0.05,type=“paired”,alternative=“two.sided”）
```

結果是33.36……也就是必須要有34對資料。

③計算效果量的方法也一樣，只要不指定d，執行後就會傳回d值，雖然有時會從樣本資料算出，不過應該不太會由檢定力或樣本大小去逆推效果量吧。

利用R的檢定力分析②～變異數分析～

進行單因子變異數分析的檢定力分析要使用以下指令。這也是外掛程式pwr的內建指令，使用前請先安裝pwr，執行library(pwr)。

> pwer.anova.test（k＝組數，n＝每組的樣本大小，f＝效果量，sig.level＝顯著水準，power＝檢定力）

和t檢定一樣，指令中n、f、sig.level、power四個引數中如有一個未指定，執行指令後就會傳回該引數的數值。

① 檢定力的計算例（不指定power）

4組各重複20次，效果量為中等的0.25，顯著水準5%時的檢定力。

```
> pwr.anova.test（f=0.25,k=4,n=20,sig.level=0.05）
```

結果為0.42……也就是此檢定的檢定力很低。

② 樣本大小的計算例（不指定n）

要處理5種（組）的單因子變異數分析，顯著水準5%，效果量為偏大的0.4，目標檢定力0.8時必要的重複次數（樣本大小/組）。

```
> pwr.anova.test（f=0.4,k=5,power=0.80,sig.level=0.05）
```

結果是15.9……也就是和2頁前的對應表一樣，必須有16個（每組）資料。

檢定力分析推薦教材

pwr這個外掛程式，是法國Claude Bernard Lyon 1大學的講師Stephane Champely博士利用R標準內建的函數編製而成，計算方法則參考統計學家科恩（Jacob Cohen）的著作（如下）。這本書可謂是檢定力分析的聖經，有興趣的讀者請務必翻閱。

Jacob Cohen (1988). *Statistical Power Analysis for the Behavioral Sciences* (Second Edtion). Psychology Press, Taylor & Francis Group, NY.

日文版的書籍則建議參考解說詳盡又簡單明瞭的以下著作：

大久保街亞・岡田謙介 (2012)《心理統計的傳授：效果量、信賴區間、檢定力》（暫譯）勁草書房

F-it was written.

第9章　迴歸分析

9 1

尋找原因與結果的關係

～迴歸分析～

迴歸分析是了解變數x（原因）對變數y（結果）影響的方法。表達變數x和變數y之間關係的直線或曲線的式子，就稱為迴歸線。

迴歸線

- 利用迴歸分析可將原因對結果的影響程度化為數值，應用在預測等領域。
- 可以確認估計的關係（迴歸線）在統計上是否有意義。

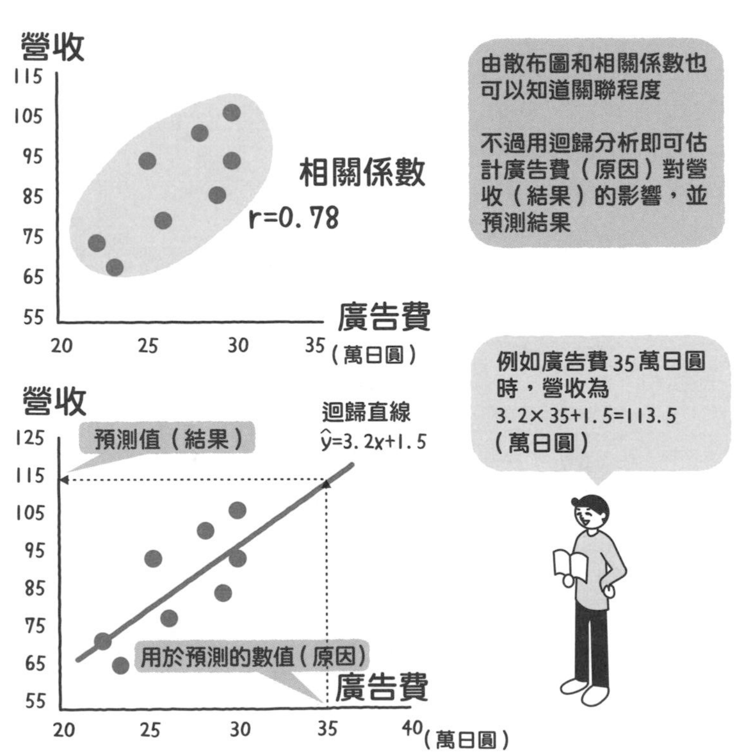

迴歸分析（regression analysis）⋯ 明確表達原因（自變數）和結果（依變數）之間的關係。

迴歸線（regression line）⋯ 根據資料估計的函數。也稱為迴歸直線、迴歸平面、迴歸曲線。

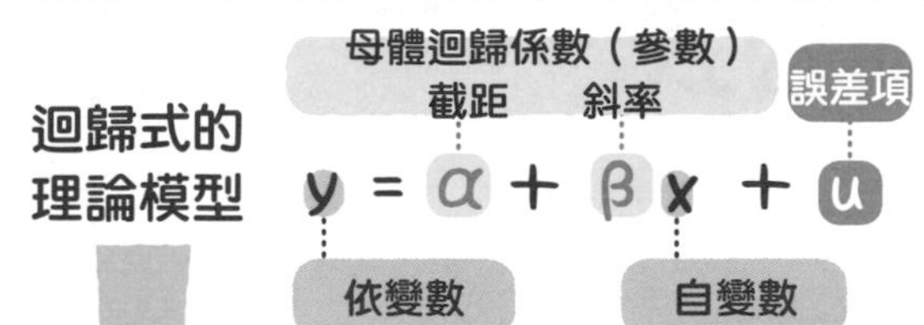

- 誤差項表示影響變數y的變數x以外的要因
- 誤差項被當成隨機變數處理

最小平方法

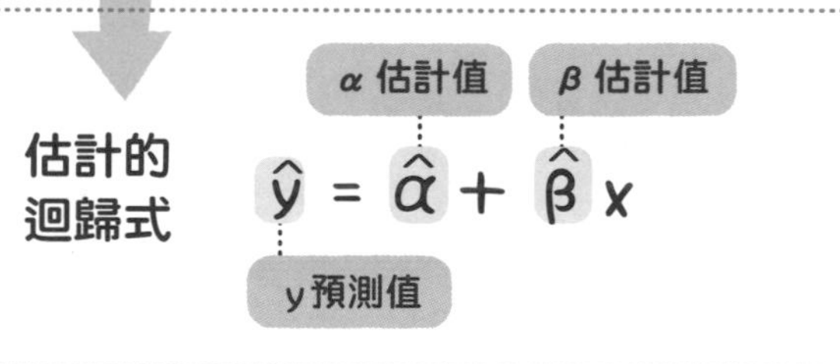

- 只有一個自變數的迴歸公式稱為單變數迴歸式

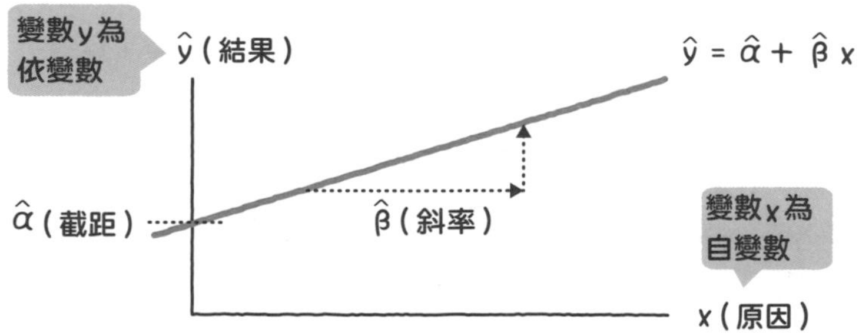

參數（α、β）和估計值（$\hat{\alpha}$、$\hat{\beta}$）

- 參數（α、β）表示一定有數值，只是還不知是哪個數值。
- 估計值（$\hat{\alpha}$、$\hat{\beta}$）則視為已知的具體數值來處理。（^ 讀音為Hat，和表示不偏估計量的符號相同，但意義不同。）

估計值（迴歸分析）（estimate）••• 用OLS和最大概似法估計的迴歸公式截距和係數的值。
預測值（迴歸分析）（prediction value）••• 在估計的迴歸公式自變數中代入特定值，所得出的依變數值。

將資料套用到公式

～最小平方法～

最小平方法是估計迴歸線參數（截距或斜率）值的方法之一。
最小平方法又稱為普通最小平方法（Ordinary Least Squares, OLS）。
殘差（$\hat{u}$）指的則是觀察值和預測值的差異（$\hat{u}=y-\hat{y}$）。

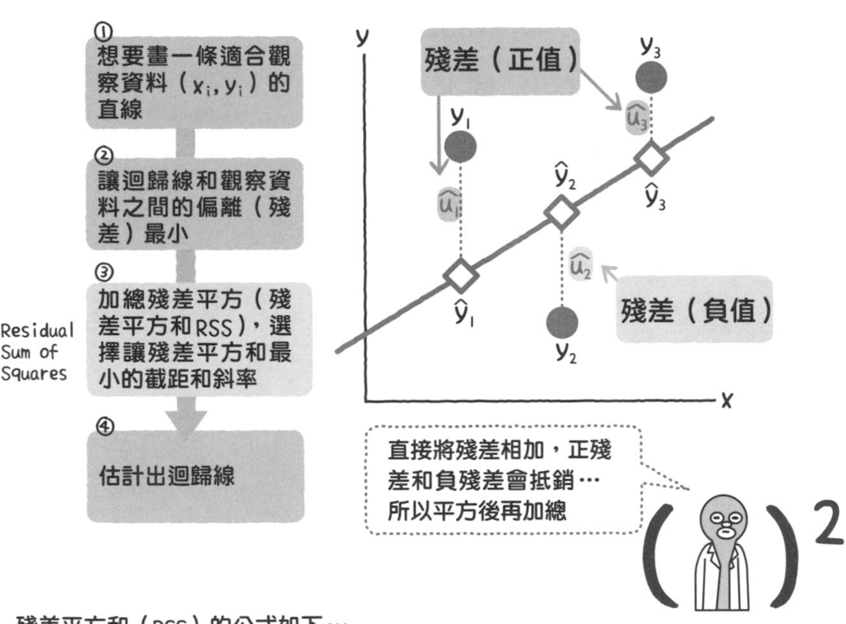

①
想要畫一條適合觀察資料（x_i, y_i）的直線
②
讓迴歸線和觀察資料之間的偏離（殘差）最小
③
加總殘差平方（殘差平方和RSS），選擇讓殘差平方和最小的截距和斜率
Residual Sum of Squares
④
估計出迴歸線
y
x
殘差（正值）
殘差（負值）
直接將殘差相加，正殘差和負殘差會抵銷…所以平方後再加總
( )²

殘差平方和（RSS）的公式如下…

$$J=\hat{u}_1^2+\hat{u}_2^2+\hat{u}_3^2=(y_1-\hat{y}_1)^2+(y_2-\hat{y}_2)^2+(y_3-\hat{y}_3)^2$$

$$=(y_1-\hat{\alpha}-\hat{\beta}x_1)^2+(y_2-\hat{\alpha}-\hat{\beta}x_2)^2+(y_3-\hat{\alpha}-\hat{\beta}x_3)^2$$

有n個資料時，就是

$$J=\sum_{i=1}^{n}(y_i-\hat{\alpha}-\hat{\beta}x_i)^2$$

殘差平方和（residual sum of squares）… 殘差（觀察值和預測值的差）的平方和。
最小平方法（least squares method）… 求出殘差平方和最小的迴歸直線的方法。

函數J（殘差平方和）是 $\hat{\alpha}$（截距）或 $\hat{\beta}$（斜率）的二次函數，大致呈以下圖形。

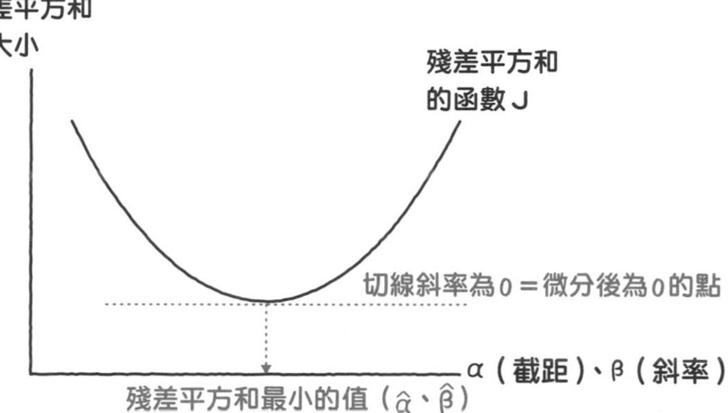

※ $\hat{\alpha}$、$\hat{\beta}$平均來說和母體迴歸係數（α, β）相等（具此性質的估計量稱為不偏估計量）

用最小平方法求估計值的方法（簡單迴歸）

- 函數J不是x和y的函數，而是$\hat{\alpha}$和$\hat{\beta}$的函數。
- 二個以上變數的函數，針對其中一個變數微分，就稱為偏微分。
- 偏微分的符號用的是「∂」（rounded d），而不是高中學過的「d」。
- 針對一個變數偏微分時，其他變數都視為常數。例如，針對$G=a^2+5a+b$偏微分，結果就是$\partial G/\partial a=2a+5$。此時b被視為1或10等常數，所以微分後就是0。
- 那麼將函數J分別針對$\hat{\alpha}$和$\hat{\beta}$偏微分，結果如下：

$$\frac{\partial J}{\partial \hat{\alpha}}=\sum \frac{\partial}{\partial \hat{\alpha}}(y_i-\hat{\alpha}-\hat{\beta}x_i)^2=\sum -2(y_i-\hat{\alpha}-\hat{\beta}x_i)\cdots(1)$$

$$\frac{\partial J}{\partial \hat{\beta}}=\sum \frac{\partial}{\partial \hat{\beta}}(y_i-\hat{\alpha}-\hat{\beta}x_i)^2=\sum -2x_i(y_i-\hat{\alpha}-\hat{\beta}x_i)\cdots(2)$$

（接下一頁）

估計量（estimator）… 估計母數的規則和方法。請注意這裡指的不是由估計出的值，而是由資料來估計母數的公式。將資料代入估計量所得數值即為估計值。

（承上一頁）

- 殘差平方和（函數J）最小時，公式（1）、公式（2）都分別等於0。

$\Sigma(y_i-\hat{\alpha}-\hat{\beta}x_i)=\Sigma y_i-\hat{\alpha}n-\hat{\beta}\Sigma x_i=0$

整理後，$\hat{\alpha}n+\hat{\beta}\Sigma x_i=\Sigma y_i\cdots(3)$

$\Sigma x_i(y_i-\hat{\alpha}-\hat{\beta}x_i)=\Sigma x_iy_i-\hat{\alpha}\Sigma x_i-\hat{\beta}\Sigma x_i^2=0$

整理後，$\hat{\alpha}\Sigma x_i+\hat{\beta}\Sigma x_i^2=\Sigma x_iy_i\cdots(4)$

- 公式（3）和公式（4）可想成是$\hat{\alpha}$和$\hat{\beta}$的聯立方程式。此聯立方程式稱為正規方程式（Normal Equations）。
- 解正規方程式即可求出$\hat{\alpha}$和$\hat{\beta}$的值。

$$\hat{\alpha}=\frac{\Sigma y_i}{n}-\hat{\beta}\frac{\Sigma x_i}{n}=\bar{y}-\hat{\beta}\bar{x}、$$

$$\hat{\beta}=\frac{\Sigma x_iy_i-\Sigma x_i\Sigma y_i/n}{\Sigma x_i^2-(\Sigma x_i)^2/n}=\frac{\Sigma x_iy_i-n\bar{x}\bar{y}}{\Sigma x_i^2-n\bar{x}^2}$$

專欄

另一種估計方法（最大概似法）

要求出參數的估計值還有一種方法，也就是最大概似法。

最大概似法是要求出概似（最有可能、有如自觀察到的資料得到的機率般）最大的 α（截距）和 β（斜率）的值。

概似愈高，預測值就愈接近觀察值。

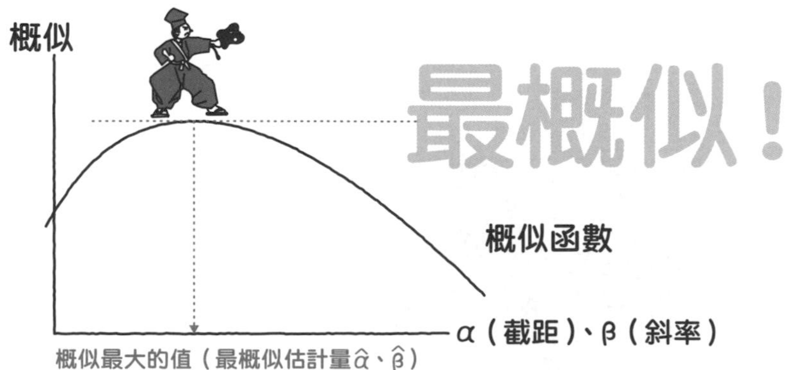

3

評估迴歸線精度

～判定係數～

這是衡量估計出的迴歸線有多適合觀察資料（具有多少說明力）的指標。也稱為決定係數，可得知迴歸線全體的表現。

判定係數為0到1的值，愈接近1表示愈適合。

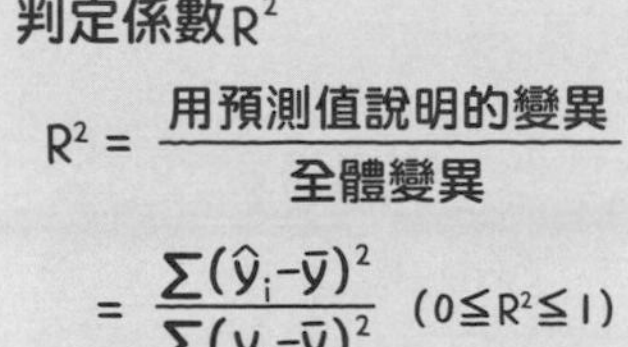

判定係數R²
R² = 用預測值說明的變異 / 全體變異
= Σ(ŷi−ȳ)² / Σ(yi−ȳ)² (0≦R²≦1)
迴歸線適合時，分子值接近分母值，結果R²的值就會接近1

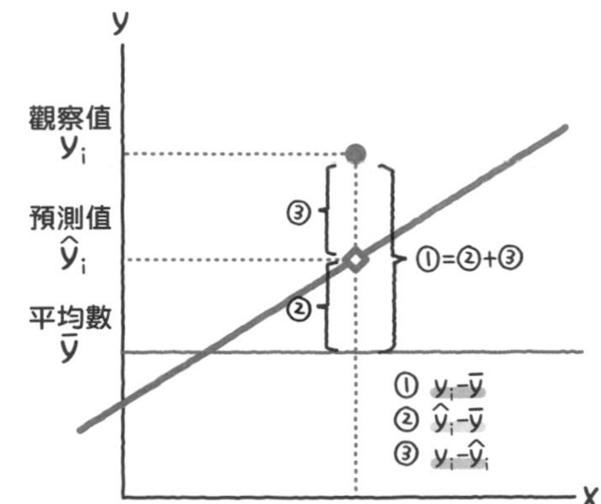

$$\sum_{i=1}^{n}(y_i-\bar{y})^2 = \sum_{i=1}^{n}(\hat{y}_i-\bar{y})^2 + \sum_{i=1}^{n}(y_i-\hat{y}_i)^2$$

全體變異（離均差平方和）〔相當於①〕	用預測值說明的變異〔相當於②〕	無法用預測值說明的變異〔相當於③〕

- 判定係數的公式也可用殘差（$\hat{u}_i = y_i - \hat{y}_i$）寫成$R^2 = 1 - \dfrac{\Sigma(y_i-\hat{y}_i)^2}{\Sigma(y_i-\bar{y})^2}$。
- 截距為0的迴歸式（通過原點的模式）判定係數可能為負。請注意。
- 判定係數和觀察值（y）與預測值（$\hat{y}$）的相關係數平方相等。

判定係數（coefficient of determination）…依變數的全體變異（同變異數分析的總變異）中，因迴歸式獲得說明的部分的比例。為0～1的值，愈接近1表示預測值愈正確表達實際值。

9 | 4

評估迴歸線斜率

～t檢定～

估計出的迴歸係數等於0時，變數x不能說是變數y的原因。為了以統計方法確認，進行H_0：β＝0（H_1：β≠0）的假設檢定。

- 樣本平均數為隨機變數，同理可證由樣本估計出的迴歸係數（截距和斜率）也是隨機變數。

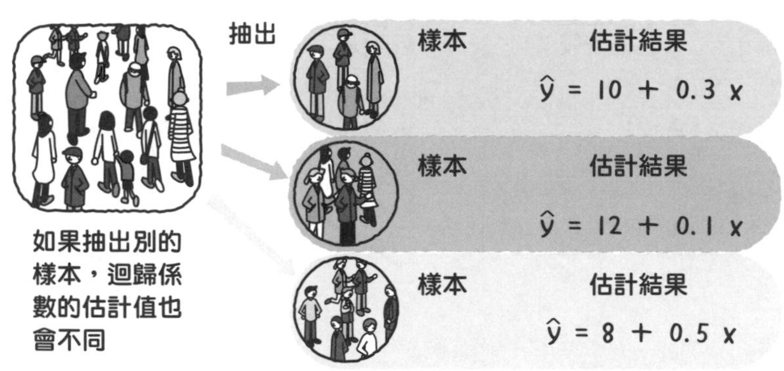

- 估計出的斜率在統計上是否為0，在迴歸分析中意義重大。

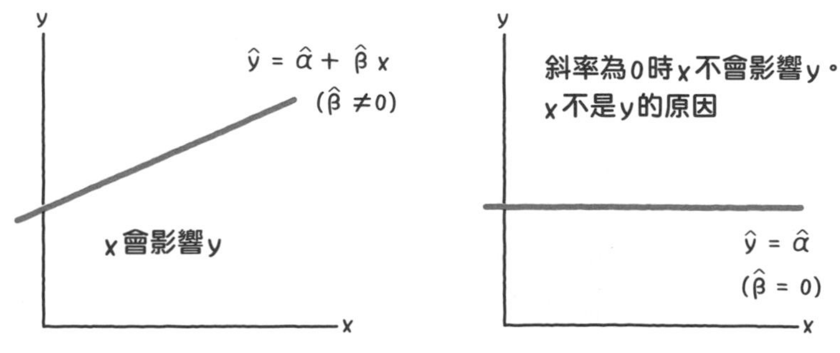

t檢定（迴歸分析）（t-test）‧‧‧ 在迴歸分析中，為檢定偏迴歸係數是否和0有顯著差異（是否是統計上有意義的迴歸係數），會使用t檢定。虛無假設就是偏迴歸係數為0。

t檢定

- $\hat{\beta}$ 服從平均數為 β（母體迴歸係數），變異數為 $\frac{\sigma^2}{\Sigma(x_i - \bar{x})^2}$ 的常態分配（$\hat{\beta}$ 的變異數算出方法請參閱下一頁）。在此用 σ^2 表示誤差項的變異數。
- 不過，誤差項的變異數（σ^2）未知，因此用殘差（$\hat{u}_i$）由樣本去估計（$\sigma^2 \Rightarrow \hat{\sigma}^2 = \frac{\Sigma \hat{u}_i^2}{n-2}$）。這裡的 n − 2 為 $\Sigma \hat{u}_i^2$ 的自由度。
- 用 $\hat{\sigma}^2$ 求 $\hat{\beta}$ 的準標準化變量（t值），結果為

$$t = \frac{\hat{\beta} - \beta}{\sqrt{\hat{\sigma}^2 / \Sigma(x_i - \bar{x})^2}}$$ 服從自由度n-2的t分配。

① 虛無假設 H_0：$\beta = 0$（對立假設 H_1：$\beta \neq 0$）
② $t = \frac{\hat{\beta} - \beta}{\sqrt{\hat{\sigma}^2/\Sigma(x_i - \bar{x})^2}}$ 代入 $\beta = 0$（虛無假設）
③ t值 ＝ $\frac{\text{迴歸係數估計值【}\hat{\beta}\text{】}}{\hat{\beta}\text{的不偏標準誤差【}\sqrt{\hat{\sigma}^2/\Sigma(x_i-\bar{x})^2}\text{】}}$
④ $\lvert t \rvert > t_{n-2, \alpha/2}$ 時拒絕 H_0 （$t_{n-2,\alpha/2}$ 為自由度 n−2，顯著水準 $\alpha/2$ 的t值）

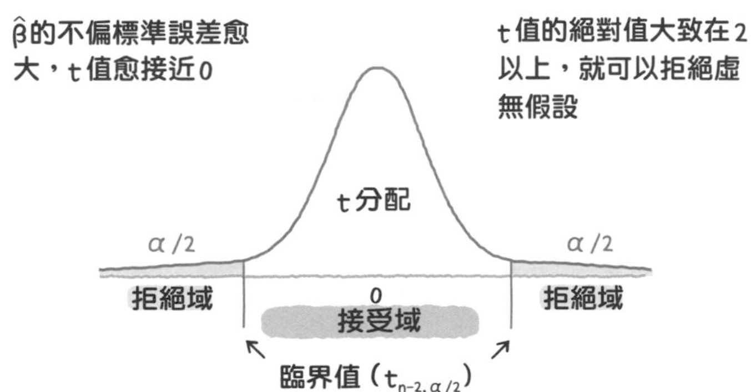

F檢定（迴歸分析）（F-test）⋯ 多元迴歸分析中，有時會想知道迴歸式本身在統計上是否有意義。此時就以除截距外的所有偏迴歸係數皆為0為虛無假設，進行F檢定。

迴歸係數($\hat{\beta}$)的變異數

隨機變數x的平均數稱為「期望值」，寫成E（x）。雖說是平均數，但並不是算術平均（總和除以資料數），比較接近加權平均（考慮到各變量的「權重」的平均數）。也就是說x的期望值，就是x的可能值以各自的機率加權，然後再加總計算而出。例如，擲骰子時出現點數的期望值，就可以計算如下：$E(x)=\frac{1}{6}\cdot 1+\frac{1}{6}\cdot 2+\frac{1}{6}\cdot 3+\frac{1}{6}\cdot 4+\frac{1}{6}\cdot 5+\frac{1}{6}\cdot 6=3.5$。

那麼，$\hat{\beta}$ 也是隨機變數，所以它的期望值就是E（$\hat{\beta}$）。為了簡單計算出E（$\hat{\beta}$）值，先將x和y的平均數轉換成0，重寫$\hat{\beta}$ 的估計式（190頁）如下：

$$\hat{\beta}=\frac{\Sigma x_i y_i - n\bar{x}\bar{y}}{\Sigma x_i^2 - n\bar{x}^2}=\frac{\Sigma x_i y_i}{\Sigma x_i^2}=\frac{\Sigma x_i(\beta x_i+u_i)}{\Sigma x_i^2}=\frac{\Sigma x_i(\beta x_i+u_i)}{\Sigma x_i^2}=\beta+\frac{\Sigma x_i u_i}{\Sigma x_i^2}$$

下一步，$E(\hat{\beta})=E\left(\beta+\frac{\Sigma x_i u_i}{\Sigma x_i}\right)=\beta+\frac{\Sigma x_i E(u_i)}{\Sigma x_i}=\beta$

要得出最後的等式，就用到誤差項的平均數為（$E(u_i)=0$）的關係。

用期望值來表示$\hat{\beta}$ 的變異數，就是$V(\hat{\beta})=E\left(\hat{\beta}-E(\hat{\beta})\right)^2$。

$$V(\hat{\beta})=E\left(\hat{\beta}-E(\hat{\beta})\right)^2=E(\hat{\beta}-\beta)^2=E\left(\frac{\Sigma x_i u_i}{\Sigma x_i^2}\right)^2$$

$$=\frac{1}{(\Sigma x_i^2)^2}E(x_1u_1+x_2u_2+\cdots+x_nu_n)^2$$

$$=\frac{1}{(\Sigma x_i^2)^2}\{E(x_1u_1)^2+E(x_2u_2)^2+\cdots+E(x_nu_n)^2+E(x_1u_1\cdot x_2u_2)+\cdots\}$$

$$=\frac{1}{(\Sigma x_i^2)^2}\{x_1^2E(u_1^2)+x_2^2E(u_2^2)+\cdots+x_n^2E(u_n^2)+x_1x_2E(u_1u_2)+\cdots\}$$

$$=\frac{\Sigma x_i^2}{(\Sigma x_i^2)^2}\sigma^2=\frac{\sigma^2}{\Sigma x_i^2}$$

最後的部分用到$E(u_1^2)=\sigma^2$、$E(u_iu_j)=0$的關係。

華德檢定（wald-test）••• 用於以最大概似法估計時，和t檢定一樣，用來檢定偏迴歸係數在統計上的顯著性。虛無假設為偏迴歸係數＝0。

5 檢討分析合適程度

～殘差分析～

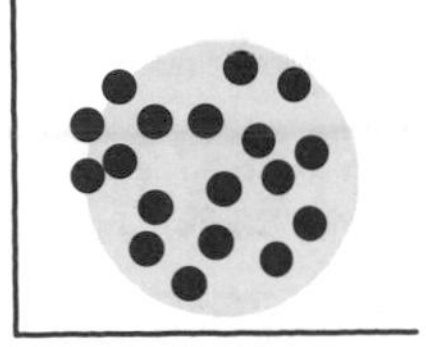

描繪殘差（$\hat{u}$）和預測值（$\hat{y}$）的散布圖（殘差圖），可找出資料的問題（含離群值）和模式的問題（迴歸式不合適）。

▶▶▶ 殘差圖

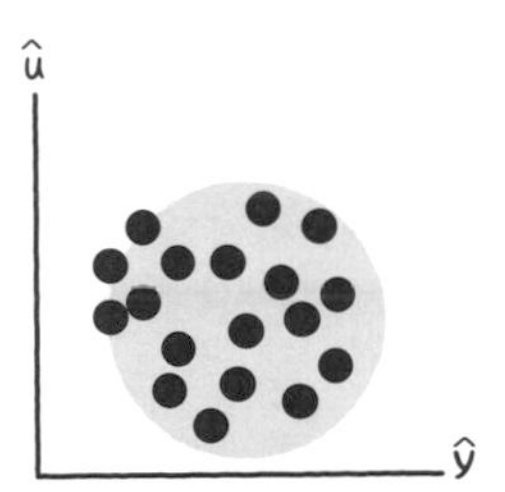

預測值和殘差之間無明確模式時（無相關），表示分析合適

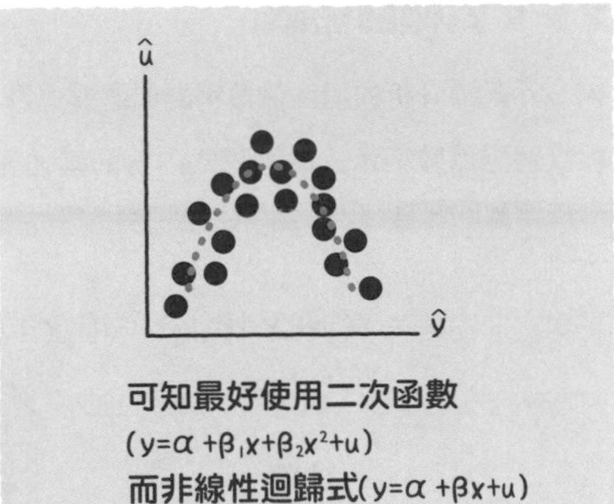

可知最好使用二次函數（$y=\alpha+\beta_1 x+\beta_2 x^2+u$）而非線性迴歸式（$y=\alpha+\beta x+u$）

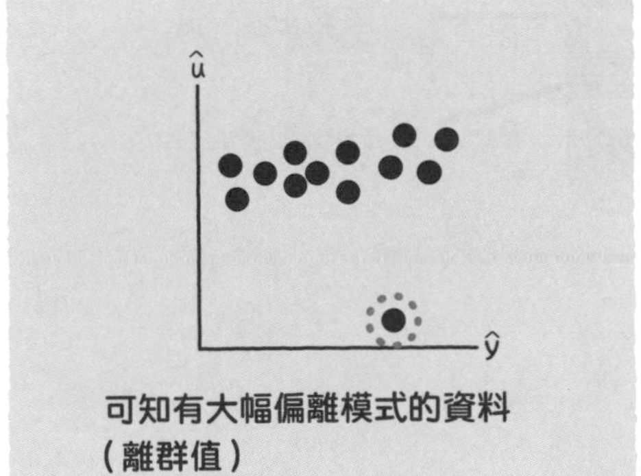

可知有大幅偏離模式的資料（離群值）

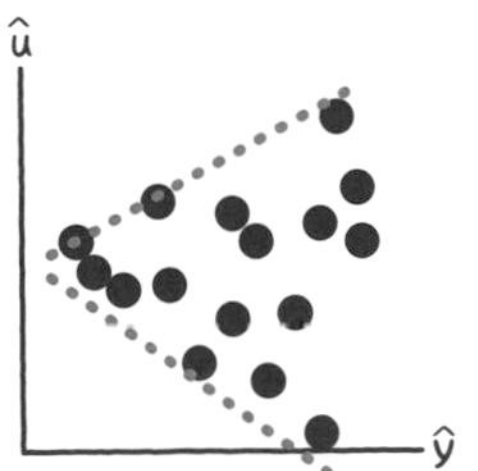

這種例子稱為變異數不齊一，將依變數轉換成對數（$\hat{y} \to \log \hat{y}$）即可緩和趨勢

▶▶▶ 暫時性虛擬變數

- 如果有離群值，請先確認資料是否輸入錯誤。
- 輸入正確時，可將離群值資料排除，或者是用暫時性虛擬變數（離群值資料為1，其他全為0），以減少對迴歸式的影響。

殘差常態性（normality of residuals）••• 殘差應具備的性質之一。不具備常態性就無法用t檢定等正確檢定。此外，殘差變異數最好一定（變異數齊一）。

9 6

複數原因時的迴歸分析

～多元迴歸分析～

有複數自變數（x）時，就使用多元迴歸分析。
比較不同自變數數量的迴歸式適合程度時，使用調整後判定係數（$\bar{R}^2$）。

▶▶▶ 偏迴歸係數

- 多元迴歸分析的迴歸係數稱為偏迴歸係數。
- 偏迴歸係數表示去除迴歸式內含的其他變數影響後（其他變數一定時），該自變數對依變數的影響。

$$y = \alpha + \beta_1 x_1 + \beta_2 x_2 + \cdots + \beta_n x_n + u$$

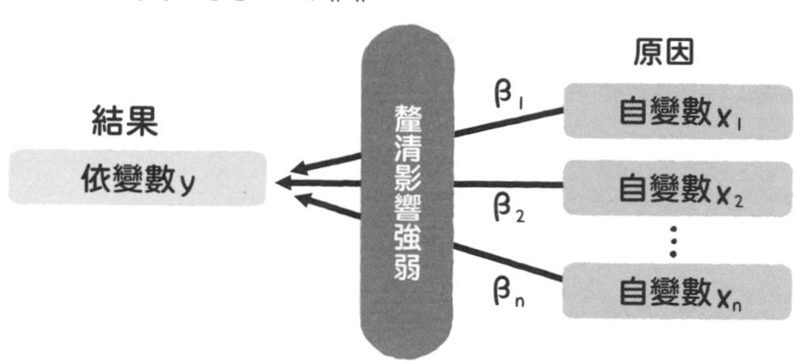

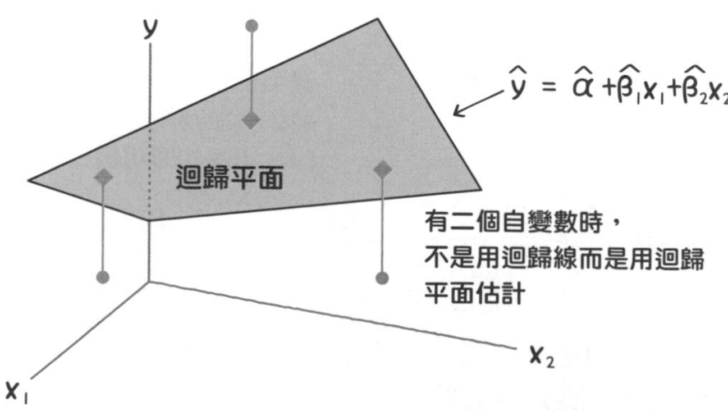

多元迴歸分析（multiple regression analysis）••• 二個以上自變數的迴歸分析。一個自變數則用簡單迴歸分析。
偏迴歸係數（partial regression coefficient）••• 多元迴歸分析中的迴歸係數。也有人單純稱之為迴歸係數。

標準偏迴歸係數（β^*）

- 將所有變數（自變數、依變數）標準化後，進行多元迴歸分析時的迴歸係數。

$$\frac{y-\bar{y}}{S_y} = \beta_1^* \frac{x_1-\bar{x}_1}{S_{x_1}} + \beta_2^* \frac{x_2-\bar{x}_2}{S_{x_2}} + \cdots + \beta_n^* \frac{x_n-\bar{x}_n}{S_{x_n}} + u$$

← 標準化

- 使用在不同單位的自變數之間比較迴歸係數大小時。
- 依變數的平均數為0，所以截距 a 也是0。

調整後判定係數

- 判定係數的缺點，就是數值會隨著自變數增加而增加。
- 調整後判定係數則是經調整後，即使變數增加，判定係數的值也不會增加的指標。
- 用於比較自變數數量不同的迴歸式（依變數相同）的適合程度。
- 幾乎所有統計分析軟體都會輸出調整後判定係數，也可以用判定係數簡單算出。

$$\bar{R}^2 = 1-(1-R^2)\frac{n-1}{n-k-1}$$ （n為樣本大小、k為自變數個數）

事例

迴歸式①

$$\hat{y} = 170 + 0.36x_1 + 5.56x_2 + 0.06x_3 + 3.07x_4 - 2.54x_5$$

$R^2 = 0.497$、$\bar{R}^2 = 0.388$

迴歸式②

$$\hat{y} = 297 + 0.34x_1 + 4.18x_2$$

$R^2 = 0.434$、$\bar{R}^2 = 0.391$

判定係數高的迴歸式①是比較好的模式吧？

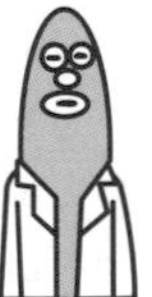

調整後判定係數①是0.388，②是0.391……好像也不能這麼說耶

調整後判定係數（adjusted coefficient of determination）… 從自變數不同的迴歸式中，選擇最適合的迴歸式時使用的指標。也稱為修正後判定係數。

9 迴歸分析 複數原因時的迴歸分析

9 | 7

自變數之間的問題

～多元共線性～

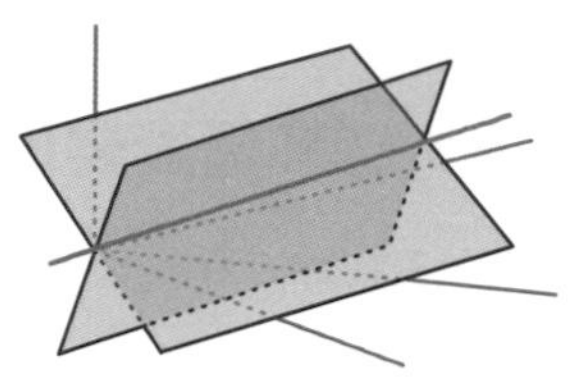

自變數之間高度關聯（有多元共線性）時，有時迴歸係數無法成為符合期望的符號等，導致難以解釋結果。
要發現多元共線性會使用VIF或允差（容忍度）指標。

▶▶▶ 自變數之間的關聯

- 自變數之間高度關聯時，一般就稱為有多元共線性（Multi-collinearity）。
- 特別是變數x_1和變數x_2之間完全相關（相關係數＝1）時，例如發現$x_2=8x_1$的關係時，就稱為產生完全多元共線性。此時無法估計。（請自迴歸式移除其中一個變數。）
- 自變數之間有$x_2=8x_1+x_3-2x_4$等關係時亦同（某變數成為其他變數的函數）。

①巧妙離散時

②有完全多元共線性時

①可決定一個迴歸平面…
②的資料排列成直線
通過直線（A）的迴歸平面有好幾個，
所以不能決定一個迴歸平面

- （不完全的）多元共線性事例可求出估計值。但是因為某變數的變動大幅影響其他變數，偏迴歸係數的標準誤差因此變大，估計值的可信度變低。

允差（容忍度）（tolerance）… 測量自變數之間多元共線性強弱的指標。是VIF（變異數膨脹因素）的倒數。值很小（0.1以下）時，最好將該變數自分析中排除。

▶▶▶VIF（變異數膨脹因素）

● 用來發現多元共線性的指標，表示迴歸係數的變異數（標準誤差）有多大。

Variance Inflation Factor

$$VIF_i = \frac{1}{1-R_i^2}$$

$1-R_i^2$：允差（Tolerance）

R_i^2：將 x_i 迴歸到 x_i 以外的自變數時的判定係數

★ 大多數統計軟體都會輸出 VIF，檢查是否超過 10
★ VIF 大於 10 時，就必須採取對策，如排除變數、合成等
★ 使用允差時，0.1 以上就沒問題

偏迴歸係數。表示去除其他變數影響後的該變數影響力。

偏迴歸係數的標準差估計值。

用來比較變數之間影響力大小的指標。

測量多元共線性的指標。以此例來看，每個數值都小於 10，沒有問題。

	A	B	C	D	E	F	G
2		係數	標準誤差	t	P-值	標準偏迴歸係數	VIF
3	截距	62.1	46.8	1.33	0.21		
4	廣告費	2.75	0.99	2.77	0.02	0.50	1.62
5	業務員人數	6.81	6.45	1.06	0.31	0.18	1.47
6	展覽會次數	18.8	9.22	2.04	0.07	0.36	1.54
7							

＊ Excel 的分析工具無法輸出標準偏迴歸係數和 VIF。

檢定偏迴歸係數為 0 時是否有顯著差異的統計量。參考基準是絕對值是否有 2 以上。

指拒絕虛無假設的機率。用這個數值和顯著水準比較。由此可知顯著水準 5%時，廣告費的 p 值小於此水準（只有廣告費的偏迴歸係數達統計顯著）。

選擇有效的自變數

～變數選擇法～

決定迴歸式中要用哪個自變數的方法。

大多數統計軟體都可以自動選擇變數。

自迴歸式刪除變數的基準、加入變數的基準，除了t檢定的p值（＝0.1）外，也常使用t值平方的F值（＝2.0）。

減少法

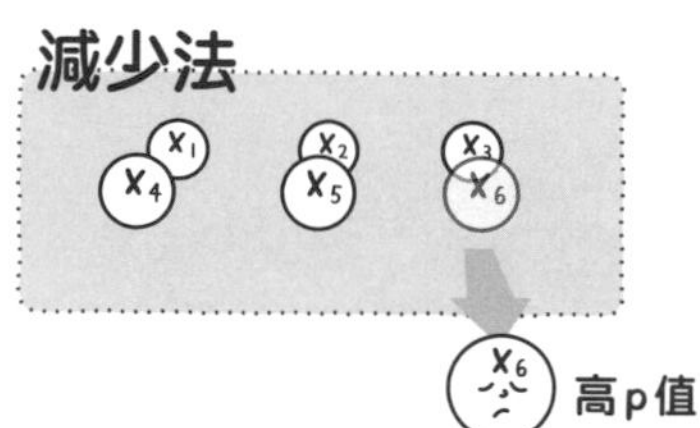

自加入所有變數的狀態，
刪除不符合基準、p值最高的變數

增加法

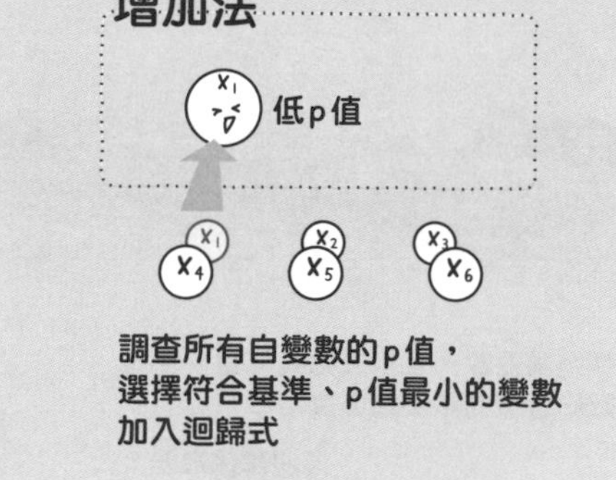

調查所有自變數的p值，
選擇符合基準、p值最小的變數
加入迴歸式

減增法

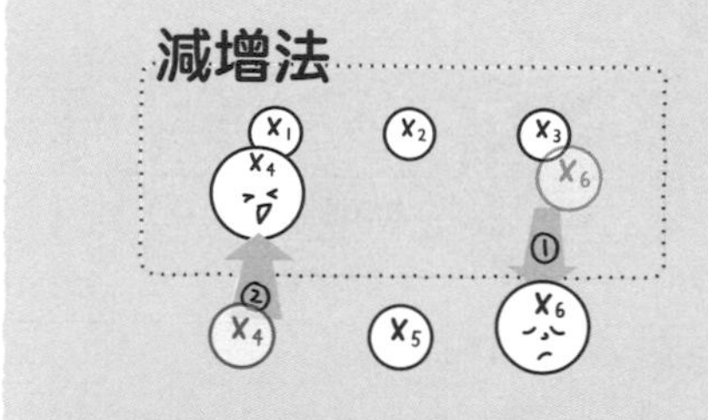

①用減少法決定應刪除的變數再估計
②針對被迴歸式排除的變數，
適用增加法

增減法

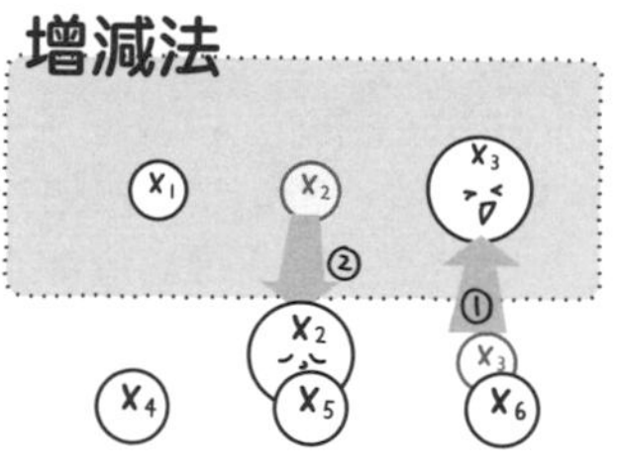

①用增加法決定加入迴歸式的
變數再估計
②針對已加入迴歸式的變數，
適用減少法

※等到迴歸式內含的所有變數都符合基準，即結束選擇變數的流程

變數選擇（variable selection）… 自分析中排除說明力低的自變數。排除特定自變數的優點是可避免多元共線性的問題。

9

說明質化資料差異的變異①

～虛擬截距～

虛擬變數為數值1和0的變數。

用來表現男性／女性、管理職／一般員工、都會區居民／農村居民等組間差異。

使用虛擬變數可檢定組間差異。

使用虛擬截距的迴歸式

虛擬截距

$$y = \alpha + \beta_1 x + \beta_2 D + u$$

係數（β_2）達統計顯著差異時，組間的迴歸線截距不同。

A公司所得和年資的關係

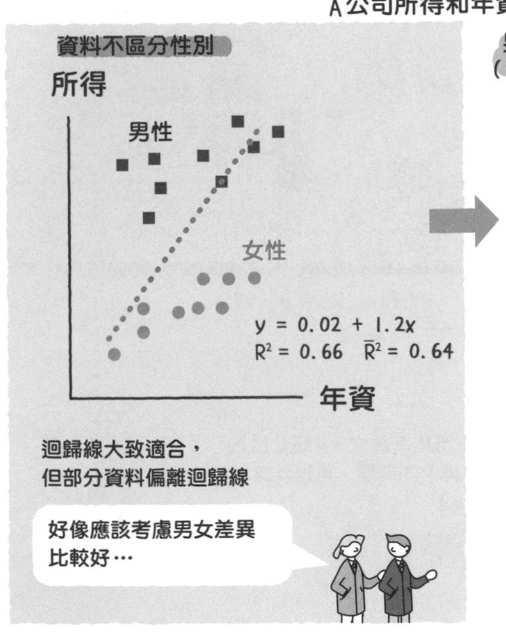

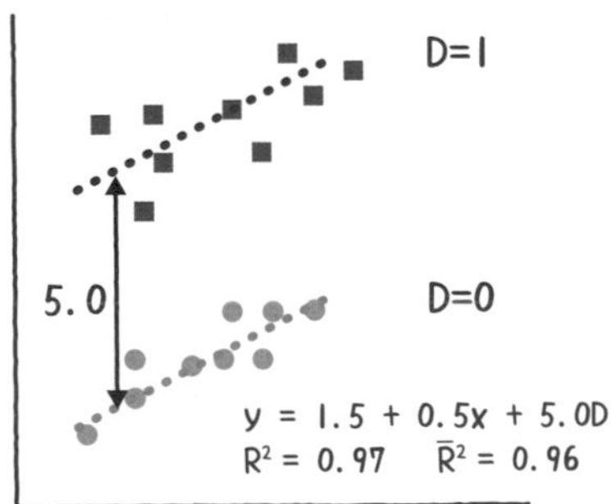

改善迴歸線的適合程度，斜率（β_1）估計值也大為不同

男女差異！

虛擬截距（intercept dummy）…說明性別差異等質化資料差異所使用的虛擬變數（取0和1的數值）。具有讓迴歸線的截距上下變化的作用。也稱為虛擬常數項。

說明質化資料差異的變異②

～虛擬斜率～

除截距外，有時組間的斜率也有差異。此時就使用虛擬斜率（係數）。虛擬斜率是用虛擬變數乘上自變數得出。

加入虛擬斜率的迴歸式

虛擬截距（上一頁）　虛擬斜率

$$y = \alpha + \beta_1 x + \beta_2 D + \beta_3 Dx + u$$

係數（β_2）達統計顯著差異時，
組間的迴歸線斜率不同
截距無差異時，也可只使用虛擬斜率

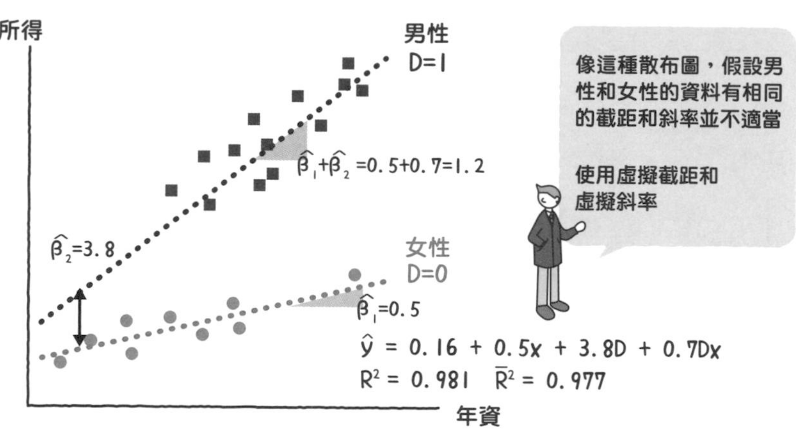

- 虛擬變數的作法如203頁所示
- 有4組（類型）時，製作3個虛擬變數用於迴歸式。4個全加入迴歸式就會發生完全多元共線性（198頁）的問題，無法計算。
- 不包含在迴歸式中的組稱為基準（base）

虛擬斜率（slope dummy）…質化資料差異出現在迴歸線斜率使用的虛擬變數。虛擬斜率可以單獨使用，也常和虛擬截距一起使用。

例：家計消費支出金額

年	季	消費（x）	第1（D_1）	第2（D_2）	第3（D_3）	D_1x	D_2x	D_3x
2013	第1	400	1	0	0	400	0	0
	第2	430	0	1	0	0	430	0
	第3	410	0	0	1	0	0	430
	第4	430	0	0	0	0	0	0
2014	第1	420	1	0	0	420	0	0
	第2	420	0	1	0	0	420	0
	第3	400	0	0	1	0	0	400
	第4	430	0	0	0	0	0	0

「0、0、0」表示是第4季的資料。

表面上的關係

多元迴歸分析是使用多個自變數來闡明因果關係的分析工具，但最好不要只依據統計基準來選擇變數。特別要小心的是把「表面上的關係」當成因果關係。

所謂表面上的關係，就是受到第3個變數影響，導致其他2個變數之間看起來好像有因果關係。

例如，吸菸者如果有常喝咖啡的習慣（相關關係）時，就可能把喝咖啡可能引發肺癌的關係（表面上的關係）當成是因果關係（下圖）。

因此，請勿單單依據統計基準，而是要充分參考過去的研究和資料，活用「常識」，看穿這種表面上的因果關係。

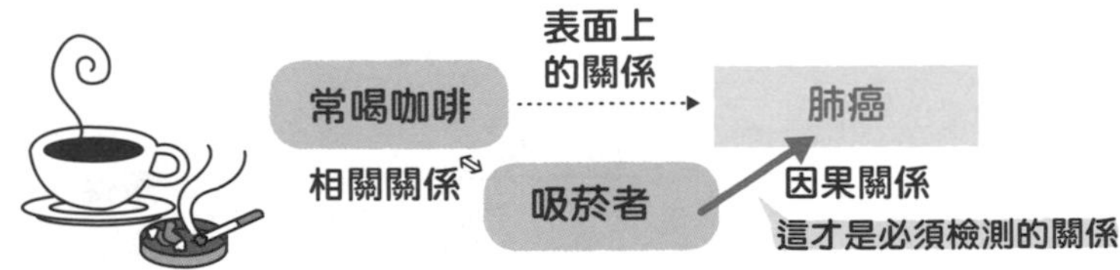

讀音是Kusai（日文臭的同音字

二元變數的迴歸分析

～普羅比迴歸分析～

ξ 是轉折很討人厭，而不是指它很臭

依變數為二元變數（虛擬變數）時所使用的分析方法。

▶▶▶ 選擇機率

- 下圖為購車行為（z＝1：購買，z＝0：未購買）和購車者所得的關係圖。
- 即使依變數為二元變數，也可以用最小平方法（OLS）得出迴歸線。不過，預測值可能在0和1的範圍外，誤差項的變異數也不均一（一定），所以一般並不希望用OLS分析。

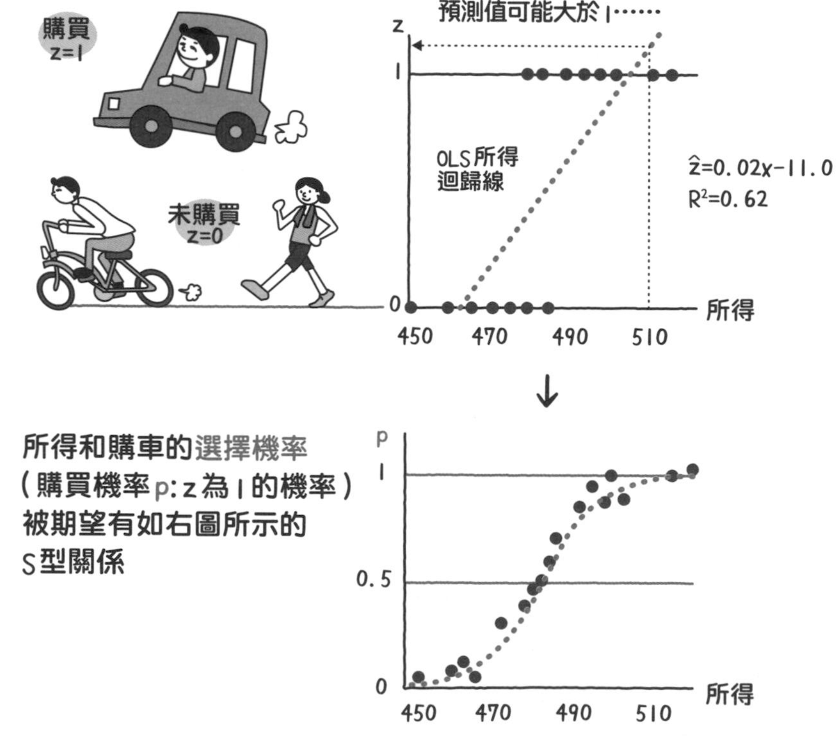

普羅比迴歸分析（probit analysis）…以二元變數（虛擬變數）為依變數的迴歸分析。特徵就是設想觀察資料背後的潛在變數。類似方法還有羅吉特（logit）迴歸分析。

普羅比模式(Probit Model)

- 為得到S型曲線，就必須按所得水準計算購車機率。因為難以取得不同所得水準的購車機率資料，所以使用以下方法。
- 首先，假設購車機率（p）服從累積常態分配。所謂累積分配，指的就是隨機變數在某數值以下的機率。
- 將此累積分配定義為潛在變數Y的函數（分配函數F）。潛在變數是在模式中設想的變數，無法實際觀察。以購車為例，潛在變數指的就是表示想買的欲望程度和購買力（經濟力）大小的變數。

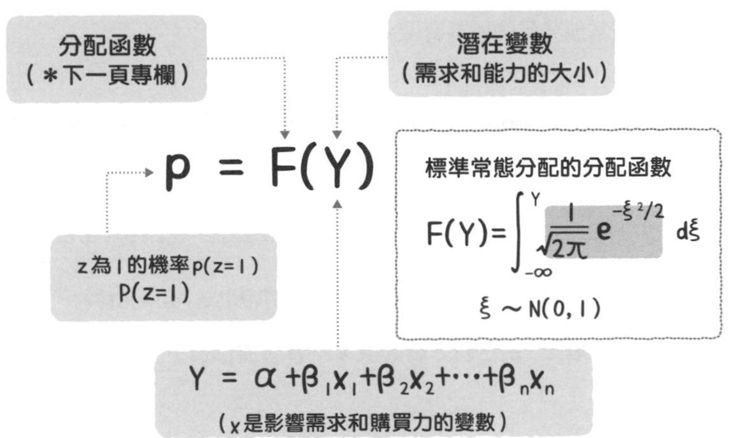

- 用最大概似法（190頁）估計迴歸係數（β_i）和截距（α）。

概似函數 $L = p_1 \cdot p_2 \cdots\cdots p_m \cdot (1-p_{m+1}) \cdot (1-p_{m+2}) \cdots\cdots (1-p_n)$

z = 1 的資料　　　　z = 0 的資料

→這裡P_i表示第i個資料z=1的機率。$1-P_i$則表示z=0的機率。
計算看起來很難，但是用統計軟體就可輕鬆求出，不需要擔心。

分配函數（distribution function）… 表示隨機變數和該隨機變數在某數值以下的機率之間的關係。也有人稱之為累積分配函數。

▶▶▶邊際效應

- 迴歸係數 β（205頁）表示變數x對潛在變數Y的影響力大小。並不是對選擇機率p的影響。
- 變數x對選擇機率p的影響，稱為變數x的邊際效應。迴歸係數和邊際效應的符號相同。
- 邊際效應ME可用以下公式求出：

$$ME_{x_i} = \frac{dF}{dX_i} = f(Y) \cdot \beta_i$$

這裡的f（Y）就是常態分配的機率密度函數（25頁）。

- 以購買高級車為例，假設估計出Y=-109+0.226x的關係。在此x表示所得（萬日圓）。不特定x的值就無法求出f（Y）的值，所以一般會求在平均數（$\bar{x}$=483）的Y值。

$$ME_x = f(-109+0.226\times483)\times0.226 = f(0.158)\times0.226 = 0.394\times0.226 = 0.089$$

※f(0.158)的值用Excel函數NORM.S.DIST(0.158,false)計算。

這個數字表示所得每增加1萬日圓，購買機率就會增加9%。

▶▶▶虛擬變數的邊際效應

- 虛擬變數的值只有0和1。上述邊際效應的公式，要看的是因應變數x的些微變化之機率p的變化，所以不適合用在虛擬變數上。
- 虛擬變數的邊際效應可用以下公式求出：

$$ME_{x_d} = P(z=1:x_d=1) - P(z=1:x_d=0)$$

在此x_d是表示性別的虛擬變數（男性＝1），$P(z=1:x_d=1)$則表示$x_d=1$時的購買機率。

邊際效應（普羅比迴歸分析，marginal effect）… 表示自變數改變時，機率（某事件發生的機率、選擇機率等）的變化程度。

▶▶▶ 適合度

- 普羅比迴歸分析無法計算一般的判定係數 R^2，所以用對數概似函數（log L），計算假判定係數。
- 代表性的假判定係數為McFadden的 R^2。

↓包含自變數χ之對數概似函數的改善度

$$\text{McFadden的} R^2 = \frac{\log L_0 - \log L_\beta}{\log L_0} = 1 - \frac{\log L_\beta}{\log L_0}$$

在此 L_β 為估計的模式的概似度，L_0 表示僅截距的模式的概似度。愈適合愈接近1。

- 另一個適合度指標就是命中率。愈接近100%預測就愈精準。

↓觀察值z和預測值z的數值一致的觀察值數量

$$\text{命中率(\%)} = \frac{\text{正確預測的數量}}{\text{觀察值總數(樣本大小)}} \times 100 \quad ※\hat{z} = \begin{cases} 1 & (Y \geqq 0.5) \\ 0 & (Y < 0.5) \end{cases}$$

在普羅比迴歸分析中以常態分配為分配函數。和OLS等一樣，假設誤差項為常態分配是很自然的作法。但是因為計算複雜，所以很多人也會使用計算較簡單的羅吉特迴歸分析。

羅吉特迴歸分析使用羅吉特分配（Logistic Distribution）（$1/\{1+\exp(-Y)\}$、$Y=\alpha+\beta_1 x_1+\cdots+\beta_n x_n$）為分配函數。常態分配和羅吉特分配的分配函數，在機率0和1的附近不同。哪一種模式較適合，必須實際估計後才知道，不過分析結果（哪個變數達顯著）十分接近。此外，羅吉特迴歸分析所得的估計值（$\hat{\beta}$）大小，不能直接拿來和普羅比迴歸分析的估計值比較。

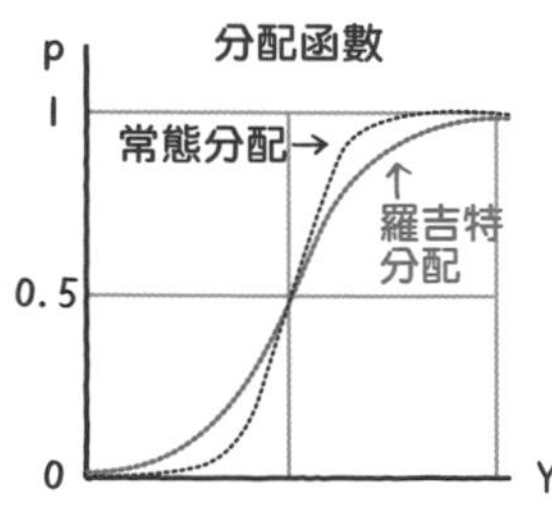

分析到事件發生為止的時間①

～存活曲線～

存活曲線表示到事件發生為止的時間和存活機率之間的關係。
所謂到事件發生為止的時間，指的就是像到死亡為止的時間、到疾病復發為止的時間、到機械故障為止的時間等。

▶▶▶中止資料

- 在解析時未發生事件（死亡、故障等）的資料。
- 中途無法再取得有效資料的情形（無法追蹤），也視為中止資料（Censoreddata）。

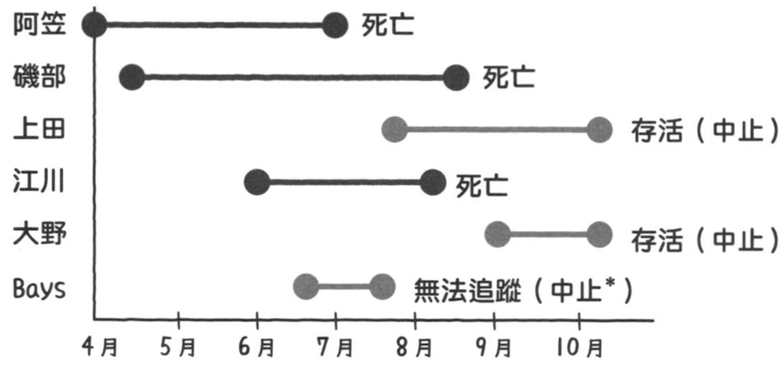

※中止的原因是會影響事件發生的案例（如追求更好的治療而轉院等），請自分析中排除。

▶▶▶存活曲線

- 所謂的存活曲線，就是用來表示時間點（t）和存活機率（S（t）=P（T≥t））之間關係的圖表。T表示t的特定值（時間點）。
- 存活機率（生存率）表示在 t 時間點尚存活的機率。
- 估計存活曲線的方法有幾種，最有名的就是Kaplan-Meier法。

存活曲線（survival curve）…表示超過某時間仍存活（可發揮功能）的機率和時間之間的關係。也稱為存活函數。

Kaplan-Meier法

- 使用以下公式估計存活機率$\widehat{S(t_j)}$的方法。

時間點t_i前的存活數（n_i）

時間點t_i的事件發生數（d_i）

$$\widehat{S(t_j)} = \prod_{i|t_i \leq t_j} \left(\frac{n_i - d_i}{n_i}\right)$$

Π是連乘號，針對時間點（t_i）比（t_j）小的資料，求（ ）內的變數乘積。

原始資料

病患ID	時間點t_i（經過天數）	事件（1：發生）
A	130	1
B	128	1
C	75	0
D	79	1
E	45	0
F	20	0
G	16	0
H	29	1
I	29	1
J	40	1
⋮	⋮	⋮

分析用資料

經過天數 t_i	事件 d_i	中止 w_i	存活數 n_i	$\frac{n_i - d_i}{n_i}$	存活機率 $\widehat{S(t_j)}$
16	1	1	26	0.962	0.962
20	0	1	24	1.000	0.962
22	0	1	23	1.000	0.962
29	3	0	22	0.864	0.830
30	0	1	18	1.000	0.830
31	1	0	18	0.944	0.784
33	0	1	17	1.000	0.784
36	0	1	16	1.000	0.784
37	1	0	15	0.933	0.732
40	1	1	15	0.929	0.680
⋮	⋮	⋮	⋮	⋮	⋮

①按經過天數統計
②按天數長短重新排序

※$n_i = n_{i-1} - d_{i-1} - w_{i-1}$

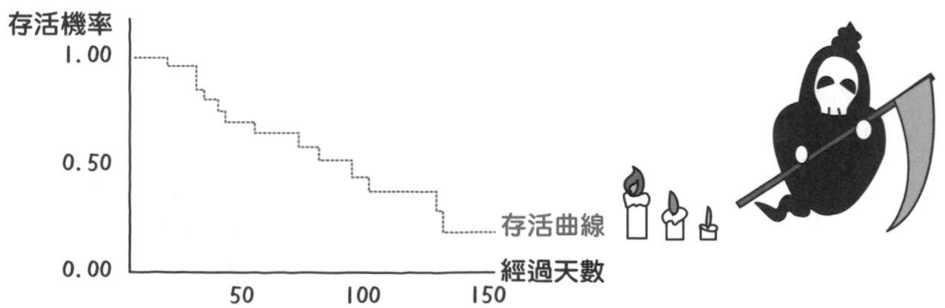

Kaplan-Meier法（Kaplan-Meier method）··· 考慮到中止資料（尚未發生事件的資料）的存活率算出方法。由Kaplan和Meier二人於1958年提出。

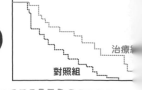

9 13

分析到事件發生為止的時間②

～存活曲線比較～

比較多組的存活曲線時，使用對數等級檢定（log-rank test）或一般化 Wilcoxon 檢定（generalized Wilcoxon test）。

二組的存活曲線比較

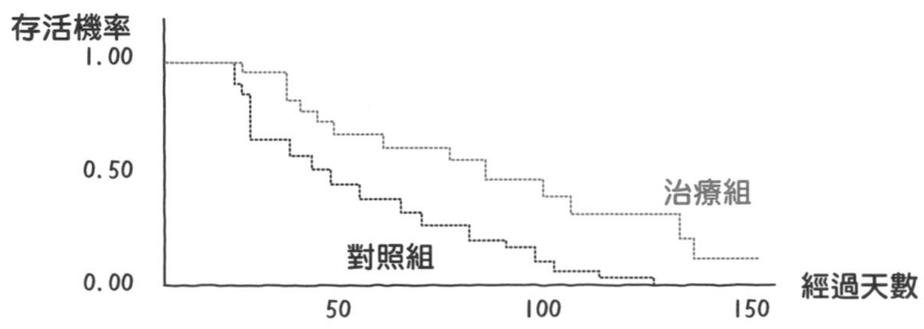

虛無假設 H_0：$S^1(t) = S^2(t)$

$S^1(t)$：第1組（治療組）的存活函數

$S^2(t)$：第2組（對照組）的存活函數

用任一種檢定法檢定

對數等級檢定

各時間點的事件數不加權（平等對待）

一般化 Wilcoxon 檢定

按時間點變更權數
用於初期結果較可信時

※ 這二種檢定統計量都服從自由度1的 χ^2 分配

事例：治療組和對照組的存活曲線是否相等的檢定結果

	對數等級	Wilcoxon
χ^2 值	8.42	6.73
自由度	1	1
p值	0.004	0.010

兩種檢定的p值都小於1%，所以拒絕虛無假設
→治療有效

比較存活曲線（comparison of survival curves）…以Kaplan-Meier法描繪存活曲線，即可目視存活曲線的差異。要進行統計檢定時，就使用對數等級檢定或一般化Wilcoxon檢定。

14

分析到事件發生為止的時間③

～Cox 比例風險模式～

分析影響存活時間的要因，就用Cox比例風險模式。

Cox比例風險模式

- 風險是指在時間點t時還存活，但之後（下一瞬間）死亡的機率（瞬間死亡率）。
- Cox比例風險模式是分析變數x=（x_1,x_2,…x_n）對風險函數影響的方法。
- 風險函數是時間點t和變數x的函數，定義如以下公式：

$$h(t,x) = h_0(t)\exp(\beta_1 x_1+\beta_2 x_2+\cdots+\beta_n x_n)$$

↑ 基準風險（所有x值為0時的風險）

風險比

- 風險比係指某x_i為1（其他為0）時的風險，和基準風險（$h_0(t)$）的比值。

$$\frac{h(t,x_i)}{h_0(t)} = \frac{h_0(t)\exp(\beta_1\cdot 0+\beta_2\cdot 0+\cdots+\beta_i\cdot 1+\cdots+\beta_n\cdot 0)}{h_0(t)} = \exp(\beta_i)$$

- 風險比大於1時，x_i增加會增加事件的發生機率（小於1則相反）。

比例風險假設

- 風險比不會隨著時間經過而改變（維持一定）的性質。
- 在Cox比例風險模式中，必須滿足此性質。

Cox比例風險模式（Cox proportional hazards model）••• 存活時間資料的多元迴歸分析。用來找出可能影響風險（瞬間死亡率）的變數（自變數），評估影響大小。

● 用統計軟體（R）試著進行Cox比例風險模式分析。R請參閱卷末附錄A。

● 用初次來院時的年齡（age）和有無糖尿病史（diabetes），進行因心肌梗塞來院就診的人心肌梗塞再次發作為止的期間（time）的迴歸分析。而R練習用資料可自http://www.ohmsha.co.jp/data/link/bs01.htm下載。

R 指令Cox比例風險模式

讀取內含Cox比例風險模式工具的軟體套件。
首次使用請安裝survival軟體套件。

```
> library(survival)
> (out.cox<-coxph(Surv(time, event)~ age + diabetes, data = sdata, method = "breslow"))
```

以未中止事例為1，
中止事例為0的變數

※本文以1表示中止。1的定義會因軟體而異。

R 輸出

	coef	exp(coef)	se(coef)	z	p
age	0.0723	1.08	0.0256	2.82	0.0047
diabetes	1.0345	2.81	0.4581	2.26	0.0240

風險比、兩變數皆大於1，因此可知高齡且有糖尿病史的病患復發率較高。

p值小於5%，因此可知兩變數的迴歸係數達統計顯著（不同於0）。

R 指令比例風險假設檢定

```
(cox.zph(out.cox))
```

R 輸出

	rho	chisq	p
age	-0.1864	2.049	0.152
diabetes	0.0978	0.352	0.553
GLOBAL	NA	2.174	0.337

p值大於5%，因此無法拒絕虛無假設（已滿足比例風險假設）。

＊GLOBAL是針對模式全體的檢定

比例風險假設（property of proportional hazards）… 二組之間的風險比不會隨著時間而改變（維持一定）的性質。使用Cox比例風險模式時必須確認比例風險假設是否成立。

各式統計分析軟體

本書使用「R」軟體，但其他還有許多好用的統計軟體，簡單介紹如下：

軟體名稱	製作、銷售者	特徵
Excel分析工具	Microsoft（外掛）	可進行基礎統計分析（平均數差異檢定、變異數分析、多元迴歸等）。不能進行多變量分析。【免費】
Excel統計	社會資訊服務	用起來簡單，性價比高。收錄大多數的分析方法。海外知名度低。【4萬日圓取得四年使用授權】
SPSS	IBM	在社會科學領域極為普及。只要用滑鼠操作即可使用。【30萬日圓左右，高級分析必須另行付費。】
SPSS AMOS	IBM	只要用滑鼠操作即可進行共變數結構分析（SEM）的模式建構與評估。【19萬日圓左右。】
JMP	SAS Institute Inc.	可和SAS搭配。實驗設計工具充實。選單操作特殊，必須花時間適應。【27萬日圓左右】
STATA	StataCorp LLC	計量經濟學領域的知名軟體。可進行高級分析。必須輸入指令，所以要花時間適應。【13萬日圓～18萬日圓左右】
R	R Foundation	使用者多。只要導入軟體套件就可進行多樣化的分析。必須輸入指令。【免費】
R Commander	John Fox（R的軟體套件）	R的圖形化介面版。只要滑鼠即可操作。標準內建的分析方法較少。【免費】
EZR	神田善伸（R的軟體套件）	R的圖形化介面版。收錄的分析方法比R Commander多（特別是醫療統計相關方法）。【免費】

綜上所述，統計軟體很多，不過實際上最普及的是哪一種呢？Robert A. Muenchen 調查2016年全球發表的學術論文，結果發現最常被使用的軟體是SPSS[1)]。而且使用SPSS的論文超過8萬篇，遠超過第2名的R的4萬篇。Muenchen認為SPSS獲得壓倒性的支持，是因為它在分析力和容易使用這二項要素上完美取得均衡。順帶一提，第3名是SAS，第4名是STATA，各約有3萬篇論文使用。此外，上表中提及的JMP有約1萬篇論文使用，位居13名（論文篇數皆是栗原自Muenchen製作的圖表中讀取的數字）。

1）The Popularity of Data Science Software by Robert A. Muenchen (http://r4stats.com/articles/popularity/) 2017年7月確認

Belonging.

第10章　多變量分析

10 | 1

匯集資訊

～主成分分析～

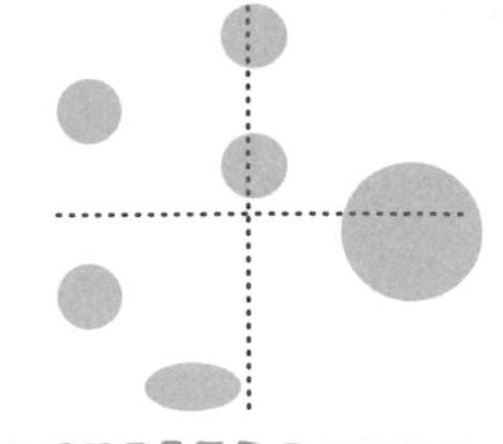

想用少數變數來表示內含許多變數的資訊（想作出綜合性指標）時使用的方法。

▶▶▶ 主成分

主成分（z）指的是為表示資料變異最大的方向，所生成的變數。主成分的變異（特徵值）大小，表示資訊量的多寡。

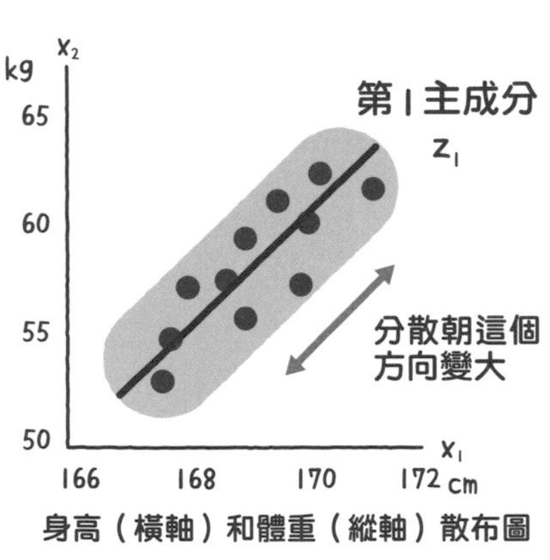

身高（橫軸）和體重（縱軸）散布圖

原始資料
x_1：身高cm
x_2：體重kg

轉換
求出可讓z的變異（特徵值）最大的主成分係數（w）主成分

主成分

$$z_1 = w_{11}x_1 + w_{12}x_2$$
$$z_2 = w_{21}x_1 + w_{22}x_2$$

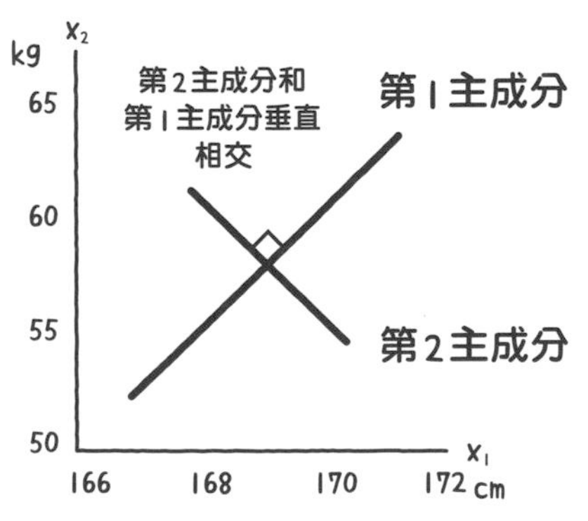

★ 原始資料有多少變數，就可以求出多少主成分

★ 主成分的變異由大到小排列，依序稱為為第1、第2、第3…主成分

★ 主成分係數（w_1, w_2）為以 $w_1^2+w_2^2=1$ 為限制條件之最佳化問題（變異極大化）的解答

主成分分析（principal component analysis）… 將k個變數的變異，以少於k個且垂直相交的變數來表示的方法。
特徵值（主成分分析，eigenvalue）… 表示主成分分數的變異數。此值愈大，愈能正確顯示出原始變數的特徵。

● 利用10位學生（1～10）的國語（Japanese）、數學（Math）、英語（English）、理化（Science）、社會（Social studies）的成績資料，以統計分析軟體R進行主成分分析。

R 指令

```
> pc_res <- princomp (sdata, cor= TRUE )
```

變數間的資料單位不一致時、變異大為不同時，指定TRUE（自相關矩陣計算），其他情形則指定為FALSE（自變異數共變異數矩陣計算）。

標準化的變異數共變異數矩陣就是相關矩陣。

```
> summary (pc_res)
```

R 輸出

Importance of components:

	Comp.1	Comp.2	Comp.3	Comp.4	Comp.5
①Standard deviation	1.8571903	1.1538612	0.4313438	0.158206713	0.091441658
②Proportion of Variance	0.6898312	0.2662791	0.0372115	0.005005873	0.001672315
③Cumulative Proportion	0.6898312	0.9561103	0.9933218	0.998327685	1.000000000

①：標準差資料（變數）的變異數共變異數矩陣特徵值，就是各主成分的變異數。其平方根就是標準差。

②：貢獻率

表示各主成分可說明百分之幾的原始資料的資訊。

貢獻率＝各特徵值／特徵值總和

③：累積貢獻率

由第1主成分開始依序累加①、②貢獻率的結果。

● 以累積貢獻率80%為目標，選擇主成分。

● 以此例來說，到第2主成分就可以說明96%，可知第3主成分以下的主成分不太有貢獻。

● 自相關係數計算時，也有採用特徵值1以上的主成分的基準。

貢獻率（主成分分析，contribution ratio）… 各主成分所匯集的資訊（變異）占比。由各主成分的特徵值除以貢獻率特徵值總和得出。累積貢獻率則是由大到小累加貢獻率的結果。

因素負荷量和特徵向量

由特徵向量算出的因素負荷量，表示原本的變數和主成分之間關聯性的強弱（相關係數）。也稱為主成分負荷量。

R 指令

```
> t（t（pc_res$loadings）*pc_res$sdev）
```

要輸出因素負荷量的指令。如果只輸入 pc_res$loadings，就會顯示特徵向量（主成分係數 w）。

主成分的解釋

視因素負荷量大小和符號，判斷各主成分可強烈反應哪些資訊，為主成分找出意義（命名）。

R 輸出

Loadings:	第1主成分 Comp.1	第2主成分 Comp.2	Comp.3	Comp.4	Comp.5
Japanese	-0.905	-0.374	-0.190		
Math	-0.689	0.692	0.199		
English	-0.866	-0.412	0.272		
Science	-0.703	0.684	-0.174		
Social studies	-0.954	-0.274			

※值（絕對值）小於0.1時不會表顯示。

所有科目（變數）的因素負荷量為負，而且值都一樣。

總分數愈高，第1主成分就是大負的大數值。

因此第1主成分可解釋為「衡量綜合力的主成分（軸）」。

國語、英語、社會為負值，數學、理化為正值。

文科科目的分數高於理科，第2主成分就是大負的大數值。

因此可解釋成「衡量是偏理科趨勢強（正），還是偏文科趨勢強（負）的轉軸」。

因素負荷量（主成分分析，factor loading）··· 表示主成分和原始變數關聯性（相關）程度的數值。也稱為主成分負荷量。

▶▶▶ 主成分分數和主成分分數圖

依個體（事例、觀察值、受試者）算出各主成分的數值。

R 指令

```
> pc_res$scores
```
← **輸出主成分分數的指令。**

R 輸出

	Comp.1	Comp.2	Comp.3	Comp.4	Comp.5
1	-2.58995190	-0.780563285	0.3489215	-0.20018725	-0.082756784
2	-2.70802625	0.949712815	0.5565135	-0.02900749	-0.005893198
	–	–	–	–	–

R 指令

```
> plot(pc_res$scores[,1], pc_res$scores[,2], type="n")
> text(pc_res$scores[,1], pc_res$scores[,2])
```
← **畫出第1主成分和第2主成分的主成分分數，所需指令。**

R 輸出

主成分分數圖

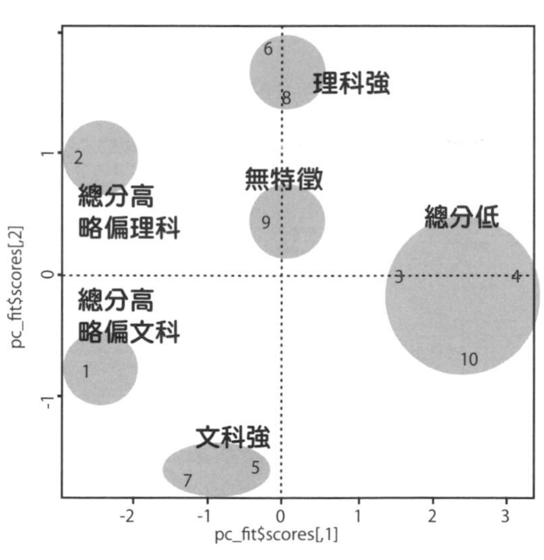

橫軸：第1主成分分數
縱軸：第2主成分分數

主成分分數（principal component score）…針對個別資料（個體）計算的各主成分數值。

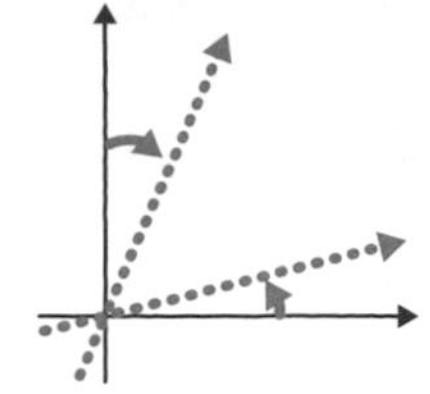

發現潛在要因
～因素分析～

量測測量社會科學領域現象的變數有複雜的關聯性，很難要理解相互關係很難。使用因素分析可以抽出變數背後共同存在的概念（共同因素），理解變數間的關聯性。

共同因素

- 指的是觀察到的變數中共通的要因。
- 和主成分分析很相似，但基本想法如下圖（箭頭方向）卻完全相反，如下圖（箭頭方向）所示，請務必小心。

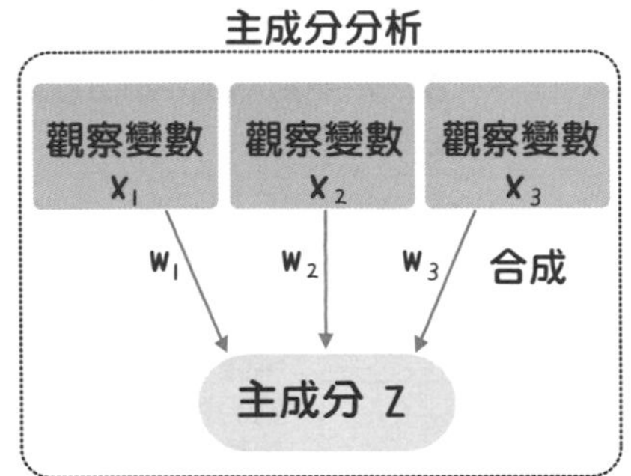

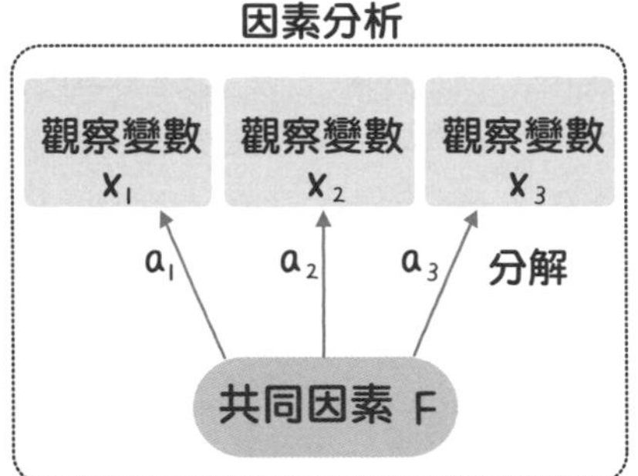

觀察變數　共同因素　獨特因素

$$x_i = a_iF + u_i$$

因素負荷量

★ 因素分析的目的就是求出因素負荷量（a_i）最常使用最大概似法和主因素法。

★ 因素負荷量的平方和（a_i）^{2}稱為共同性

因素分析（factor analysis）⋯ 為抽出複數變數背後存在的概念（因素）的方法。常用於消費者意識或品牌印象、價值觀分析等。

練習 利用20位受試者以五分評估自己性格的資料（1：不符合～5：符合），進行因素分析。變數為以下9個。

x1：想對自己的人生負責

x2：仔細思考如何才能有更好的人生

x3：人生是否充實端視自己的行動

x4：不會因為環境改變承受壓力

x5：很快就能轉切換心情

x6：不知該如何是好時先做再說

x7：要有充實的人生，最重要的是要有經濟穩定的經濟力是最重要的

x8：想在穩定的公司確實累積成果

x9：想過恰如其分的生活

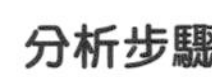

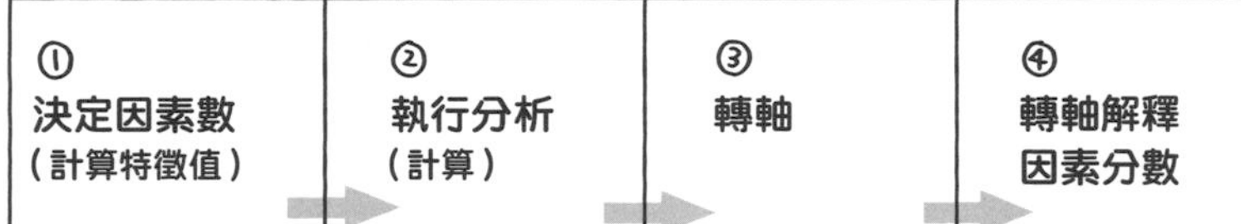

- 因素分析首先要決定抽出的因素數目。除事前可設想共通因素數目的情形外，根據以下方式計算特徵值，採用其值為1以上的特徵值的數目。

```
> evres <- eigen（cor（sdata））
> cvrcs$valuc
```

計算特徵值所需的指令。（eigen（cor（sdata））所指）

顯示出計算出來的特徵值。（cvrcs$valuc所指）

R 出力

```
〔1〕5.24008550 1.82695018 0.67948411 0.41521519 0.35485288 0.20184232
〔7〕0.12992206 0.09525016 0.05639759
```

變數有9個（x1～x9），所以算出9個特徵值。
只有二個特徵值為1以上，因此因素數量就是2。

共通因素（common facor）••• 影響二個以上變數的因素。有時會將影響所有變數的因素稱為「一般因素」以做為區別。

R輸出

```
> library（psych）
```
← 用標準內建的"factanal"函數也可以分析，不過功能有限。在此使用軟體套件psych。

```
> library（GPArotation）
> fac_res <- fa（sdata, nfactors=2, fm="ml", rotate="oblimin"）
```
指定因素數（nfactors=2）

指定主軸旋轉方法（223、225頁）（rotate="oblimin"）

指定因素抽出方法：除最大概似法（ml）外，也常用主因素法（pa，225頁）（fm="ml"）

```
> print（fac_res,digit=3）
```
← 輸出結果

R出力

Factor Analysis using method = ml

Call: fa（r = sdata, nfactors = 2, rotate = "oblimin", fm = "ml"）

Standardized loadings （pattern matrix） based upon correlation matrix

	ML1	ML2	h2	u2	com
x1	0.971	0.053	0.990	0.0105	1.01
x2	0.748	0.211	0.737	0.2627	1.16
x3	0.829	0.086	0.754	0.2455	1.02
x4	-0.905	0.101	0.753	0.2472	1.02
x5	-0.760	0.090	0.528	0.4719	1.03
x6	-0.817	0.091	0.612	0.3875	1.02
x7	0.012	0.825	0.690	0.3104	1.00
x8	-0.018	0.935	0.861	0.1389	1.00
x9	0.060	0.748	0.601	0.3985	1.01

h2 ← 共通性（commonality）

表示各變數的資訊是否已反映在因素模式型中。共通性小的變數最好自模型式中刪除，再估計一次較好。

輸出因素負荷量。第1因素（ML1）強烈反映x1～x6的資訊，第2因素則強烈反映x7～x9的資訊。

	ML1	ML2	
SS loadings	4.294	2.233	← 因素負荷量的平方和（行方向）
Proportion Var	0.477	0.248	← 貢獻率
Cumulative Var	0.477	0.725	← 累積貢獻率
Proportion Explained	0.658	0.342	← 說明率（貢獻率／合計貢獻率）
Cumulative Proportion	0.658	1.000	← 累積說明率

▶▶▶ 軸的命名與轉軸

- 用因素負荷量為軸命名的方法，和主成分分析相同。
- 因素負荷量的數值沒有特別趨勢，很難命名時，就進行軸的旋轉稱為轉軸。轉軸又分成「直交轉軸」和「斜交轉軸」。
- 共通因素間無法假設相關時採直交轉軸法，可假設相關時採斜交轉軸法。
- 左頁例子就使用斜交轉軸法的“oblimin”（R的預設值）。

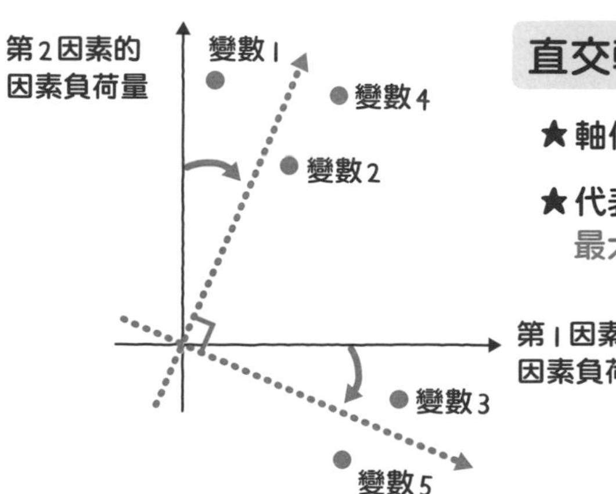

直交轉軸法

★軸保持著直交狀態旋轉

★代表性的旋轉方法：
最大變異法（Varimax）轉軸

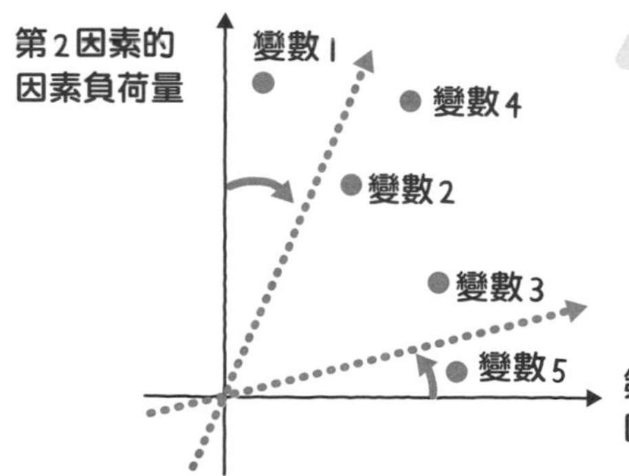

斜交轉軸法

★分別旋轉第1因素的軸和第2因素的軸

★代表性的旋轉方法：
Promax轉軸法

轉軸（因素分析，rotation）… 為了更容易解釋分析結果（更容易為軸命名），將因素軸旋轉。分成未假設因素間相關的直交轉軸，和假設相關的斜交轉軸。

▶▶▶ 雙標圖

針對2個或3個因素，將各變數影響對因素影響的向量圖（因素負荷），以及因素分數圖（和219頁的主成分分數圖是同種類的圖形）合而為一的圖。

R 指令

```
> biplot（fac_res$scores, fac_res$loadings）
```

畫雙標圖的指令。

R 輸出

自因素負荷圖和各問題內容，進行軸的命名。

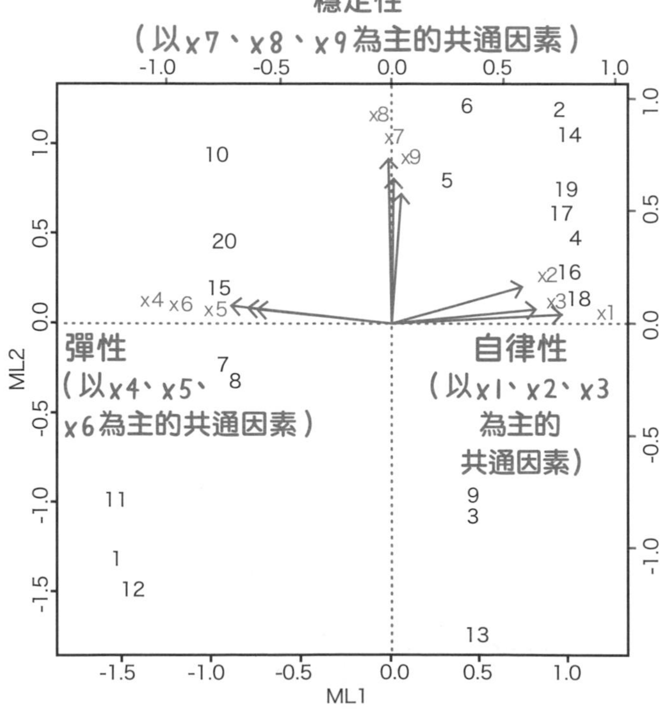

雙標圖（biplot）… 在個別資料（個體）的散布圖上，用向量（箭頭）等寫入變數相關資訊的圖。在因素分析中，由因素分數和因素負荷量作成。

fa指令可指定的選項

① 因素抽出方法（fm=【方法名】）

最小殘差法	【minres】求讓殘差最小的解（因素負荷量）。比起主因素法，因素負荷量的模式有更接近最大概似法的趨勢。<預設>（註）
加權最小平方法	【wls】用獨特因素為殘差矩陣加權後求解。
一般化最小平方法	【gls】原則上和WLS一樣，只是求權數的方法不同。
主因素法	【pa】求讓因素貢獻最大的解。
最大概似法	【ml】用多變量常態分配以最大概似法求解。先用這個方法比較好。

註：<預設>未指定選項時自動套用的方法。

② 旋轉方法（rotation=【方法名】）

不旋轉	【none】
直交轉軸	【varimax】,【quartimax】,【bentlerT】,【equamax】,【varimin】,【geominT】,【bifactor】
斜交轉軸	【promax】,【oblimin〈預設〉】,【simplimax】,【bentlerQ】,【geominQ】,【biquartimin】,【cluster】先用promax比較好。

③ 重複計算的上限次數

指定為【max.iter=100】（預設為50次）。計算無法收斂（無法結束）時，請試著增加次數。

④ 因素分數計算方法

預設為【scores=“regression”】。其他還可指定為“Thurstone”、“tenBerge”、“Anderson”、“Bartlett”。一般使用預設值即可。

⑤ 共通性的初始值

用複相關係數的平方時為【SMC=TRUE〈預設〉】（一般為這個值）。如果是【SMC=FALSE】，初始值會使用1。

因素分析的軟體 ••• SPSS等社會科學起源的軟體，因素分析中有主成分分析，而JMP等工學、實驗設計學起源的軟體，則是主成分分析中有因素分析，請務必小心。

敘述因果結構

～結構方程模式（SEM）分析～

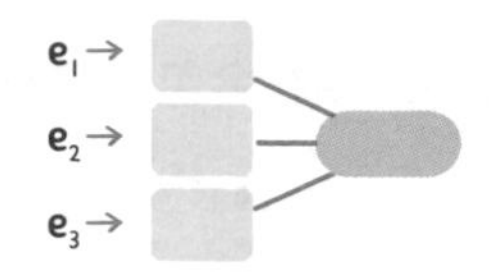

設想原因和結果之間的關係，用資料來驗證假設的方法。
這是組合因素分析和多元迴歸分析的方法，可將潛在變數放入因果結構中。
SEM 是 Structural Equation Modeling 的縮寫。也稱為共變異數結構分析（Covariance Structure Analysis, CSA）。

路徑圖

● 用箭頭（路徑）來表示變數間關係（因果結構）的圖。下圖是潛在因素之間有因果關係（多重指標模式）的路徑圖。

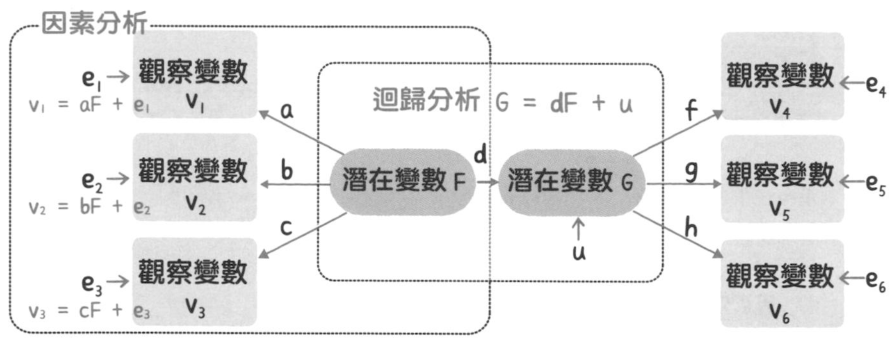

觀察變數（V_1～V_6）：身高、體重、問卷答案等可蒐集做為資料的變數。路徑圖中通常放在方框中。

潛在變數（F，G）：代表由觀察變數構成的「概念」的變數，相當於因素分析的共通因素。路徑圖中通常放在橢圓框中。

誤差變數（e_1～e_6, u）：將無法包含在模式內的變數彙整在一起的變數。也被稱為「誤差」或「殘差」。

路徑係數（a～h）：如同迴歸分析的迴歸係數或因素分析的因素負荷量，表示變數間的影響大小。

結構方程模式分析（共變異數結構分析，Structural Equation Modeling, SEM）…用導入潛在變數的路徑圖來表示複雜的因果結構的方法。
路徑圖（path-diagram）…用箭頭連結觀察變數和潛在變數因果結構所繪出的圖。

▶▶▶ 綜合效果

- 指原因變數對結果變數的所有效果，以直接效果和間接效果的和來表示。
- 原因、中介、結果變數可以是潛在變數，也可以是觀察變數。

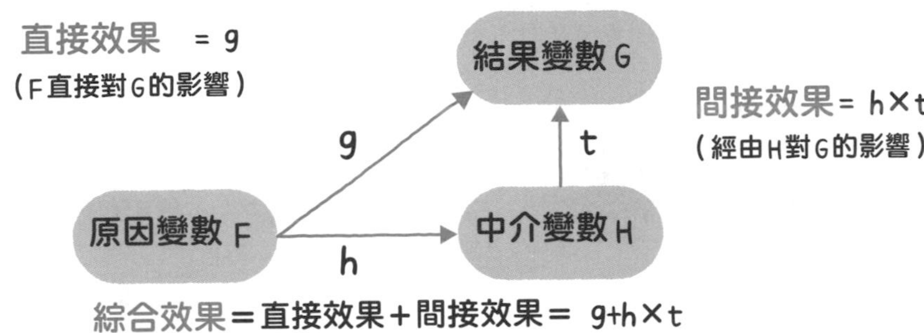

▶▶▶ 適合度指標

- 用來評估估計出來的模式對觀察資料的說明程度（適合與否）的指標。

X^2統計量：虛無假設是「模式正確」，所以是最好不要被拒絕的指標。樣本大小愈大，虛無假設愈容易被拒絕，所以用在極大的樣本上不太有意義。

PMSEA（Root Mean Square Error of Approximation）：以X^2值為基礎的統計量，以樣本大小（自由度）加以修正（因此不論樣本大小皆可使用）。0.05以下為良好，最好不要大於等於0.1。

GFI（Goodness of Fit Index）：相當於多元迴歸分析判定係數的指標。有隨著觀察變數數量增加而增加的趨勢，因此常使用修正後的AGFI（Adjusted GFI）。最好是0.9以上的模式。

CFI（Comparative Fit Index）：顯示估計的模式是位於飽和模式（所有變數皆有關聯，無法判斷路徑係數顯著與否的模式），和獨立模式（沒有任何路徑的模式）之間哪個位置的指標。最好是0.9以上的模式。

AIC（Akaike Information Criteria）：用於要由估計出來的複數模式中選出一個模式時（要進行相對評價時）。值愈小表示適合度愈高。

綜合效果（total effect）…直接效果（某變數對其他變數的直接影響）加上間接效果（經由第3變數帶來的影響）的結果。

適合度（SEM，Goodness of Fit）…表示估計的模式對觀察資料的說明程度。有各種指標。

▶▶▶各種模式

最基本的是多重指標模式，其他還有以下的常用模式：

① 雙因素模式：two-factor model

觀察變數（V_1-V_3）的共通因素（潛在變數F），
和觀察變數（V_4-V_6）的共通因素（G）有相關時

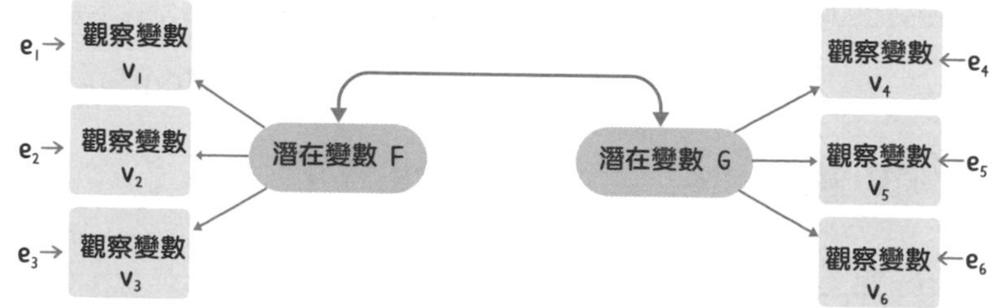

② MIMIC：Multiple Indicator Multiple Cause

觀察變數（V_4-V_6）的共通因素G可用其他觀察變數（V_1-V_3）說明時

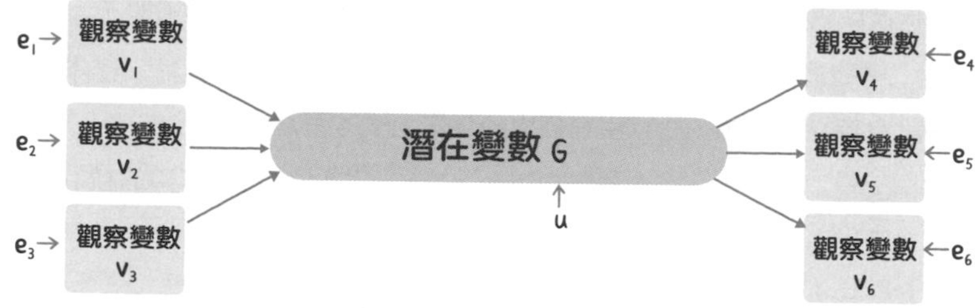

③ PLS模式：Partial Least Square

觀察變數（V_1-V_3）做出1個指標F，此指標可以說明共通因素G時

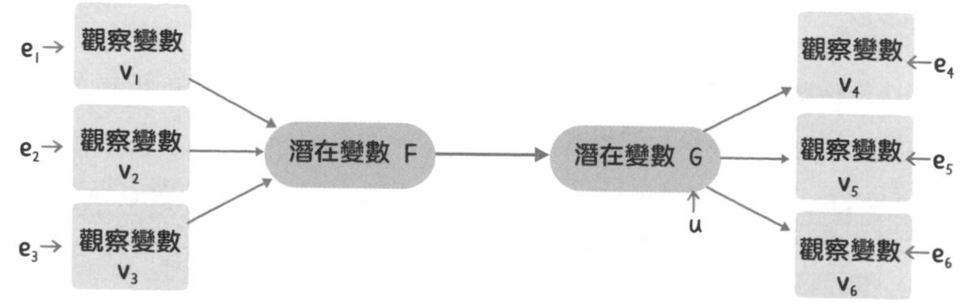

多重指標模式（multiple indicator model）…共通因素（潛在變數間）有因果關係的模式。
雙因素模式（tow-factor model）…共通因素（潛在變數）之間有相關關係的模式。

R有“lavaan”、“sem”、“OpenMx”這三種套裝軟件，可進行SEM分析。計算方法和可輸出的指標等也不同。在此以“lavaan”為例，根據以下路徑圖進行SEM分析。

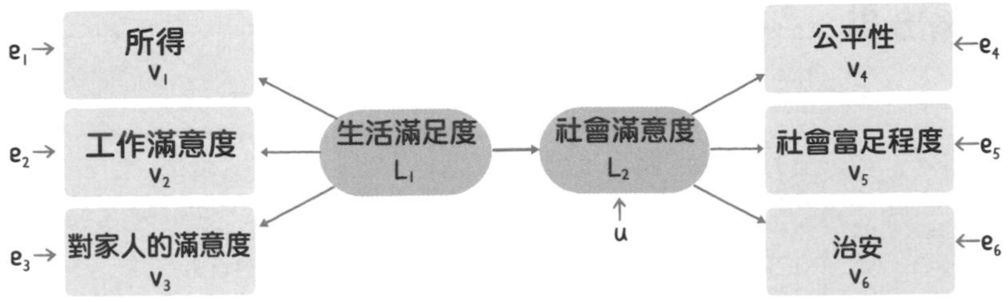

10

多變量分析　敘述因果結構

R指令

```
> library（lavaan）  ←— 讀入軟體套件。

> model <- "  ←— 開始敘述因果模式。
+ L1 =~ v1 + v2 + v3  ←— 潛在變數用 =~ 表示。
+ L2 =~ v4 + v5 + v6
+ L2 ~ L1  ←— 因果關係（→）用 ~ 表示。
+ v1 ~~ v1  ←— 各變數的變異數用 ~~ 表示。
+ v2 ~~ v2       要設定V1和V2之間有相關關係（↔）時，使
+ v3 ~~ v3       用 ~~，表達方式為v1 ~~ v2。
+ v4 ~~ v4
+ v5 ~~ v5
+ v6 ~~ v6
+ L1 ~~ L1
+ L2 ~~ L2
+ "  ←— 模式敘述到此結束。
```

MIMIC ··· 某觀察變數的共通因素（潛在變數）同時也是其他觀察變數結果的模式。
PLS ··· 共通因素和合成變數（都是潛在變數）之間有因果關係的模式。

R 指令

```
> res <- sem (model, data=sdata)
> parameterEstimates (res)
```

← 模式推算

← 輸出推算結果

R 輸出

	lhs	op	rhs	est	se	z	pvalue	ci.lower	ci.upper
1	L1	=~	v1	1.000	0.000	NA	NA	1.000	1.000
2	L1	=~	v2	0.713	0.114	6.243	0.000	0.489	0.937
3	L1	=~	v3	0.968	0.125	7.714	0.000	0.722	1.214
4	L2	=~	v4	1.000	0.000	NA	NA	1.000	1.000
5	L2	=~	v5	0.723	0.092	7.823	0.000	0.542	0.905
6	L2	=~	v6	0.642	0.093	6.922	0.000	0.461	0.824
7	L2	~	L1	0.958	0.114	8.383	0.000	0.734	1.183
8	v1	~~	v1	0.446	0.215	2.074	0.038	0.024	0.867
9	v2	~~	v2	1.453	0.320	4.543	0.000	0.826	2.080
10	v3	~~	v3	1.487	0.360	4.127	0.000	0.781	2.193
11	v4	~~	v4	0.246	0.216	1.138	0.255	-0.178	0.669
12	v5	~~	v5	1.130	0.257	4.395	0.000	0.626	1.634
13	v6	~~	v6	1.221	0.266	4.594	0.000	0.700	1.742
14	L1	~~	L1	3.017	0.714	4.225	0.000	1.617	4.416
15	L2	~~	L2	0.845	0.327	2.585	0.010	0.204	1.486

參數估計值　標準誤差　p值

由複數觀察變數抽出共通因素時，1個路徑係數固定為1。不固定的話就無法得到估計值。lavaan中將左邊最初寫的變數（L1=~v1+v2+v3時為v1）的係數固定為1。

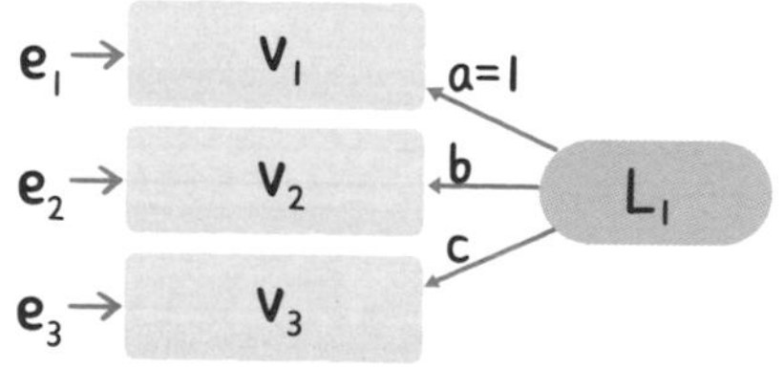

lhs（left-hand side）··· 方程式的左邊。
rhs（right-hand side）··· 方程式的右邊。

R 指令

```
> standardizedSolution (res)
```

輸出標準化係數（所有變數的變異數固定為1所算出的值）的指令。要比較路徑係數大小時，當觀察變數的變異數大為不同，或是觀察變數單位不同時，請用這個指令。

R 輸出

```
      lhs   op   rhs   est.std    se      z      pvalue
1     L1    =~   v1    0.933      NA      NA     NA
2     L1    =~   v2    0.717      0.115   6.243  0.000
3     L1    =~   v3    0.809      0.105   7.714  0.000
.     .     .    .     .          .       .      .
.     .     .    .     .          .       .      .
.     .     .    .     .          .       .      .
```

R 輸出

```
> fitMeasures (res, "chisq" )
  chisq   ← X²統計量
  8.44
> fitMeasures (res, "pvalue" )
  pvalue  ← X²統計量的p值
  0.392
> fitMeasures (res, "rmsea" )
  rmsea
  0.033
> fitMeasures (res, "gfi" )
     gfi
  0.954
> fitMeasures (res, "agfi" )
     agfi
  0.879
> fitMeasures (res, "cfi" )
     cfi
  0.998
> fitMeasures (res, "aic" )
          aic
  1032.648
```

- fitMeasures是輸出適合度指標的指令。
- 輸入fitMeasures（res），就可以一覽lavaan軟體套件所能輸出的所有指標。

標準化係數（SEM，standardized coefficient）⋯將所有變數的變異數固定為1所算出的路徑係數。用於比較影響強弱時。

含順序變數的SEM分析

問卷調查常會用「滿意」、「有點滿意」、「有點不滿意」、「不滿意」等選項讓受訪者回答。這些變數就是順序變數（以順序尺度測量的變數，135頁），所以用SEM分析時要小心。

7個（7級）以上的選項有時也會被當成連續變數來處理，不過少於這個數字時就必須要特別計算。

用lavaan分析含順序變數的資料時，請指定資料組的哪一行（變數）為順序變數。

```
xdata〔,c（1:6）〕<- lapply（sdata〔,c（1:6）〕, ordered）
```

由第1行頁到第6行為順序資料

如果想計算相關矩陣時，請利用polycor軟體套件內含的指令。順序變數的相關係數用"polychor"指令（多分差相關係數：Polychoric Correlation Coefficient）可求出，順序尺度和連續尺度的相關係數則用"polyserial"指令（多分系列相關係數：Polyserial Correlation Coefficient）即可求出。

以市售軟體進行SEM分析

R也可以充分分析，但必須以公式的形態敘述模式，不少人可能因此覺得困擾。AMOS和SPSS等市售軟體略微昂貴，但可自由描繪路徑圖，所以使用者不需要敘述公式即可分析。此外，還有可以輕鬆變更估計方法的優點。

AMOS畫面

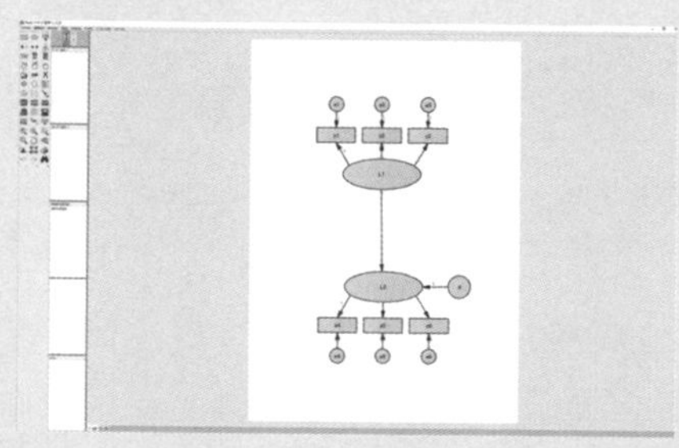

STATA畫面

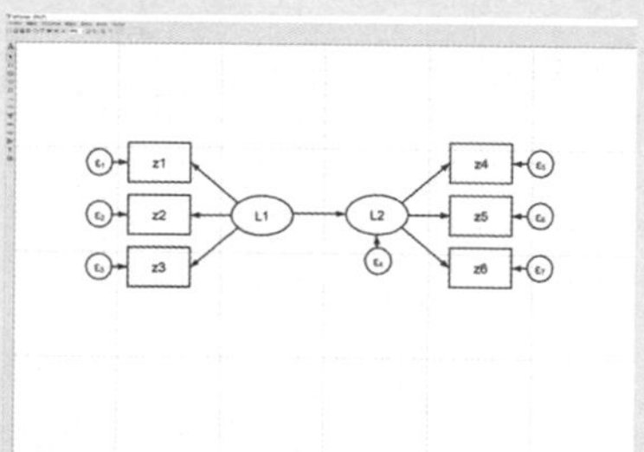

多分差相關（polychoric correlation）••• 針對以3階段或5階段的順序尺度測量的變數，不適合計算一般的相關係數。使用多分差相關係數或多分系列相關係數。

專欄

應該用哪種分析方法？

本書提及許多統計分析方法，到底該如何區分使用呢？很多讀者可能很困擾。請參考下表選擇合適方法。

方法	目的	說明
變異數分析（第6章）	闡明因果關係	● 常用於分析根據實驗設計所蒐集的資訊。
迴歸分析（第9章）	闡明因果關係	● 想用質化變數為自變數時，轉換成虛擬變數（201頁）。 ● 想用質化變數（二元變數）為依變數時，使用普羅比迴歸分析（204頁）。 ● 本書雖未著墨，但使用排序性普羅比迴歸分析（Ordered Probit Analysis）或多項式普羅比迴歸分析（Multinomial Probit Analysis）等方法，可分析三元以上的依變數。
主成分分析（第10章）	匯集資訊	● 原則上使用量化變數。 ● 有如編製合成變數（指數）的感覺。
因素分析（第10章）	掌握共通要因	● 原則上使用量化變數。 ● 所謂共通要因，指的就是觀察變數背後的要因。
結構方程模式分析（SEM）（第10章）	闡明因果關係（設想潛在變數）	● 原則上使用量化變數。 ● 描繪路徑圖（因果結構）驗證因果關係。路徑圖內含潛在變數（共通要因等）是其特徵。
集群分析（第10章）	個體和變數的分類	● 原則上使用量化變數。 ● 可將樣本個體和變數分類，分成比較同質的集群。
對應分析（第10章）	檢討定位	● 可將列聯表顯示的變數之間的關係可視化。 ● 本書雖未著墨，但也可處理三元以上的質化變數（多元對應分析）。

本書以圖表為主，最重視直覺易懂，所以並未細說理論。對理論有興趣的讀者，建議大家參考以下書籍。

首先，迴歸分析的入門書，可參考本書出版社Ohmsha的《マンガでわかる統計学[回帰分析編]》。這是高橋信大受歡迎的「看漫畫學習」系列叢書之一。多變量分析則推薦參考大村平的《改訂版 多変量解析のはなし―複雑さから本質を探る―》（日科技連），與永田靖和棟近雅彥合著的《多變量解析法入門》（Science社）。上述二本著作都有公式，適合中級使用者，也都網羅了基本方法。另外，Ohmsha的《Rによるやさしい統計学》（山田剛史等），則是實務用書，包含SEM、因素分析的內容。至於現場活用，則推薦參考照井伸彥和佐藤忠彥合著的《現代マーケティング・リサーチ―市場を読み解くデータ分析―》（有斐閣），閱讀本書可學會市調實踐性課題的解析方法。

10 | 4

分類個體

～集群分析～

這是將許多個體中類似個體分類，整理為集群（群體）的方法。
在商業領域可將商品和顧客分類，得到對行銷有用的資訊。

▶▶▶階層式集群和非階層式集群

有許多相機，應該如何分類展示呢？

分類方法有二種：

- 一種是階層式集群分析。可產生如右圖的樹狀圖。

  適用資料（想分類的個體數）少時。

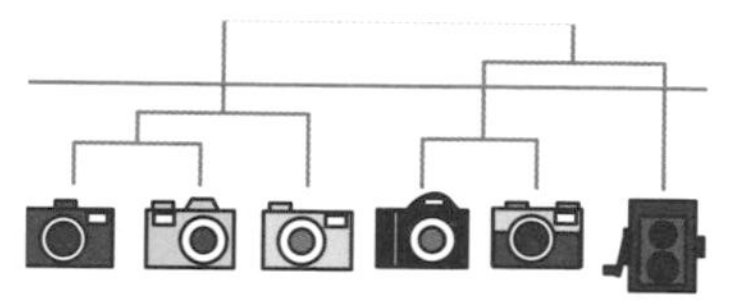

- 另一種是非階層式集群分析，K-means（平均）法就是代表性方法。一開始先決定要分成幾個集群，再將個體分類。個體數較多時因為用階層式分群分析很麻煩，就適用這種方法。

專業人士
入門者
高階業餘人士

階層式分群分析（hierarchical cluster analysis）…用階層結構分類個體的方法。
非階層式分群分析（non-hierarchical cluster analysis）…不產生階層結構，僅分類個體的方法。

樹狀圖（階層式集群法）

- 樹狀圖是用來表示個體和集群聚合過程的圖。階層式分群分析的目的，就是要產出這張圖。
- 藉由水平方向劃開（橫切）樹狀圖（右圖）以產生階層。例如在①的位置切開，就是二個階層（A、B、C、D和E、F、G、H）。
- 切開樹狀圖時，盡量讓垂直方向的線段（垂直的樹枝部分）長度（距離）愈長愈好。
- 圖中的★部分距離很短（A、B、C和D的集群類似），因此不適合在②的位置切開。

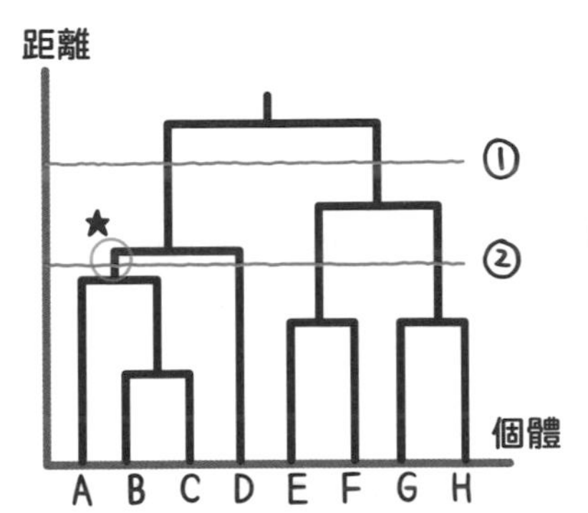

距離
①
②
★
個體
A B C D E F G H

鏈結效應

- 鏈結效應如下圖所示，指的是個體逐一被現有集群聚合的狀態。是未順利分類的典型分析結果的形態。

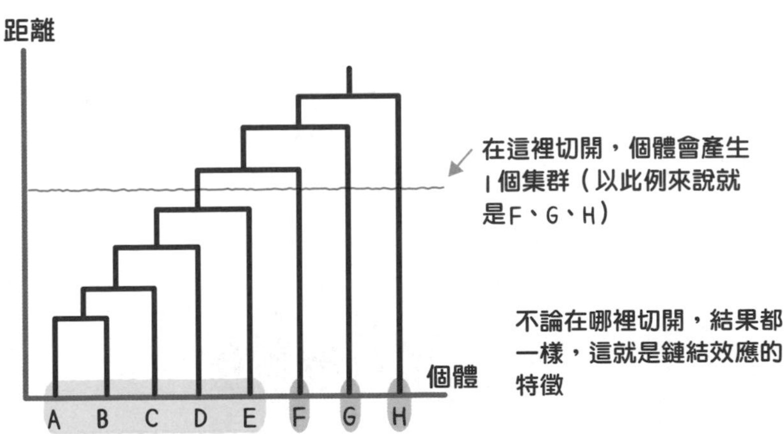

距離
在這裡切開，個體會產生1個集群（以此例來說就是F、G、H）
不論在哪裡切開，結果都一樣，這就是鏈結效應的特徵
個體
A B C D E F G H

樹狀圖（dendrogram）••• 階層式分群分析用來表示集群和個體聚合過程的樹狀（分枝）圖。一般大多以橫軸為個體，縱軸則是聚合時的距離（非類似性）。

▶▶▶ 產生集群①（如何定距離）

- 個體間的類似性用距離來衡量。也就是說距離愈短愈類似，距離愈長類似性愈低。
- 代表性的距離計算方法就是歐式距離。例如，點（個體）$A=(x_a,y_a)$和點$B=(x_b,y_b)$之間的距離d，可用以下公式求出。

$$d=\sqrt{(x_a-x_b)^2+(y_a-y_b)^2}$$

- 要測量組和個體、組間的距離時，使用組中心（重心等）的座標。

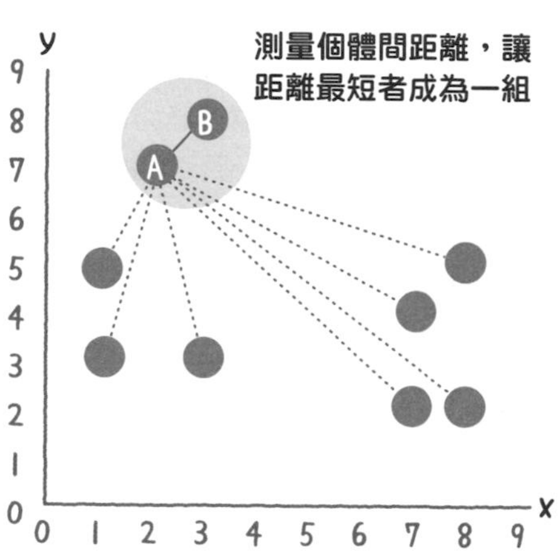

測量個體間距離，讓
距離最短者成為一組

▶▶▶ 產生集群②（聚合方法）

- 將個體聚合成集群有很多種方法，重心連結聚合演算法和沃德法是代表性方法。
- 重心連結聚合演算法是求出各集群重心，計算和重心之間的距離，聚合距離短的個體。
- 3點A、B、C的重心（x_g,y_g）計算如下：

$$\begin{cases} x_g=(x_a+x_b+x_c)/3 \\ y_g=(y_a+y_b+y_c)/3 \end{cases}$$

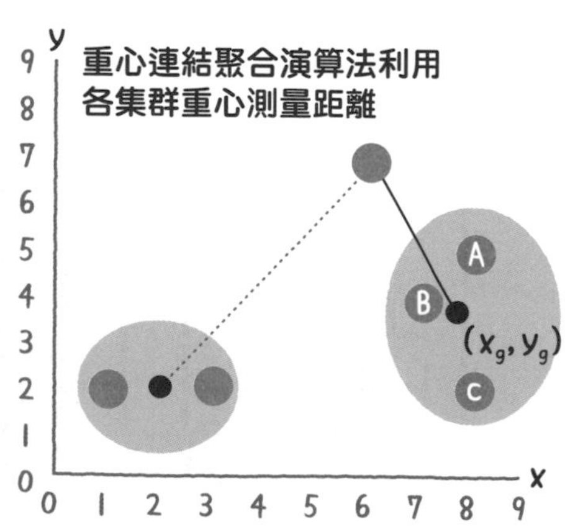

歐式距離（Euclidean distance）…最常用的距離度量方法。也就是2點座標差的平方和的平方根。
重心連結聚合演算法（centroid method）…以集群的代表點為重心，視重心間的距離為集群間的距離。

- 沃德法則是聚合集群，讓集群內的變異（離均差平方和）增加最少。從經驗上來說比較不會造成鏈結效應（235頁），最常被使用。

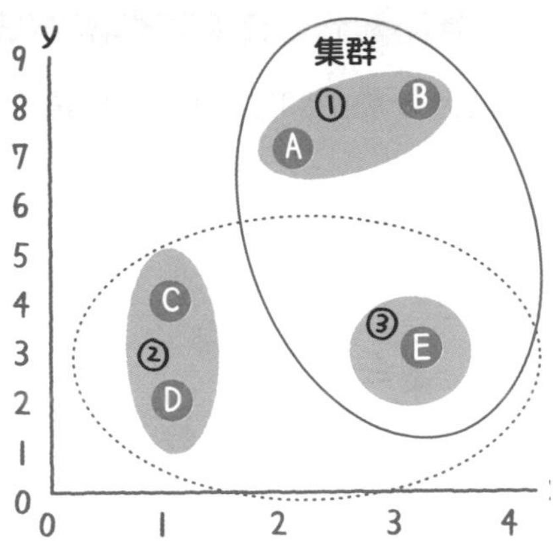

練習 沃德法事例

資料

變數	個體A	個體B	個體C	個體D	個體E
x	2	3	1	1	3
y	7	8	4	2	3

個體A、B、E平均值

x	y
2.667	6

個體C、D、E 平均值

x	y
1.667	3

聚合集群①和集群③時的集群內變異

$$(2-2.667)^2+(3-2.667)^2+(3-2.667)^2+(7-6)^2+(8-6)^2+(3-6)^2=14.667$$

聚合集群②和集群③時的集群內變異

$$(1-1.667)^2+(1-1.667)^2+(3-1.667)^2+(4-3)^2+(2-3)^2+(3-3)^2=4.667$$

此外，集群①的離均差平方和為1，集群②的離均差平方和為2，因此要讓變異增加為最小時，就要聚合集群②和集群③。

沃德法（Ward's method）••• 較能合宜分類（畫出好的樹狀圖）的集群聚合基準（距離度量方法）。也稱為最小變異數法。

▶▶▶K-means法（非階層式集群分析）

簡單說明最常被使用的非階層式集群分析法，也就是K-means（平均）法的概念。

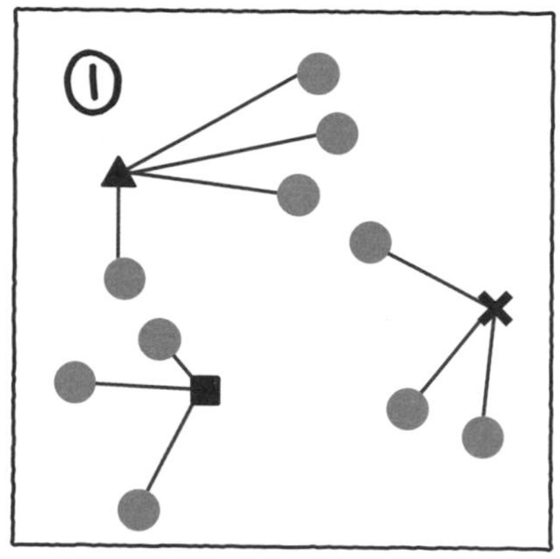

首先隨機配置基點（▲・■・×）。然後計算各個個體到基點的距離，將離基點近的個體分類為同一集群。

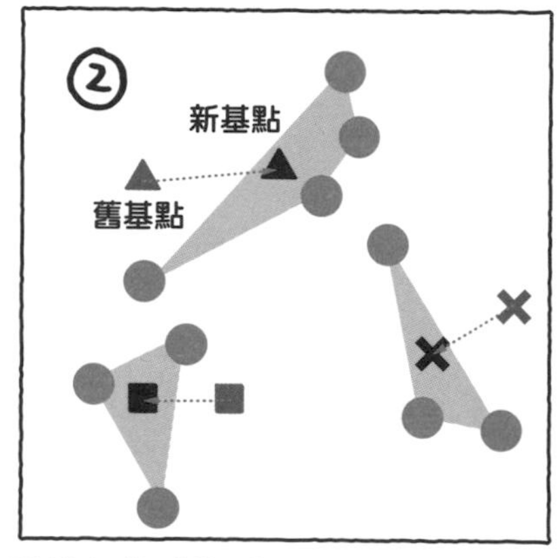

計算各集群的重心，以算出的重心為新基點（▲・■・×）。

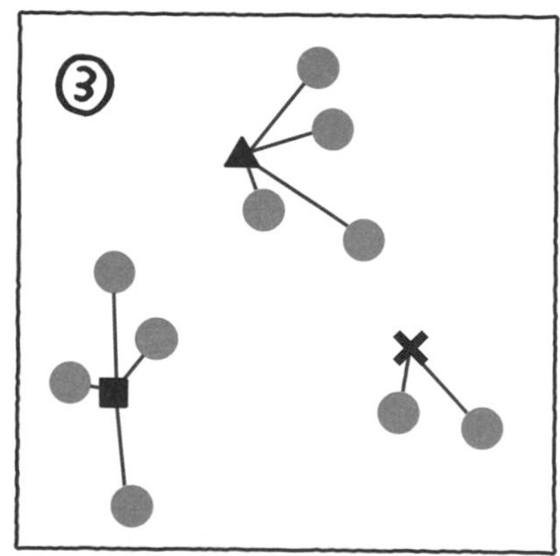

計算各個個體到新基點的距離，和①一樣分群。

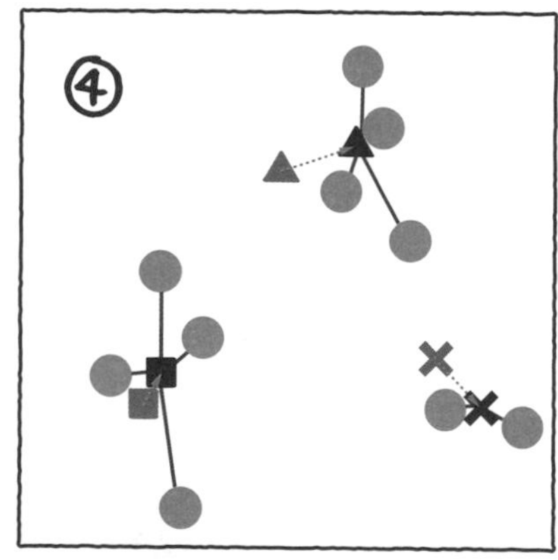

再次計算集群重心。如果計算後分類結果不變，就結束分群作業。若分類結果改變，就再重複②～④的步驟。

K-means（平均）法（K-means clustering）･･･非階層式分群分析的代表性方法。隨機配置基點，反覆分配基點和個體，直到得到最佳分類為止。

練習 利用使用者以5級評價的資料，進行10機種相機的集群分析。評價項目為價格（Price）、設計（Design）、畫質（Quality）、攜帶方便性（Portability）、機能性（Functionality）五項。

R指令階層式集群分析

```
> d<-dist（sdata, method = "euclidean"）
```

↑ **計算個體間距離的指令。**

※method除了歐式距離（"euclidean"，預設值），還可指定為最大距離"maximum"、曼哈頓距離"manhattan"、坎培拉距離"canberra"、雙子星距離"binary"、明可夫斯基距離"minkowski"等。一般用歐式距離即可。

沃德法、中數法、重心連結聚合演算法時為d^2，其他方法則為d。 ↓

```
> res<-hclust（d^2,method= "ward"）
```

↑ **階層式集群分析的指令。**

※預設方法為完整連結聚合演算法"complete"，但沃德法"ward"也很常用。

※其他還可指定單一連結聚合演算法"single"、平均連結聚合演算法"average"、McQuitty法"mcquitty"、中數法"median"、重心連結聚合演算法"centroid"等。

※完整連結聚合演算法容易發生空間擴散（過度分裂的趨勢），單一連結聚合演算法容易產生鏈結效應，中數法和重心連結聚合演算法容易導致集群間的距離逆轉（樹狀圖的樹枝逆向發展，難以解釋）的問題，請務必小心。

```
> plot（res,hang=－1）
```

↑ **顯示樹狀圖的指令。**

集群分析缺點…①沒有指標可以評估分類結果的妥當性；②距離度量方法很多，在結果出來前可以多方嘗試（任意性很高）。

R 輸出階層式集群分析

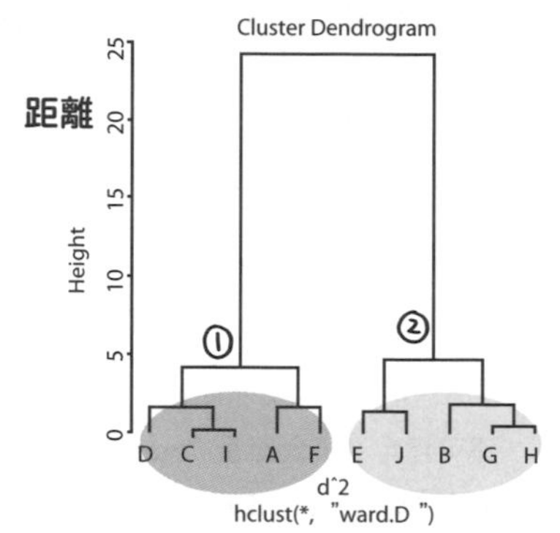

可知大致有2個集群（①和②）

看看聚合的方法，
(C,I)、(G,H) 極類似，
其次可分成（D、C、I)、(A、F)、
(E、J)、(B、G、H) 的集群。

R 指令非階層式集群分析

進行k-means（平均）法的指令。

```
> res2<-kmeans（sdata, 2, iter.max=10, nstart=5）
```

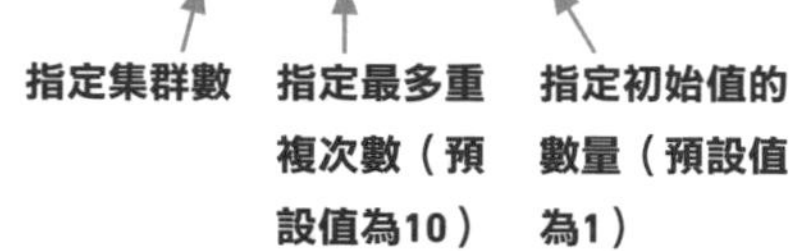

※初始值的數量愈多，結果愈穩定。不過樣本大時有時計算很花時間。

```
> （sdata<-data.frame（sdata, res2$cluster））
```

以資料組形式輸出集群分析結果的指令。

R 輸出非階層式集群分析

	Price	Design	Quality	Portability	Functionality	res2.cluster
A	2	4.75	4.94	3.26	3.73	1
B	5	4.84	4.94	4.33	4.75	2
C	2	4.70	4.68	4.62	4.69	1
.	.	.	.	.	.	.
.	.	.	.	.	.	.
.	.	.	.	.	.	.

表示同數字產品被分類到相同集群。
有時1和2會顛倒顯示。

k-means 法注意事項…一開始隨機配置的基點會導致結果不同、一開始決定的集群數量不一定是最合宜的數量，所以有許多改良版本問世。

本章介紹集群分析，做為分類個體的方法。不過只要應用這個概念，也可以做為變數分類（集群）的方法。

和分類個體不同的地方，在於度量變數間距離時，用的不是歐式距離，而是相關係數。

R提供了專為變數集群分析設計的軟體套件“CulstOfVar”，只要用“hclustvar”指令，就可以編製階層集群（樹狀圖），使用“kmeansvar”指令，就可以根據k-means法分類變數。

在此用家庭收支調查（總務省針對全國約九千個家庭，調查家庭收入、支出、儲蓄、負債等的結果）的資料，用hclustvar分析米（rice）、麵包（bread）、麵（noodle）、生鮮魚類（fish）、生鮮肉品（meet）、牛奶（milk）、新鮮蔬菜（vege）、新鮮水果（fruit）這八個變數（支出金額）的關聯性。

R指令

```
library（ClustOfVar）
res <- hclustvar（sdata）
plot（res）
```

↑ 資料框架名

R輸出

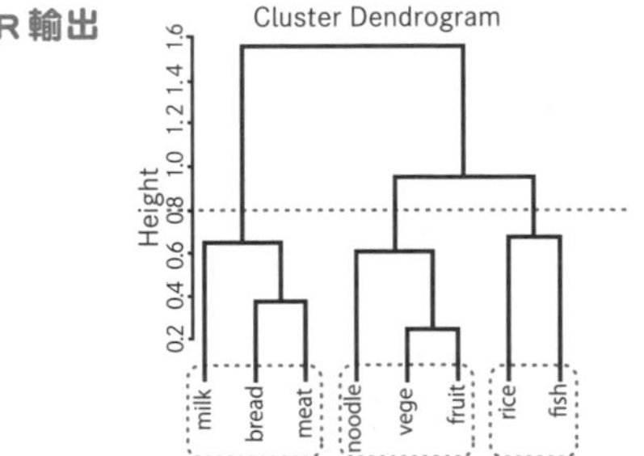

綜觀分析結果，可知麵包、肉品、牛奶的相關性強，也就是消費趨勢類似（最左側的集群），而米和海鮮的消費趨勢類似（最右側的集群）。而正中央的集群（麵、蔬菜、水果）則接近米和海鮮，可見具備和食類的消費趨勢。

變數的關聯性也可以用因素分析等了解，但用（階層式）集群分析還可以從視覺去理解關聯性，很方便。

分析質化資料關聯性

～對應分析～

根據列聯表，將表側項目的表頭項目的關聯性可視化，以便掌握的方法。
用於了解品牌、商品定位、消費者行為特徵。

表頭和表側的對應關係

- 質化資料（特別是名目尺度的資料）不適合當成量化資料，用主成分分析等方法分析。
- 這類資料最好編製列聯表（交叉表），進行對應分析。

女性喜愛的品牌（聯業別，單位：人數）

	品牌A	品牌B	品牌C
大學女生	10	25	30
女性上班族	35	25	15
家庭主婦	10	35	10

- 輪廓資料轉換成可計算 χ^2 距離（加權歐式距離）的資料，用和主成分分析一樣的方法匯集。
- 對應分析是思考行或列的比例模式的分析方法。比例模式就稱為輪廓（profile）。

列輪廓	品牌A	品牌B	品牌C	列合計
大學女生	0.15	0.38	0.46	1.00
女性上班族	0.47	0.33	0.20	1.00
家庭主婦	0.18	0.64	0.18	1.00

行輪廓	品牌A	品牌B	品牌C
大學女生	0.18	0.29	0.55
女性上班族	0.64	0.29	0.27
家庭主婦	0.18	0.41	0.18
行合計	1.00	1.00	1.00

對應分析（correspondence analysis）••• 主成分分析的質化資料版本。用於將由問卷資料編製而成的列聯表可視化時。

▶▶▶成分分數和對應圖

● 用散布圖（對應圖）來表示成分分數，可有效可視化，更容易了解項目間的關聯性。

成分分數表

	第1成分	第2成分
大學女生	-0.621	0.454
女性上班族	0.699	0.172
家庭主婦	-0.220	-0.771
品牌A	0.885	0.209
品牌B	-0.204	-0.538
品牌C	-0.569	0.623

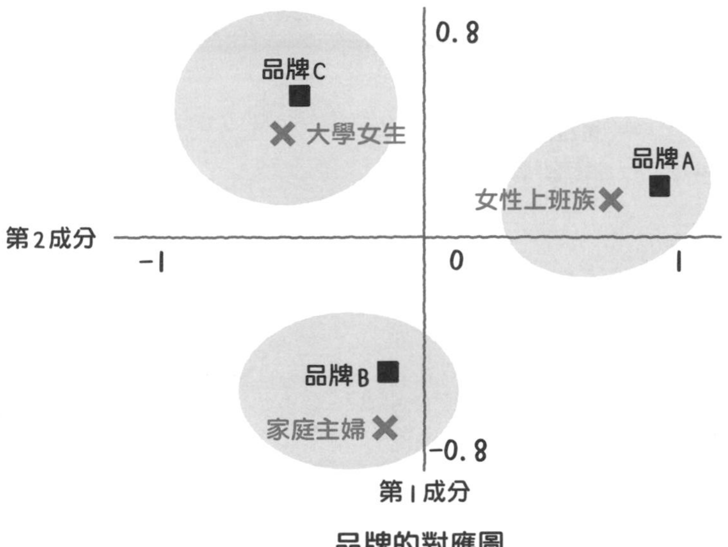

品牌的對應圖

→可知女性上班族喜歡品牌A，家庭主婦喜歡品牌B，大學女生喜歡品牌C。

10 多變量分析　分析質化資料關聯性

對應圖（correspondence map）…配置列聯表表側項目（例如消費者屬性）和表頭項目（例如品牌等）的圖，圖中距離遠近表示關聯性高低。

練習 將消費者分成男學生（M_Student）、女學生（F_Student）、男性上班族（M_Worker）、女性上班族（F_Worker）、家庭主婦（Housewife）五類，用表示消費者分類和消費者喜愛商品（品牌A～品牌E）關係的列聯表，進行對應分析。

資料

	Brand A	Brand B	Brand C	Brand D	Brand E
M_Student	36	15	13	39	16
F_Student	56	23	22	56	26
M_Woker	20	8	10	21	10
F_Worker	13	6	5	13	6
Housewife	26	11	10	26	12

※本次把列聯表本身做為資料讀入。

R 指令

```
> library（ca）
> ca（sdata）
```

← **用ca軟體套件。**（library（ca））

← **進行對應分析。**（ca（sdata））

R 輸出

Principal inertias（eigenvalues）:

	1	2	3	4
Value	0.001302	0.000328	6.5e-05	0
Percentage	76.81%	19.35%	3.83%	0%

← **成分（特徵值）數值，為列聯表行數和列數取較小者再減1。**

到第2成分為止，可說明96%。

Rows:

	A	B	C	D	E
Mass	0.238477	0.366733	0.138277	0.086172	0.170341
ChiDist	0.046803	0.011503	0.082027	0.041877	0.015764
Inertia	0.000522	0.000049	0.000930	0.000151	0.000042
Dim. 1	1.100280	-0.076491	-2.224477	0.461087	0.196785
Dim. 2	1.359811	-0.434832	0.882456	-1.805330	-0.770629

針對列的項目（消費者分類），輸出第1成分的分數（Dim.1）和第2成分的分數（Dim.2）。

對偶尺度法（dual scaling）… 和對應分析相同的多變量分析，還有西里靜彥的對偶刻度法。用最佳加權向量來繪圖，但位置關係和對應圖相同。

R 輸出（續）

Columns:

	Relaxation	Shopping	Food	Nature	Experience
Mass	0.302605	0.126253	0.120240	0.310621	0.140281
ChiDist	0.017664	0.044617	0.089422	0.031014	0.025153
Inertia	0.000094	0.000251	0.000961	0.000299	0.000089
Dim. 1	0.357481	0.827196	-2.471664	0.540724	-0.594361
Dim. 2	-0.458706	-1.624888	0.186751	1.321408	-0.634153

針對行的項目（品牌），輸出第1成分的分數（Dim.1）和第2成分的分數（Dim. 2）

R 指令

```
> plot (ca (sdata))
```

輸出成分分數散布圖（對應圖）的指令。

R 輸出

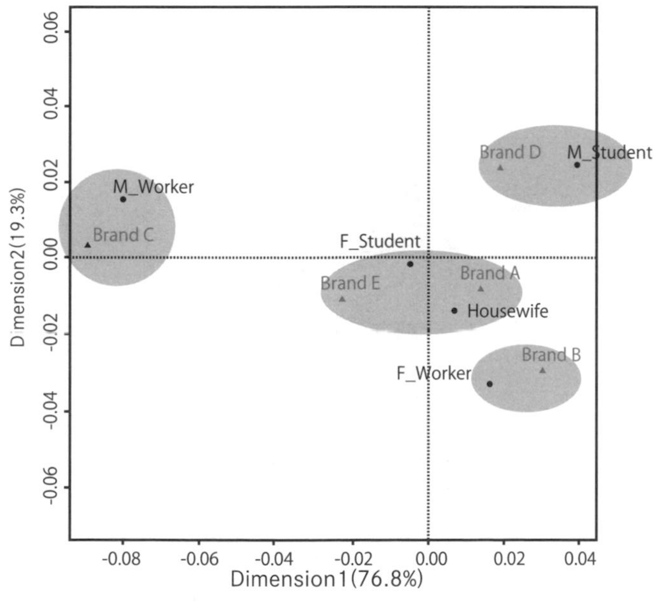

10

多變量分析　分析質化資料關聯性

數量化理論 III 類（Hayashi's quantification method III）••• 與對應分析的使用目的相同的多變量分析還有林知己夫提倡的數量化理論 III 類。必須有匯集前的原始資料，但相對地可算出樣本分數。

More than Human

第11章　貝氏統計學與大數據

活用知識和經驗的統計學

～貝氏統計學～

彈性地採用知識、經驗、新資料，以求更精確分析的統計學。使用目的可以等同傳統統計學，而且還因為和電腦很相容，所以可望活躍在大數據分析中。

傳統統計學（檢定）

- 在虛無假設正確的前提下，求觀察到手邊資料的機率。
- 其次如果機率太小，就判定虛無假設錯誤。

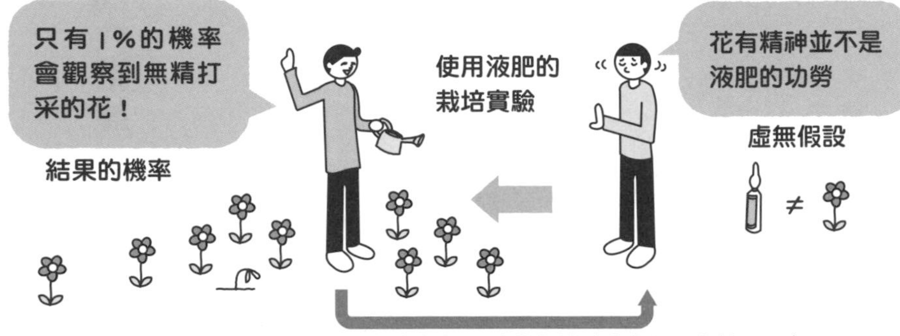
只有1%的機率會觀察到無精打采的花！
結果的機率
使用液肥的栽培實驗
花有精神並不是液肥的功勞
虛無假設
拒絕虛無假設（花有精神真的是因為液肥！）

貝氏統計學

- 觀察資料前，使用知識、經驗、相關資訊預測假設正確的機率（事前機率）。
- 其次利用觀察到的資料，更新事前預測的機率（事後機率）。

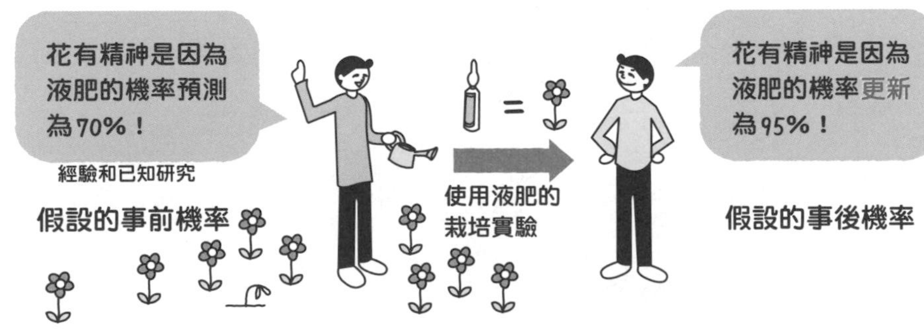
花有精神是因為液肥的機率預測為70%！
經驗和已知研究
假設的事前機率
使用液肥的栽培實驗
花有精神是因為液肥的機率更新為95%！
假設的事後機率

頻率論（Frequentist）••• 本書之前說明的傳統古典統計學的想法。手邊資料是多次實驗中的一個結果，當事前的假設正確時，思考觀察到該資料的機率有多少。

貝氏統計學的優缺點

- 分析的解釋很自然
- 很有彈性（也適用在複雜的問題上）
- 逐一利用新資料可提升精確度

可望活躍的領域

- 追求速度和效率的領域
- （恣意也無妨）分析結果就是一切的領域
- 很難想像如何反覆實驗和觀察的領域

具體來說⋯

行銷、天文學、物理學、遺傳學、機器人學、社會調查、心理統計學、賽局理論、人工智慧、機械翻譯、影像解析⋯⋯

註：貝氏統計學也有「分析者的主觀判斷占比很大，重現性很低」的缺點，因此藥效驗證等「不允許出錯」的領域，以及重視「客觀性」和「公平性」的科學論文等，傳統的頻率論統計學可說比較適用。

貝氏統計學用軟體 ⋯ 最常用的貝氏統計學用軟體就是可在R上啟動的Stan（免費）。此外，計量經濟學用軟體STATA（付費）14版以後也可以處理貝氏統計學。

萬能公式
～貝氏定理～

Bayesian

$$P(A|B)=\frac{P(B|A)\cdot P(A)}{P(B)}$$

貝氏統計學的基礎「貝氏定理」，是將二個乘法定理整理成一個條件機率的公式。這是十分重要的定理，就用簡單的機率問題來導出這個公式吧。

▶▶▶聯合機率

5顆紅球和1顆白球共6顆球，分別編號後放入袋中。在這個狀態下，抽出如右圖的球的機率是…

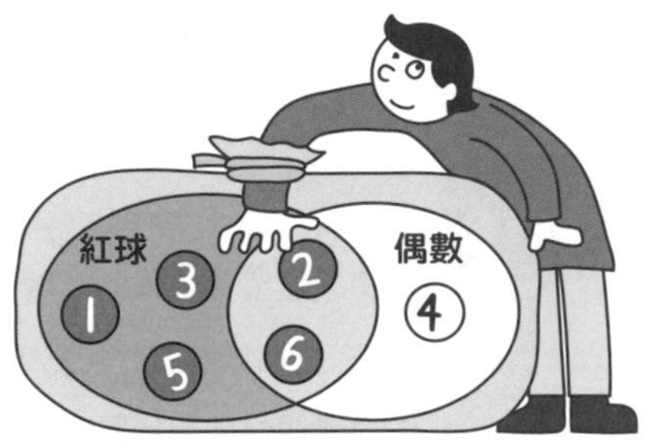

抽到紅球（①②③⑤⑥）的機率 $P(紅球)=\frac{5}{6}$ ← 紅球數 ← 總球數

代表機率（Probability）的符號

同理可證，

抽到偶數球（②④⑥）的機率是 $P(偶數)=\frac{3}{6}$

考慮這二個事件同時發生的機率，亦即抽到偶數紅球（②⑥）的機率如下：

聯合機率 $P(紅球\cap偶數)=\frac{2}{6}$

代表聯合機率的符號（讀音為cap）

聯合機率（joint probability）… 事件A和事件B同時發生的機率。
條件機率（conditional probability）… 在事件A已經發生的情況下，事件B發生的機率。

條件機率

- 其次在一開始可以看到顏色的情況下（條件是紅球）偶數的機率，就是抽到紅球（①②③⑤⑥）時，抽到的球是偶數（②⑥）的機率。

$$P(偶數 \mid 紅球)=\frac{P(紅球 \cap 偶數)}{P(紅球)}=\frac{2/6}{5/6}=\frac{2}{5}$$

代表條件機率的符號（讀音為Given）

乘法定理

- 將條件機率公式變形為聯合機率公式（把右邊的分子移到左邊），

$$P(紅球 \cap 偶數)=P(偶數 \mid 紅球)P(紅球)=\frac{2}{5} \times \frac{5}{6}=\frac{2}{6}$$

原本的乘法定理是左右相反的P(紅球)P(偶數|紅球)

- 當然，此乘法定理對調偶數和紅球也成立。

$$P(偶數 \cap 紅球)=P(紅球 \mid 偶數)P(偶數)=\frac{2}{3} \times \frac{3}{6}=\frac{2}{6}$$

- 任一乘法定理的聯合機率都相同（抽到②⑥的機率），整理成一個公式如下：

$$P(偶數 \mid 紅球)=\frac{P(紅球 \mid 偶數)P(偶數)}{P(紅球)}=\frac{2/3 \times 3/6}{5/6}=\frac{2}{5}$$

→代入A、B改寫成通用公式。

貝氏定理

$$P(A|B)=\frac{P(B|A) \cdot P(A)}{P(B)}$$

由貝葉斯（Thomas Bayes）發現的這個平凡無奇的公式，竟然是 萬能公式！

乘法定理（multiplication theorem）… 在條件機率公式兩邊乘上事件A的機率，即可得到聯合機率。

貝氏定理（Bayes'theorem）… 自條件機率和乘法定理得出P(A|B)={P(B|A)P(A)}/P(B)。

11 | 3

由結果回溯原因

～事後機率～

貝氏統計學的特徵就是自觀察到的資料回溯過去，估計造成這些結果的原因的機率。

▶▶▶ 事後機率

- 貝氏統計學運用貝氏定理，自結果（資料）求原因（假設）的機率，公式中的各個機率都有固定的名稱，說明如下。此外，在此將貝氏定理的A視為原因，B視為結果。

$$P(\text{原因}A \mid \text{結果}B) = \frac{P(\text{結果}B \mid \text{原因}A) \cdot P(\text{原因}A)}{P(\text{結果}B)}$$

概似 → $P(\text{結果}B \mid \text{原因}A)$；事前機率 → $P(\text{原因}A)$；事後機率 → $P(\text{原因}A \mid \text{結果}B)$；全機率 → $P(\text{結果}B)$

- 貝氏定理左邊的P（原因A | 結果B）是指「觀察到B結果時，原因為A的機率」，被稱為事後機率（和時間順序相反，所以也有人稱之為逆機率〔Inverse Probability〕。
- 估計此事後機率就是貝氏統計學的目的。

$$P(\text{原因}A \mid \text{結果}B)$$

⟵ 和時間順序相反！

▶▶▶ 事前機率

- P（原因A）稱為事前機率，也就是用機率表現「在尚未觀察到結果B的階段，相信A就是原因的程度」（主觀機率）。

  在此可採用知識、經驗等各種相關資訊。

$$P(\text{原因}A)$$

事後機率（posterior probability）… 觀察到B結果時，原因為A的機率，指貝氏定理的左邊。
事前機率（prior probability）… 在尚未觀察到結果B的階段，相信A就是原因的程度的機率。

概似

- P（結果B｜原因A）是表示「原因為A時，相信結果會觀察到B資料的程度」的主觀機率。
- 惟因為已經有結果了，所以不用機率，而是使用概似的名詞，表示結果B的原因最可能是A。

P（結果B｜原因A）

全機率

- P（結果B）稱為全機率，也就是「結果觀察到B資料的機率」。
- 必須注意的是有複數原因時，全機率是每個原因的機率總和。

例如原因為A_1和A_2時

如果是疾病的例子，可能就是
A_1：生病、
A_2：未生病　等

$$P(B) = P(B|A_1) \cdot P(A_1) + P(B|A_2) \cdot P(A_2)$$

A_1和A_2指的是在各自的原因下觀察到B的機率

有關分配的貝氏定理（應用篇）

- 資料為連續值時，也可以用機率分配來表示貝氏定理。
- 以參數（母數）為θ，觀察到的資料為x，結果如下所示。
- 不同於傳統頻率論統計學，必須注意參數分配的點。

相似率　事前分配

$$f(\theta|x) = \frac{f(x|\theta) \cdot f(\theta)}{f(x)} \propto \text{相似率、事前分配}$$

$f(\theta|x)$：事後分配

$f(x)$：常態化常數

保證分母面積為1，
因此可以簡化（表示∝成正比）

概似（貝氏統計學，likelihood）… 原因為A時，結果觀察到B的最可能程度。
全機率（total probability）… 結果觀察到B資料的機率。有複數原因時則為各原因的機率總和。

練習

某40多歲的美國女性接受乳房攝影（Mammography）定期健康檢查，一週後收到「需要複檢」的通知。這位女性得乳癌的機率是多少？

解答

這是很有名的貝氏統計學分析案例。

以下根據*The Theory That Would Not Die: How Bayes' Rule Cracked the Enigma Code, Hunted Down Russian Submarines, and Emerged Triumphant from Two Centuries of Controversy*（Sharon Bertsch McGrayne著, Yale University Press），介紹估計必要的資料。只要把資料代入貝氏定理公式，就可估計事後機率（陽性結果是肇因於乳癌的機率）。

貝氏估計的公式

$$\text{事後機率} = \frac{\text{概似} \cdot \text{事前機率}}{\text{全機率}}$$

健檢出現陽性的女性得乳癌的機率（未知）

不懂貝氏估計，就會被這個高百分比嚇到

概似（乳癌患者的乳房攝影結果出現陽性的機率）: 80%
事前機率（所有受診者中乳癌患者的機率）: 0.4%
出現陽性的全機率（乳癌患者且陽性的機率 0.32%
+非乳癌患者陽性的機率[註] 9.96%）

過去調查已知的資訊

註：「非乳癌」（偽陽性）也是原因之一

答案：$\dfrac{0.8 \times 0.004}{0.0032 + 0.0996} = 0.031$

也就是即使定期健檢結果是陽性，實際得到乳癌的機率（事後機率）也只有3.1%

但這並不是說可以不去複檢哦

偽陽性（false positive）··· 原本是陰性卻被判定為陽性的機率。貝氏估計的全機率也包含此機率。

2009年11月美國預防醫學工作小組（U.S. Preventive Services Task Force, USPSTF）發表「『不建議（Grade C）』40歲以上女性定期接受乳房攝影檢查」的建議，震撼業界。原因是因為偽陽性機率過高（9.96%），導致不必要的複檢和治療成本，已經大於乳癌死亡率的減少效果。然而想當然耳，過去不遺餘力推動定期健檢的美國癌症協會等大為反彈，「如果照做，乳癌死亡率勢必提高！」雙方現仍爭論不休（之後2015年USPSTF的建議內容已修正，採用較溫和的表現，然而判斷仍維持「Grade C」……）。

而日本因為停經前的乳癌風險比歐美人高，現仍建議40歲以上女性每二年接受一次乳房攝影健康檢查。不過，日本乳癌檢診學會承認USPSTF的建議「就科學根據來看，為大致合宜的建議」，也表示視今後調查研究結果，有可能變更日本對乳癌健檢的建議程度。

另外類似的爭論，還有健康檢查的自費選項中著名的各種腫瘤標記。的確收到「需要複檢」的通知，一直到出現「無異常」的結果為止，每個人腦中大都只會想到最壞狀況，承受極大的精神壓力。話雖如此，早期發現早期治療的確是疾病治療的金科玉律，所以健檢前請先了解本章學習的內容，亦即「就算收到需要複檢的通知，事實上真的罹病的機率也很低」，再接受健康檢查吧。

11 4

用新資料更為正確

～貝氏修正～

貝氏統計學的另一個特徵就是「貝氏修正」，也就是每次觀察到新資料，就要逐次導入重新估計，以求出更正確的事後機率。

貝氏修正的架構

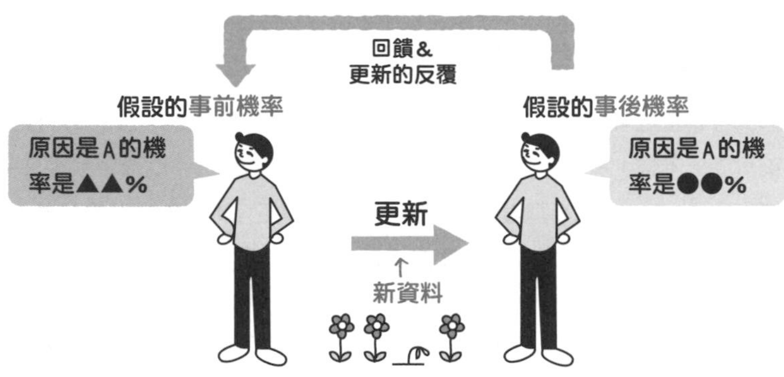

● 貝氏修正就是當有新資料（結果）時，就把估計到的事後機率當成新的事前機率，再次估計。當然，如果沒有新資料，就不用再估計。

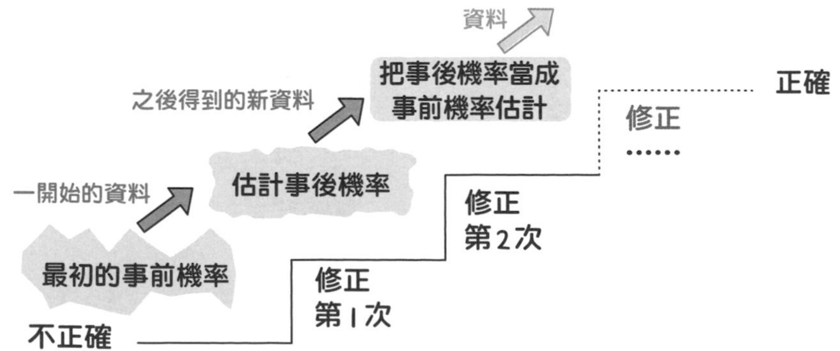

貝氏修正（Bayesian update）… 每次取得新資料，就逐次導入重新估計，以提高事後機率的精確度。垃圾郵件的判定（貝氏過濾法）就是最有名的應用事例。

事例：垃圾郵件判定：貝氏過濾法

判斷是否為垃圾郵件，就運用了貝氏修正的方法。一開始可能會有必要的郵件被判斷成垃圾郵件，被丟入垃圾郵件夾，但用得愈久錯誤率就會愈來愈低，這是因為判定時運用貝氏修正的方法，所以判斷正確率也愈來愈高。

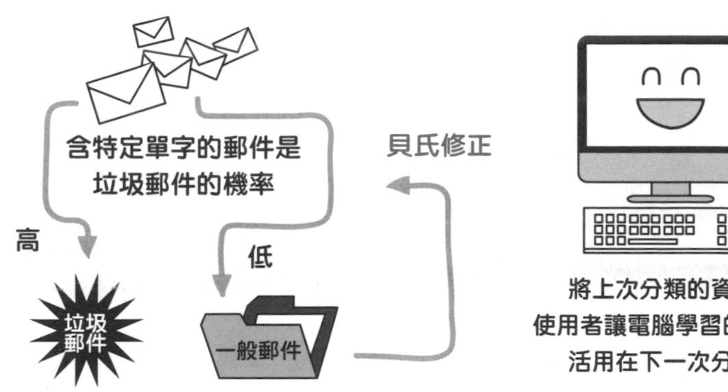

貝氏定理之父托馬斯・貝葉斯是英國長老派牧師，因為興趣學了數學。當時某哲學家提出「創造出我們的信念與習慣（結果）的不是神，而是經驗（原因）」的想法，完全和當時的基督教背道而馳，讓貝葉斯深受衝擊。因此，貝葉斯開始認真思考是否可用數學的力量，闡明由結果回溯原因的機率。終於在1740年代後半期，提出貝氏定理的原型，也就是「先以經驗的數值為原因機率，當取得客觀資料時再修正數值即可」。

11 | 5

大數據分析①

～何謂大數據～

大數據也就是由各式各樣的資訊來源蒐集到的大容量資料，以機械性方式蒐集，隨時更新。

資料的形式也很多元（文字、動畫、影像等）。

特徵就是3「V」（Volume：大容量，Velocity：即時性，Variety：多樣性）。

大數據
Volume：大容量

上傳

Velocity：即時性

資料來源
Variety：多樣性

存取

下載

分析者

GPS、GIS等感測器資訊

網路搜尋結果

Google

SNS

POS資訊

智慧電錶

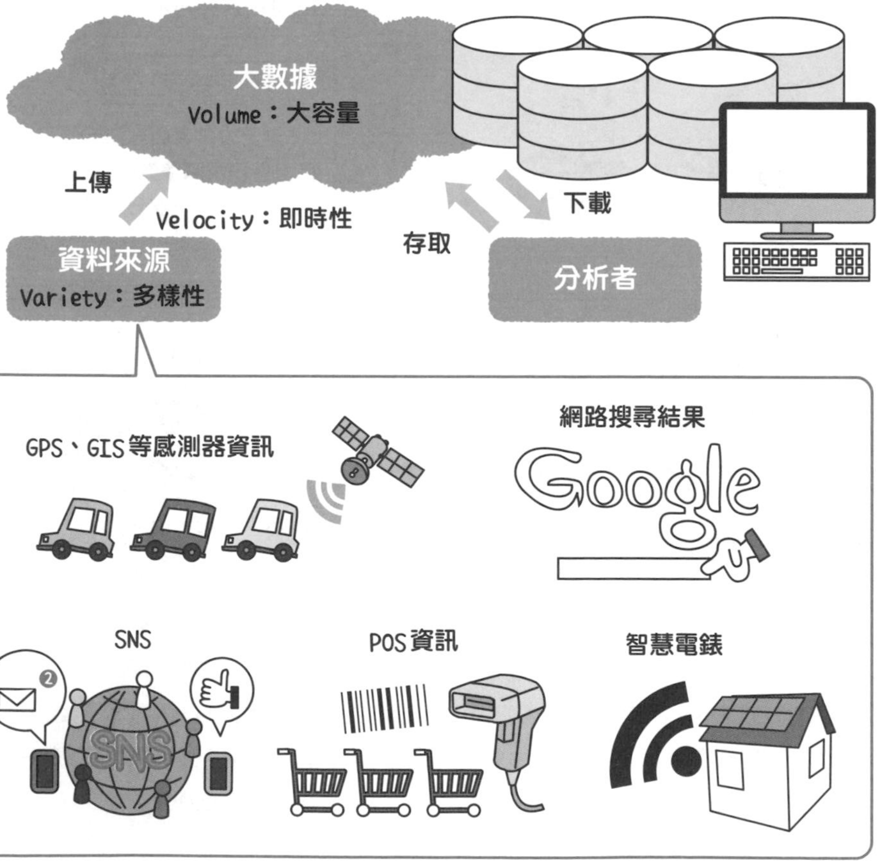

大數據（big data）… 係指隨著網際網路與IT技術發達而產生的龐大資料、架構。除了容量大之外，大數據還有資料更新速度快、種類多的特徵。

▶▶▶ 樣本資料與大數據

- 官方統計和問卷調查是抽樣的資料。
- 分析結果的正確程度，則以迴歸分析和假設檢定來判斷。

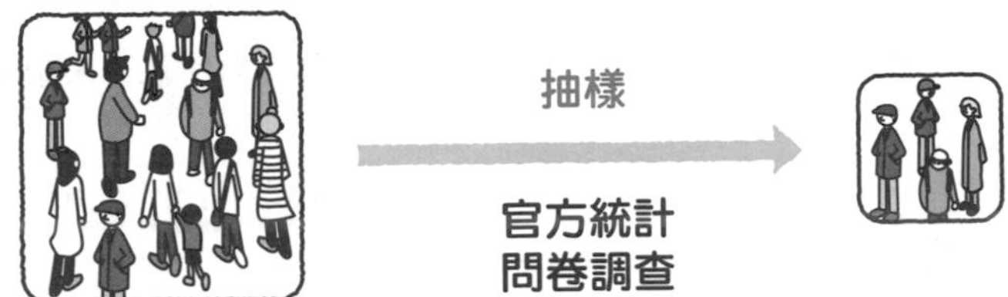

- 大數據一般是包含所有分析對象的相關資訊（全數調查）。例如某家店的POS資料，就包含了該店銷售的所有商品的銷售記錄。
- 全數調查的資料不需要假設檢定。

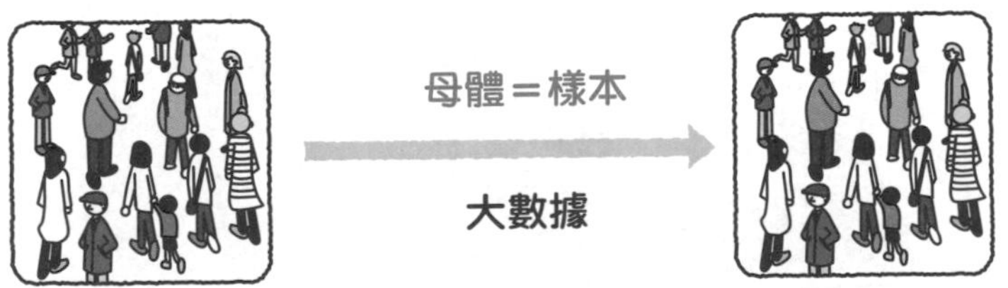

- 大數據的資料量豐富，可分割後使用。

  例如，也可以輕鬆做成建構模式及驗證用的樣本，以實際資料驗證預測的精確度。

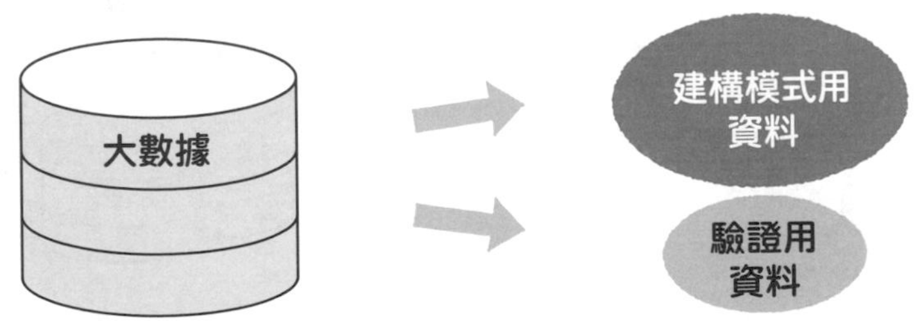

資料多樣性（variety of data）… 大數據中不只包含傳統結構化資料（數值和文字等），也包含聲音和動畫等非結構化資料，以及XML等半結構化資料。

大數據分析②

～關聯分析～

抽出某事件發生後，發生另一事件的原則（規則），找出應注意關鍵的方法。適用於分析大規模的資料組。

利用POS系統（Point of Sale System）交易的資料（transaction data），就可以知道同時購買的可能性較高的商品組合。

這是找出關聯性（相關關係）的方法，不會知道因果關係。

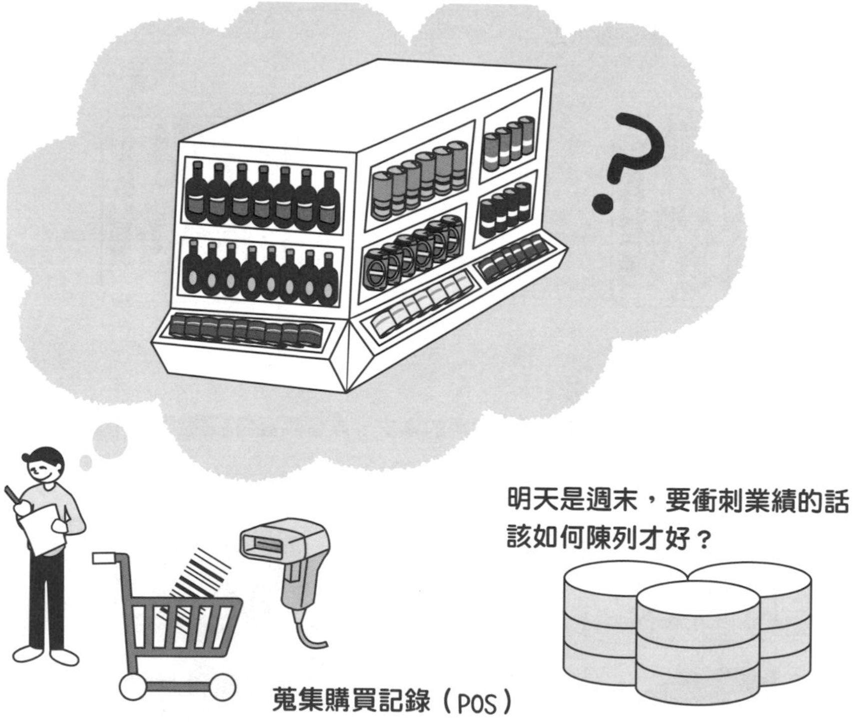

明天是週末，要衝刺業績的話
該如何陳列才好？
蒐集購買記錄（POS）

關聯分析（association analysis）⋯ 行銷所需的資料探勘方法。目的是找出消費者會一起購買的商品，將相關商品陳列在鄰近位置，以帶動銷售。也稱為購物籃分析。

▶▶▶交易資料的關聯性

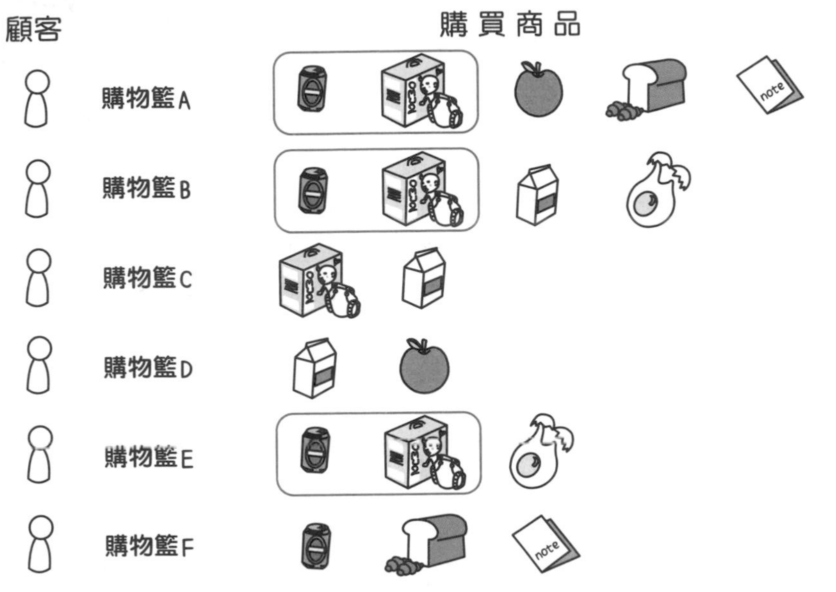

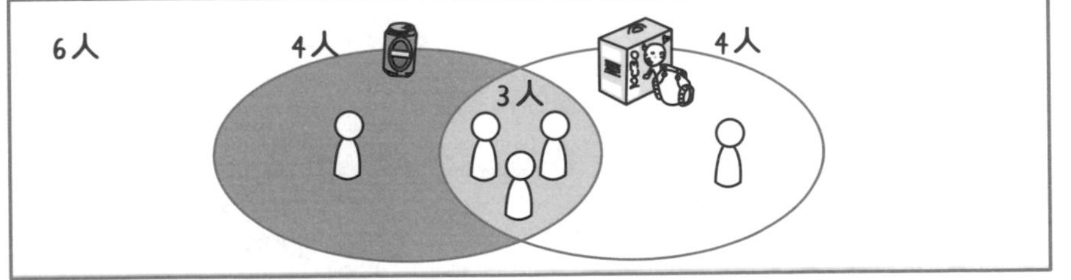

週末啤酒和下酒小菜的組合好像賣得很好。雖然不清楚是為什麼，但有可能是週末爸爸比較會去購物的影響。

交易資料（transaction data）••• 和顧客之間的交易（transaction）記錄，包含何時、賣給誰、賣了幾個什麼商品，收了多少錢等。POS資料是最有名的交易資料。

大數據分析③

～趨勢預測和 SNS 分析～

Yahoo! 和 Google 等搜尋記錄，以及 Facebook 和 Twitter 等 SNS 的資料，也是行銷的重要資訊。

關鍵字被搜尋的次數稱為搜尋量（Search Volume）。

比較一定期間內的搜尋量、按國家地區統計搜尋量，即可得知最近的趨勢。

利用搜尋量這項資訊，可以提升營業額、旅客數量、住宅銷售戶數、住宅價格等預測精確度。

▶▶▶ 將現在的趨勢反映在預測中

- 傳統的預測模式只依賴過去的資料來預測將來。因此無法因應驟然的狀況變化。
- 而網際網路的搜尋量和 SNS 的資料等大數據，可以敏銳地反映現在的趨勢，利用這些資訊可提高預測模式的精確度。

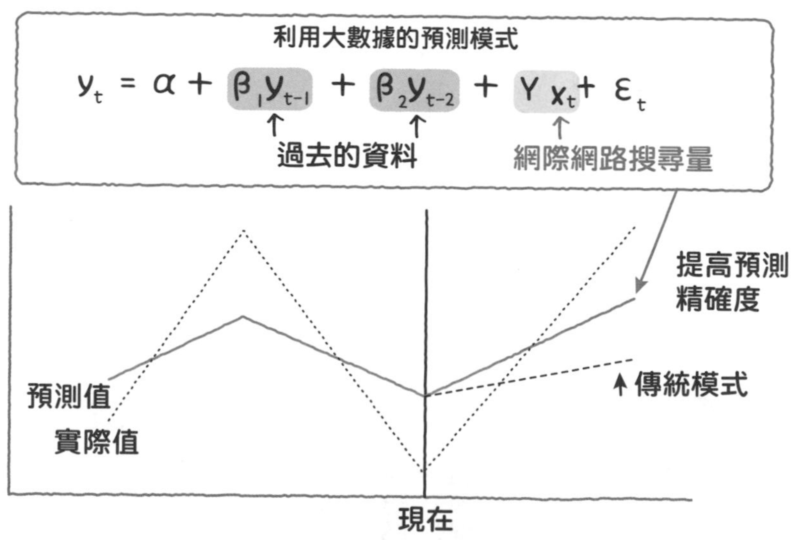

趨勢預測（trend prediction）⋯ 根據統計模式預測趨勢（trend）。利用網際網路的搜尋和 SNS 資料，預測可更為正確。例如用 Google 預測流感的流行等。

由SNS資料掌握流行

- 以文字採礦（text mining）（找出文字資料中的特徵和趨勢的方法）方法分析SNS的發文，就是可以知道話題的變遷、分析對象說話的前後關係。

分析有關新產品A的話題變遷

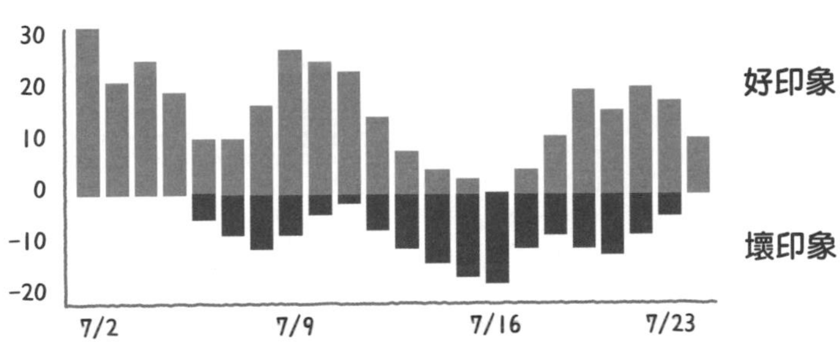

由行為分析到特定災區

- SNS的資訊加上位置資訊，就可以掌握觀光客的行為和喜好、特定受災地區。

分析地區擴散程度

SNS資料具有壓倒性的資訊量和即時性，但並非萬能。SNS使用者並非國民代表，處理雜訊（文意不明的評論）也是高難度的作業。要認清SNS資料的本質，就必須充分理解資料特質，並具備強大的分析能力。

SNS分析（social media analytics）…SNS資料的分析不像傳統的問卷調查法，容易受到問題內容的左右，也可能掌握到消費者難以啟齒的內心話。

$$\frac{|\hat{p}_1 - \hat{p}_2|}{\sqrt{\hat{p}(1-\hat{p})\left(\frac{1}{n_1}+\frac{1}{n_2}\right)}}$$

附錄A

R的安裝和使用方法

統計軟體 R

註：本軟體為免費軟體，書中提供圖片為日文介面，讀者可自行上網下載，更換語言設定。

這是奧克蘭大學研究人員所寫的統計軟體。
因為可免費使用，廣受全球研究人員和學生使用。
而「軟體套件」則是R的函數彙整，可視需要讀取到R中。
也有許多相關圖書與網頁，非常適合自學。
然而，因為必須用文字輸入指令，要上手可能要花一點時間。

下載R

1. 啟動Microsoft Edge、Internet Explorer、Fire Fox等網頁瀏覽器，在位址列輸入https://cran.ism.ac.jp/。

The Comprehensive R Archive Netw
https://cran.ism.ac.jp
輸入

2. 在如右圖的畫面中，點選您的OS適用的版本。(在此以點選"Download R for Windows"為例說明。)

Download and Install R
Precompiled binary distributions of the base system an
• Download R for Linux
• Download R for (Mac) OS X
• Download R for Windows
點選
R is part of many Linux distributions, you should check
Source Code for all Platforms

3. 出現如右圖的畫面，請點選"base"。

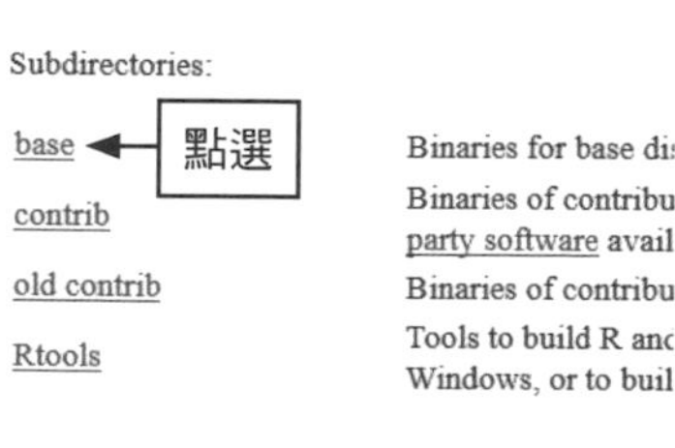

4. 接著出現如右圖的畫面，請點選"Download R *.*.* for windows"。(*.*.*的部分是R的版本資訊。請下載最新版本。)

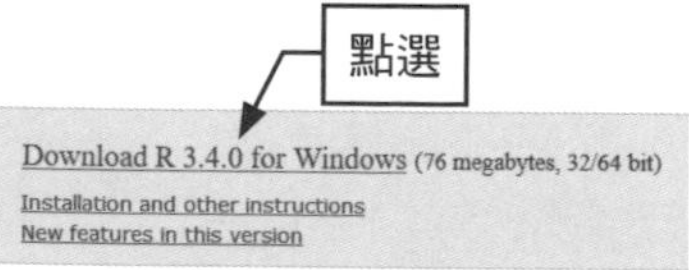

安裝R

1. 下載後會出現R-*.*.*-win.exe檔案，請執行此檔（雙擊圖示）。（*.*.*的部分是R的版本資訊。）

2. 選擇安裝使用語言後，就會進入安裝畫面。
   之後點選「下一步」，執行安裝步驟。

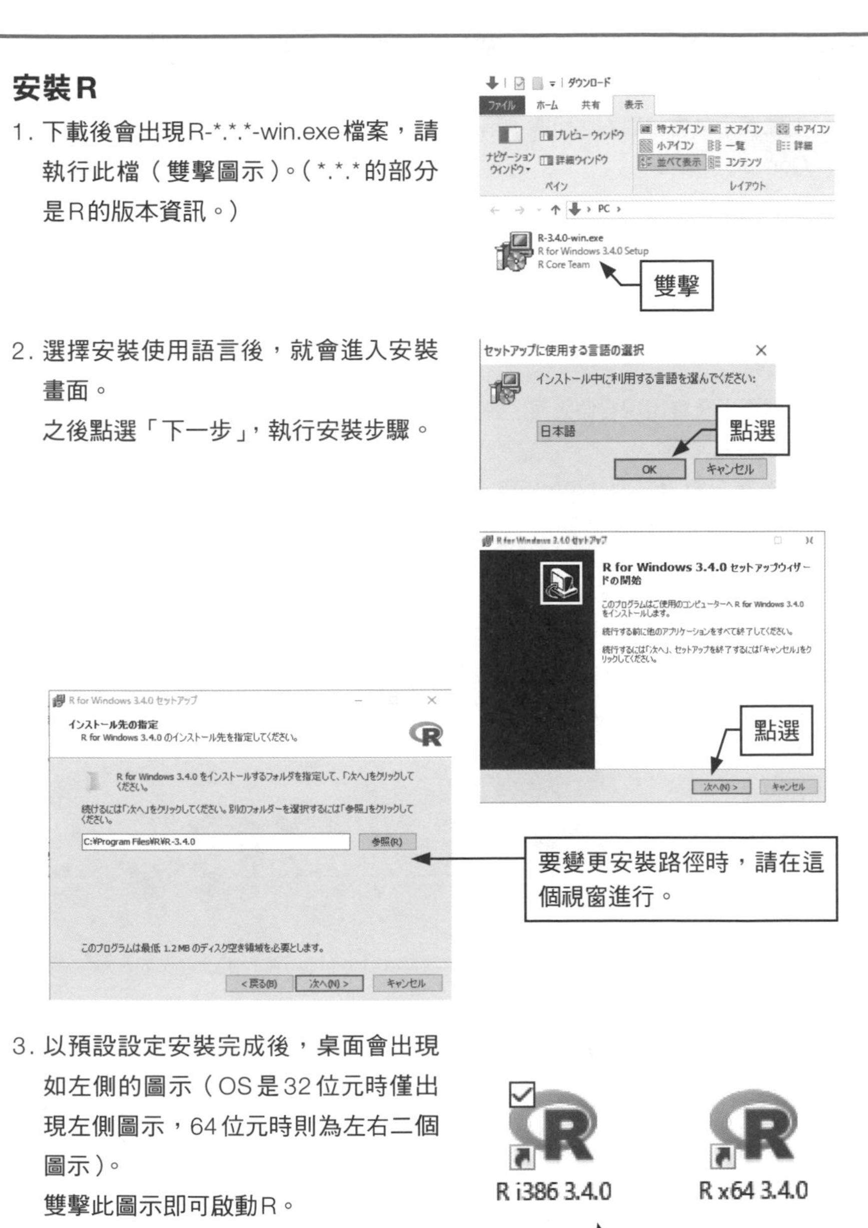

3. 以預設設定安裝完成後，桌面會出現如左側的圖示（OS是32位元時僅出現左側圖示，64位元時則為左右二個圖示）。
   雙擊此圖示即可啟動R。

啟動R

1. 雙擊圖示後會出現右側視窗，稱為「R Console」視窗。

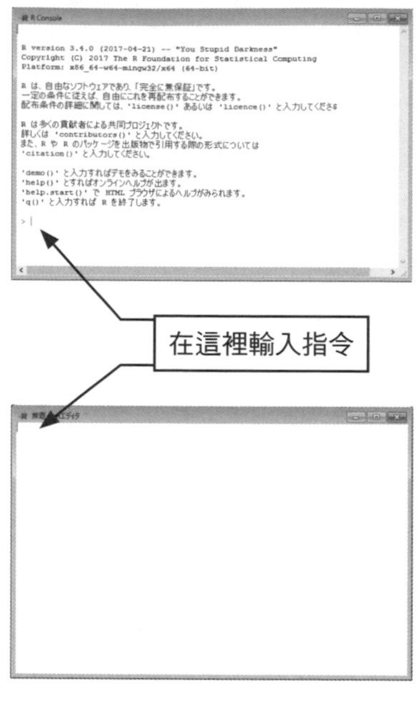

啟動R

1. 雙擊圖示後會出現右側視窗，稱為「R Console」視窗。
   使用者可以在「R Console」視窗中「>」之後輸入R指令，然後按「Enter」鍵執行，或用「R Editor」輸入一連串指令後再執行。
   要啟動「R Editor」，請在選單的「檔案」選擇「new script」。事先儲存script（腳本，寫好R指令的檔案），方便下次分析時使用。

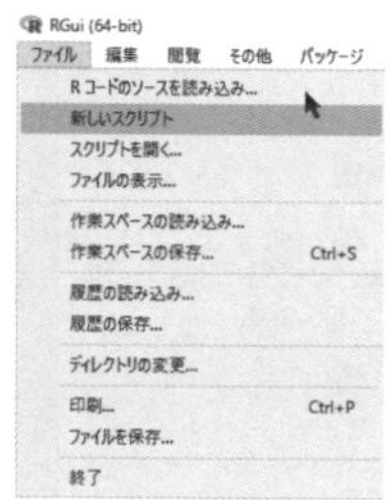

編製資料檔（Excel）

1. R可以讀取各種資料檔，最基本的是CSV檔。CSV檔可以用Excel等軟體編製，將檔案種類變更為CSV後儲存即可。

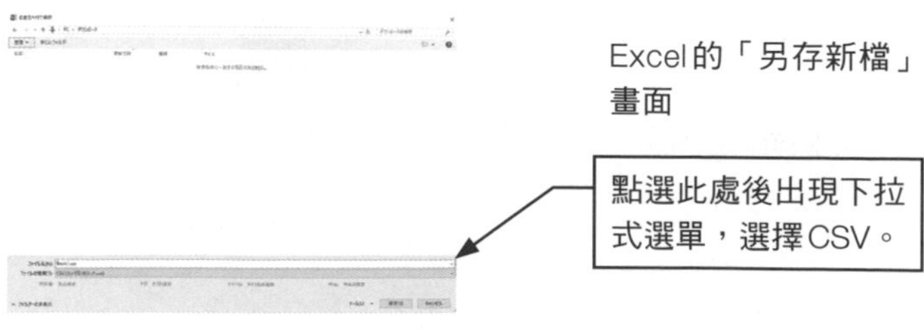

Excel的「另存新檔」畫面
點選此處後出現下拉式選單，選擇CSV。

讀取資料檔

1. 使用「read.csv」指令。

   使用「R Editor」時，輸入指令後將游標放在該行，同時按下「Ctrl」鍵和「R」鍵。

檔案框架名。R將檔案儲存在檔案框架內。請自由命名。本文使用sdata等名稱。

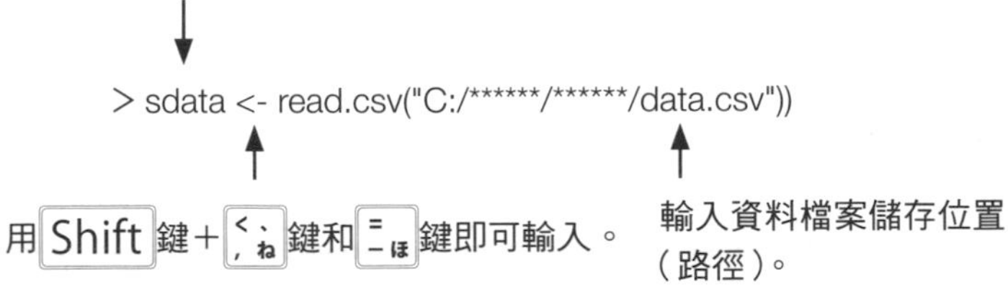

要取得檔案路徑，可在檔案總管中選擇要讀取的檔案（CSV檔），點選功能區中「常用」頁籤內的「複製路徑」。

點選後即完成複製，請在指令行貼上路徑。此外請將\（反斜線）變更為/（斜線）。

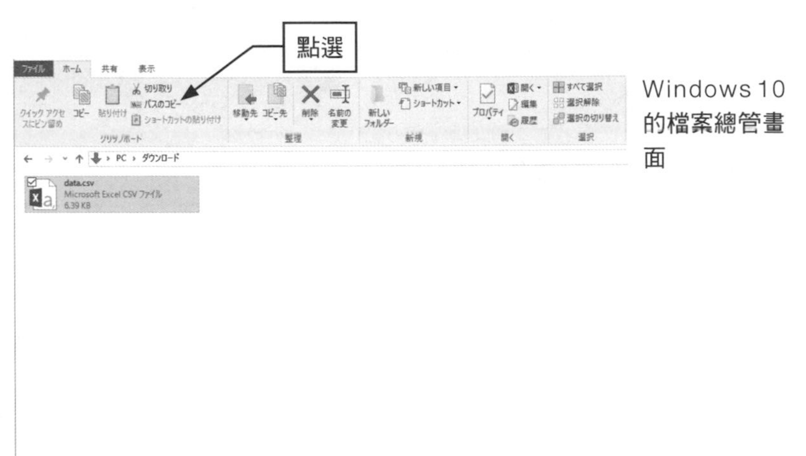

Windows 10的檔案總管畫面

安裝軟體套件

1. 首次使用前請先下載軟體套件，安裝到R。

   下載時要先指定下載來源。請自選單中的「軟體套件」選擇「設定CRAN Mirror Site」。

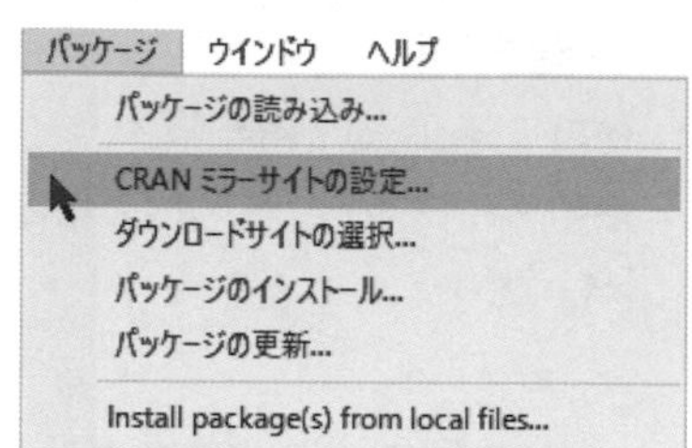

2. 出現右側視窗後，請選擇「Japan(Tokyo)」。

Secure CRAN mirrors

0-Cloud [https]
Algeria [https]
Australia (Canberra) [https]
Australia (Melbourne) [https]
Australia (Perth) [https]
Austria [https]
Italy (Padua) [https]
Japan (Tokyo) [https]
Malaysia [https]

3. 自選單中的「軟體套件」選擇「安裝軟體套件」。

パッケージ　ウインドウ　ヘルプ

パッケージの読み込み...
CRAN ミラーサイトの設定...
ダウンロードサイトの選択...
パッケージのインストール...
パッケージの更新...
Install package(s) from local files...

4. 出現如右畫面後，請選擇要安裝的軟體套件。

   要在R中使用安裝好的軟體套件，可在R Console中輸入>library(survival)，或是在R Editor（Script）輸入。

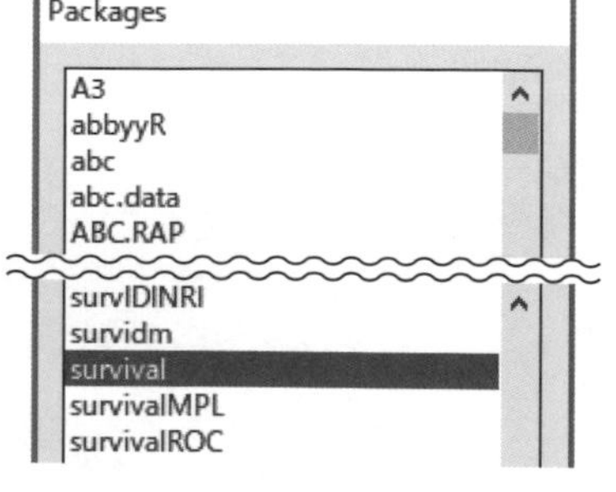

附錄B

統計數值表（分配表）、直交表、希臘文字

1　標準常態（z）分配表（右尾機率）
2　t 分配表（右尾機率）
3　χ^2分配表（右尾機率）
4－1　F 分配表（右尾機率５％）
4－2　F 分配表（右尾機率２.５％）
5　Student化全距（q）分配表（右尾機率５％）
6　曼恩－惠尼U檢定表（雙尾機率５％和１％）
7　符號檢定所需之機率1/2的二項分配表（左尾機率）
8　魏克生符號檢定表
9　K–W檢定表（３組和４組）
10　弗里曼檢定表（３組和４組）
11－1　直交表（２水準要因）
11－2　直交表續（３水準要因）
11－3　直交表續（混合）
12　希臘文字

1　標準常態（z）分配表（右尾機率）

註：表中數字表示標準常態分配的右尾機率。表側為z值的小數點第1位，表頭為第2位。例如z值為1.96的右尾（單邊）機率，就是1.9的列和0.06的行交會處的0.025（2.5%，灰色網底）。

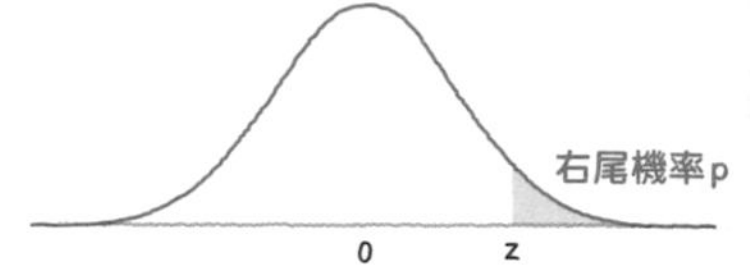

z	0.00	0.01	0.02	0.03	0.04	0.05	0.06	0.07	0.08	0.09
0.0	0.5000	0.4960	0.4920	0.4880	0.4840	0.4801	0.4761	0.4721	0.4681	0.4641
0.1	0.4602	0.4562	0.4522	0.4483	0.4443	0.4404	0.4364	0.4325	0.4286	0.4247
0.2	0.4207	0.4168	0.4129	0.4090	0.4052	0.4013	0.3974	0.3936	0.3897	0.3859
0.3	0.3821	0.3783	0.3745	0.3707	0.3669	0.3632	0.3594	0.3557	0.3520	0.3483
0.4	0.3446	0.3409	0.3372	0.3336	0.3300	0.3264	0.3228	0.3192	0.3156	0.3121
0.5	0.3085	0.3050	0.3015	0.2981	0.2946	0.2912	0.2877	0.2843	0.2810	0.2776
0.6	0.2743	0.2709	0.2676	0.2643	0.2611	0.2578	0.2546	0.2514	0.2483	0.2451
0.7	0.2420	0.2389	0.2358	0.2327	0.2296	0.2266	0.2236	0.2206	0.2177	0.2148
0.8	0.2119	0.2090	0.2061	0.2033	0.2005	0.1977	0.1949	0.1922	0.1894	0.1867
0.9	0.1841	0.1814	0.1788	0.1762	0.1736	0.1711	0.1685	0.1660	0.1635	0.1611
1.0	0.1587	0.1562	0.1539	0.1515	0.1492	0.1469	0.1446	0.1423	0.1401	0.1379
1.1	0.1357	0.1335	0.1314	0.1292	0.1271	0.1251	0.1230	0.1210	0.1190	0.1170
1.2	0.1151	0.1131	0.1112	0.1093	0.1075	0.1056	0.1038	0.1020	0.1003	0.0985
1.3	0.0968	0.0951	0.0934	0.0918	0.0901	0.0885	0.0869	0.0853	0.0838	0.0823
1.4	0.0808	0.0793	0.0778	0.0764	0.0749	0.0735	0.0721	0.0708	0.0694	0.0681
1.5	0.0668	0.0655	0.0643	0.0630	0.0618	0.0606	0.0594	0.0582	0.0571	0.0559
1.6	0.0548	0.0537	0.0526	0.0516	0.0505	0.0495	0.0485	0.0475	0.0465	0.0455
1.7	0.0446	0.0436	0.0427	0.0418	0.0409	0.0401	0.0392	0.0384	0.0375	0.0367
1.8	0.0359	0.0351	0.0344	0.0336	0.0329	0.0322	0.0314	0.0307	0.0301	0.0294
1.9	0.0287	0.0281	0.0274	0.0268	0.0262	0.0256	0.0250	0.0244	0.0239	0.0233
2.0	0.0228	0.0222	0.0217	0.0212	0.0207	0.0202	0.0197	0.0192	0.0188	0.0183
2.1	0.0179	0.0174	0.0170	0.0166	0.0162	0.0158	0.0154	0.0150	0.0146	0.0143
2.2	0.0139	0.0136	0.0132	0.0129	0.0125	0.0122	0.0119	0.0116	0.0113	0.0110
2.3	0.0107	0.0104	0.0102	0.0099	0.0096	0.0094	0.0091	0.0089	0.0087	0.0084
2.4	0.0082	0.0080	0.0078	0.0075	0.0073	0.0071	0.0069	0.0068	0.0066	0.0064
2.5	0.0062	0.0060	0.0059	0.0057	0.0055	0.0054	0.0052	0.0051	0.0049	0.0048
2.6	0.0047	0.0045	0.0044	0.0043	0.0041	0.0040	0.0039	0.0038	0.0037	0.0036
2.7	0.0035	0.0034	0.0033	0.0032	0.0031	0.0030	0.0029	0.0028	0.0027	0.0026
2.8	0.0026	0.0025	0.0024	0.0023	0.0023	0.0022	0.0021	0.0021	0.0020	0.0019
2.9	0.0019	0.0018	0.0018	0.0017	0.0016	0.0016	0.0015	0.0015	0.0014	0.0014
3.0	0.0013	0.0013	0.0013	0.0012	0.0012	0.0011	0.0011	0.0011	0.0010	0.0010
3.1	0.0010	0.0009	0.0009	0.0009	0.0008	0.0008	0.0008	0.0008	0.0007	0.0007
3.2	0.0007	0.0007	0.0006	0.0006	0.0006	0.0006	0.0006	0.0005	0.0005	0.0005
3.3	0.0005	0.0005	0.0005	0.0004	0.0004	0.0004	0.0004	0.0004	0.0004	0.0003
3.4	0.0003	0.0003	0.0003	0.0003	0.0003	0.0003	0.0003	0.0003	0.0003	0.0002
3.5	0.0002	0.0002	0.0002	0.0002	0.0002	0.0002	0.0002	0.0002	0.0002	0.0002
3.6	0.0002	0.0002	0.0001	0.0001	0.0001	0.0001	0.0001	0.0001	0.0001	0.0001
3.7	0.0001	0.0001	0.0001	0.0001	0.0001	0.0001	0.0001	0.0001	0.0001	0.0001
3.8	0.0001	0.0001	0.0001	0.0001	0.0001	0.0001	0.0001	0.0001	0.0001	0.0001
3.9	0.0000	0.0000	0.0000	0.0000	0.0000	0.0000	0.0000	0.0000	0.0000	0.0000

（著者作表）

2　t分配表（右尾機率）

註：和標準常態分配表分不同，表中數字是t值。此外，ν（Nu）表示自由度。例如右尾機率2.5%（0.025），自由度為10時，t值為2.228。最常用的雙邊5%的行以灰色網底標示。

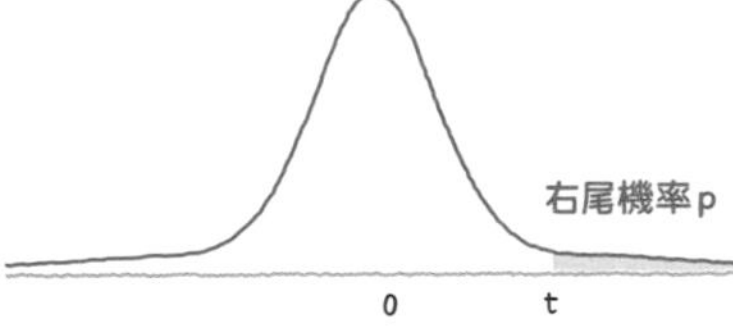

ν \ p	0.100	0.050	0.025	0.010	0.005	0.001
1	3.078	6.314	12.706	31.821	63.657	318.309
2	1.886	2.920	4.303	6.965	9.925	22.327
3	1.638	2.353	3.182	4.541	5.841	10.215
4	1.533	2.132	2.776	3.747	4.604	7.173
5	1.476	2.015	2.571	3.365	4.032	5.893
6	1.440	1.943	2.447	3.143	3.707	5.208
7	1.415	1.895	2.365	2.998	3.499	4.785
8	1.397	1.860	2.306	2.896	3.355	4.501
9	1.383	1.833	2.262	2.821	3.250	4.297
10	1.372	1.812	2.228	2.764	3.169	4.144
11	1.363	1.796	2.201	2.718	3.106	4.025
12	1.356	1.782	2.179	2.681	3.055	3.930
13	1.350	1.771	2.160	2.650	3.012	3.852
14	1.345	1.761	2.145	2.624	2.977	3.787
15	1.341	1.753	2.131	2.602	2.947	3.733
16	1.337	1.746	2.120	2.583	2.921	3.686
17	1.333	1.740	2.110	2.567	2.898	3.646
18	1.330	1.734	2.101	2.552	2.878	3.610
19	1.328	1.729	2.093	2.539	2.861	3.579
20	1.325	1.725	2.086	2.528	2.845	3.552
21	1.323	1.721	2.080	2.518	2.831	3.527
22	1.321	1.717	2.074	2.508	2.819	3.505
23	1.319	1.714	2.069	2.500	2.807	3.485
24	1.318	1.711	2.064	2.492	2.797	3.467
25	1.316	1.708	2.060	2.485	2.787	3.450
26	1.315	1.706	2.056	2.479	2.779	3.435
27	1.314	1.703	2.052	2.473	2.771	3.421
28	1.313	1.701	2.048	2.467	2.763	3.408
29	1.311	1.699	2.045	2.462	2.756	3.396
30	1.310	1.697	2.042	2.457	2.750	3.385
31	1.309	1.696	2.040	2.453	2.744	3.375
32	1.309	1.694	2.037	2.449	2.738	3.365
33	1.308	1.692	2.035	2.445	2.733	3.356
34	1.307	1.691	2.032	2.441	2.728	3.348
35	1.306	1.690	2.030	2.438	2.724	3.340
36	1.306	1.688	2.028	2.434	2.719	3.333
37	1.305	1.687	2.026	2.431	2.715	3.326
38	1.304	1.686	2.024	2.429	2.712	3.319
39	1.304	1.685	2.023	2.426	2.708	3.313
40	1.303	1.684	2.021	2.423	2.704	3.307

（著者作表）

3　χ²分配表（右尾機率）

註：和 t 分配一樣，表中數字是 χ² 值，ν 表示自由度。

獨立性檢定（4儲存格以外為右尾檢定）常用的右邊5%的行，以及母體變異數的區間估計（使用雙邊機率）常用的右邊2.5%、97.5%的行以灰色網底標示。

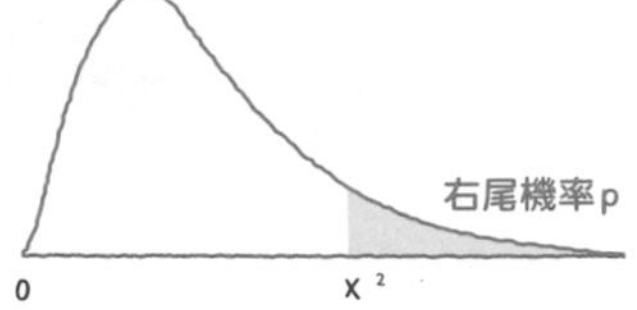

ν \ p	0.995	0.990	0.975	0.950	0.900	0.100	0.050	0.025	0.010	0.005
1	0.000	0.000	0.001	0.004	0.016	2.706	3.841	5.024	6.635	7.879
2	0.010	0.020	0.051	0.103	0.211	4.605	5.991	7.378	9.210	10.597
3	0.072	0.115	0.216	0.352	0.584	6.251	7.815	9.348	11.345	12.838
4	0.207	0.297	0.484	0.711	1.064	7.779	9.488	11.143	13.277	14.860
5	0.412	0.554	0.831	1.145	1.610	9.236	11.070	12.833	15.086	16.750
6	0.676	0.872	1.237	1.635	2.204	10.645	12.592	14.449	16.812	18.548
7	0.989	1.239	1.690	2.167	2.833	12.017	14.067	16.013	18.475	20.278
8	1.344	1.646	2.180	2.733	3.490	13.362	15.507	17.535	20.090	21.955
9	1.735	2.088	2.700	3.325	4.168	14.684	16.919	19.023	21.666	23.589
10	2.156	2.558	3.247	3.940	4.865	15.987	18.307	20.483	23.209	25.188
11	2.603	3.053	3.816	4.575	5.578	17.275	19.675	21.920	24.725	26.757
12	3.074	3.571	4.404	5.226	6.304	18.549	21.026	23.337	26.217	28.300
13	3.565	4.107	5.009	5.892	7.042	19.812	22.362	24.736	27.688	29.819
14	4.075	4.660	5.629	6.571	7.790	21.064	23.685	26.119	29.141	31.319
15	4.601	5.229	6.262	7.261	8.547	22.307	24.996	27.488	30.578	32.801
16	5.142	5.812	6.908	7.962	9.312	23.542	26.296	28.845	32.000	34.267
17	5.697	6.408	7.564	8.672	10.085	24.769	27.587	30.191	33.409	35.718
18	6.265	7.015	8.231	9.390	10.865	25.989	28.869	31.526	34.805	37.156
19	6.844	7.633	8.907	10.117	11.651	27.204	30.144	32.852	36.191	38.582
20	7.434	8.260	9.591	10.851	12.443	28.412	31.410	34.170	37.566	39.997
22	8.643	9.542	10.982	12.338	14.041	30.813	33.924	36.781	40.289	42.796
24	9.886	10.856	12.401	13.848	15.659	33.196	36.415	39.364	42.980	45.559
26	11.160	12.198	13.844	15.379	17.292	35.563	38.885	41.923	45.642	48.290
28	12.461	13.565	15.308	16.928	18.939	37.916	41.337	44.461	48.278	50.993
30	13.787	14.953	16.791	18.493	20.599	40.256	43.773	46.979	50.892	53.672
40	20.707	22.164	24.433	26.509	29.051	51.805	55.758	59.342	63.691	66.766
50	27.991	29.707	32.357	34.764	37.689	63.167	67.505	71.420	76.154	79.490
60	35.534	37.485	40.482	43.188	46.459	74.397	79.082	83.298	88.379	91.952
70	43.275	45.442	48.758	51.739	55.329	85.527	90.531	95.023	100.425	104.215
80	51.172	53.540	57.153	60.391	64.278	96.578	101.879	106.629	112.329	116.321
90	59.196	61.754	65.647	69.126	73.291	107.565	113.145	118.136	124.116	128.299
100	67.328	70.065	74.222	77.929	82.358	118.498	124.342	129.561	135.807	140.169
110	75.550	78.458	82.867	86.792	91.471	129.385	135.480	140.917	147.414	151.948
120	83.852	86.923	91.573	95.705	100.624	140.233	146.567	152.211	158.950	163.648

（著者作表）

4－1　F分配表（右尾機率5%）

註：表中數字表示右尾機率5%的F值。v_1為統計量F的分子自由度，v_2為分母自由度。此外，變異數分析為單邊（右尾）檢定，讀取顯著水準5%的臨界值時，只要直接使用本表數值即可（請小心軟體算出的p值通常表示雙邊機率）。

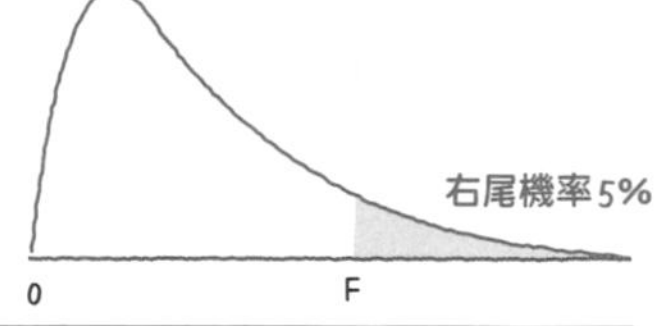

ν_2（分母自由度）	ν_1（分子自由度）											
	1	2	3	4	5	6	7	8	9	10	15	20
2	18.51	19.00	19.16	19.25	19.30	19.33	19.35	19.37	19.38	19.40	19.43	19.45
3	10.13	9.55	9.28	9.12	9.01	8.94	8.89	8.85	8.81	8.79	8.70	8.66
4	7.71	6.94	6.59	6.39	6.26	6.16	6.09	6.04	6.00	5.96	5.86	5.80
5	6.61	5.79	5.41	5.19	5.05	4.95	4.88	4.82	4.77	4.74	4.62	4.56
6	5.99	5.14	4.76	4.53	4.39	4.28	4.21	4.15	4.10	4.06	3.94	3.87
7	5.59	4.74	4.35	4.12	3.97	3.87	3.79	3.73	3.68	3.64	3.51	3.44
8	5.32	4.46	4.07	3.84	3.69	3.58	3.50	3.44	3.39	3.35	3.22	3.15
9	5.12	4.26	3.86	3.63	3.48	3.37	3.29	3.23	3.18	3.14	3.01	2.94
10	4.96	4.10	3.71	3.48	3.33	3.22	3.14	3.07	3.02	2.98	2.85	2.77
11	4.84	3.98	3.59	3.36	3.20	3.09	3.01	2.95	2.90	2.85	2.72	2.65
12	4.75	3.89	3.49	3.26	3.11	3.00	2.91	2.85	2.80	2.75	2.62	2.54
13	4.67	3.81	3.41	3.18	3.03	2.92	2.83	2.77	2.71	2.67	2.53	2.46
14	4.60	3.74	3.34	3.11	2.96	2.85	2.76	2.70	2.65	2.60	2.46	2.39
15	4.54	3.68	3.29	3.06	2.90	2.79	2.71	2.64	2.59	2.54	2.40	2.33
16	4.49	3.63	3.24	3.01	2.85	2.74	2.66	2.59	2.54	2.49	2.35	2.28
17	4.45	3.59	3.20	2.96	2.81	2.70	2.61	2.55	2.49	2.45	2.31	2.23
18	4.41	3.55	3.16	2.93	2.77	2.66	2.58	2.51	2.46	2.41	2.27	2.19
19	4.38	3.52	3.13	2.90	2.74	2.63	2.54	2.48	2.42	2.38	2.23	2.16
20	4.35	3.49	3.10	2.87	2.71	2.60	2.51	2.45	2.39	2.35	2.20	2.12
22	4.30	3.44	3.05	2.82	2.66	2.55	2.46	2.40	2.34	2.30	2.15	2.07
24	4.26	3.40	3.01	2.78	2.62	2.51	2.42	2.36	2.30	2.25	2.11	2.03
26	4.23	3.37	2.98	2.74	2.59	2.47	2.39	2.32	2.27	2.22	2.07	1.99
28	4.20	3.34	2.95	2.71	2.56	2.45	2.36	2.29	2.24	2.19	2.04	1.96
30	4.17	3.32	2.92	2.69	2.53	2.42	2.33	2.27	2.21	2.16	2.01	1.93
32	4.15	3.29	2.90	2.67	2.51	2.40	2.31	2.24	2.19	2.14	1.99	1.91
34	4.13	3.28	2.88	2.65	2.49	2.38	2.29	2.23	2.17	2.12	1.97	1.89
36	4.11	3.26	2.87	2.63	2.48	2.36	2.28	2.21	2.15	2.11	1.95	1.87
38	4.10	3.24	2.85	2.62	2.46	2.35	2.26	2.19	2.14	2.09	1.94	1.85
40	4.08	3.23	2.84	2.61	2.45	2.34	2.25	2.18	2.12	2.08	1.92	1.84
42	4.07	3.22	2.83	2.59	2.44	2.32	2.24	2.17	2.11	2.06	1.91	1.83
44	4.06	3.21	2.82	2.58	2.43	2.31	2.23	2.16	2.10	2.05	1.90	1.81
46	4.05	3.20	2.81	2.57	2.42	2.30	2.22	2.15	2.09	2.04	1.89	1.80
48	4.04	3.19	2.80	2.57	2.41	2.29	2.21	2.14	2.08	2.03	1.88	1.79
50	4.03	3.18	2.79	2.56	2.40	2.29	2.20	2.13	2.07	2.03	1.87	1.78
60	4.00	3.15	2.76	2.53	2.37	2.25	2.17	2.10	2.04	1.99	1.84	1.75
70	3.98	3.13	2.74	2.50	2.35	2.23	2.14	2.07	2.02	1.97	1.81	1.72
80	3.96	3.11	2.72	2.49	2.33	2.21	2.13	2.06	2.00	1.95	1.79	1.70
90	3.95	3.10	2.71	2.47	2.32	2.20	2.11	2.04	1.99	1.94	1.78	1.69
100	3.94	3.09	2.70	2.46	2.31	2.19	2.10	2.03	1.97	1.93	1.77	1.68

（著者作表）

4－2　F分配表（右尾機率2.5%）

註：一般來說，F值的分子數值通常大於分母數值，所以即使是變異數同質性檢定時，也只檢定單邊（右邊），不過使用雙邊顯著水準的臨界值，可預防檢定過於寬鬆。
因此，由本表讀取變異數同質性檢定中5%顯著水準臨界值。

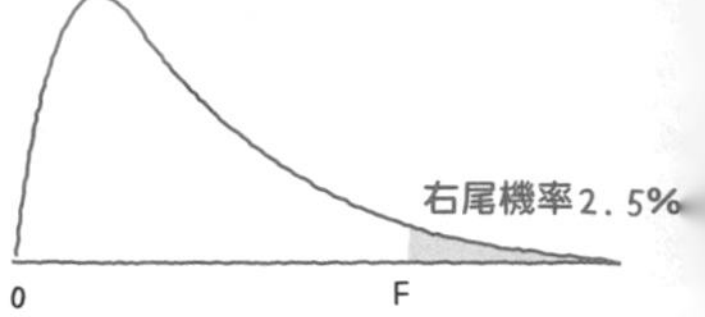

ν_2（分母自由度）	ν_1（分子自由度） 1	2	3	4	5	6	7	8	9	10	15	20
2	38.51	39.00	39.17	39.25	39.30	39.33	39.36	39.37	39.39	39.40	39.43	39.45
3	17.44	16.04	15.44	15.10	14.88	14.73	14.62	14.54	14.47	14.42	14.25	14.17
4	12.22	10.65	9.98	9.60	9.36	9.20	9.07	8.98	8.90	8.84	8.66	8.56
5	10.01	8.43	7.76	7.39	7.15	6.98	6.85	6.76	6.68	6.62	6.43	6.33
6	8.81	7.26	6.60	6.23	5.99	5.82	5.70	5.60	5.52	5.46	5.27	5.17
7	8.07	6.54	5.89	5.52	5.29	5.12	4.99	4.90	4.82	4.76	4.57	4.47
8	7.57	6.06	5.42	5.05	4.82	4.65	4.53	4.43	4.36	4.30	4.10	4.00
9	7.21	5.71	5.08	4.72	4.48	4.32	4.20	4.10	4.03	3.96	3.77	3.67
10	6.94	5.46	4.83	4.47	4.24	4.07	3.95	3.85	3.78	3.72	3.52	3.42
11	6.72	5.26	4.63	4.28	4.04	3.88	3.76	3.66	3.59	3.53	3.33	3.23
12	6.55	5.10	4.47	4.12	3.89	3.73	3.61	3.51	3.44	3.37	3.18	3.07
13	6.41	4.97	4.35	4.00	3.77	3.60	3.48	3.39	3.31	3.25	3.05	2.95
14	6.30	4.86	4.24	3.89	3.66	3.50	3.38	3.29	3.21	3.15	2.95	2.84
15	6.20	4.77	4.15	3.80	3.58	3.41	3.29	3.20	3.12	3.06	2.86	2.76
16	6.12	4.69	4.08	3.73	3.50	3.34	3.22	3.12	3.05	2.99	2.79	2.68
17	6.04	4.62	4.01	3.66	3.44	3.28	3.16	3.06	2.98	2.92	2.72	2.62
18	5.98	4.56	3.95	3.61	3.38	3.22	3.10	3.01	2.93	2.87	2.67	2.56
19	5.92	4.51	3.90	3.56	3.33	3.17	3.05	2.96	2.88	2.82	2.62	2.51
20	5.87	4.46	3.86	3.51	3.29	3.13	3.01	2.91	2.84	2.77	2.57	2.46
22	5.79	4.38	3.78	3.44	3.22	3.05	2.93	2.84	2.76	2.70	2.50	2.39
24	5.72	4.32	3.72	3.38	3.15	2.99	2.87	2.78	2.70	2.64	2.44	2.33
26	5.66	4.27	3.67	3.33	3.10	2.94	2.82	2.73	2.65	2.59	2.39	2.28
28	5.61	4.22	3.63	3.29	3.06	2.90	2.78	2.69	2.61	2.55	2.34	2.23
30	5.57	4.18	3.59	3.25	3.03	2.87	2.75	2.65	2.57	2.51	2.31	2.20
32	5.53	4.15	3.56	3.22	3.00	2.84	2.71	2.62	2.54	2.48	2.28	2.16
34	5.50	4.12	3.53	3.19	2.97	2.81	2.69	2.59	2.52	2.45	2.25	2.13
36	5.47	4.09	3.50	3.17	2.94	2.78	2.66	2.57	2.49	2.43	2.22	2.11
38	5.45	4.07	3.48	3.15	2.92	2.76	2.64	2.55	2.47	2.41	2.20	2.09
40	5.42	4.05	3.46	3.13	2.90	2.74	2.62	2.53	2.45	2.39	2.18	2.07
42	5.40	4.03	3.45	3.11	2.89	2.73	2.61	2.51	2.43	2.37	2.16	2.05
44	5.39	4.02	3.43	3.09	2.87	2.71	2.59	2.50	2.42	2.36	2.15	2.03
46	5.37	4.00	3.42	3.08	2.86	2.70	2.58	2.48	2.41	2.34	2.13	2.02
48	5.35	3.99	3.40	3.07	2.84	2.69	2.56	2.47	2.39	2.33	2.12	2.01
50	5.34	3.97	3.39	3.05	2.83	2.67	2.55	2.46	2.38	2.32	2.11	1.99
60	5.29	3.93	3.34	3.01	2.79	2.63	2.51	2.41	2.33	2.27	2.06	1.94
70	5.25	3.89	3.31	2.97	2.75	2.59	2.47	2.38	2.30	2.24	2.03	1.91
80	5.22	3.86	3.28	2.95	2.73	2.57	2.45	2.35	2.28	2.21	2.00	1.88
90	5.20	3.84	3.26	2.93	2.71	2.55	2.43	2.34	2.26	2.19	1.98	1.86
100	5.18	3.83	3.25	2.92	2.70	2.54	2.42	2.32	2.24	2.18	1.97	1.85

（著者作表）

5　Student化全距（q）分配表（右尾機率5%）

註：表中數字表示自由度（所有樣本大小N－組數）、組數j的右邊臨界值q。而Tukey-Kramer法則使用此數值再除以$\sqrt{2}$的數值。此外，統計量為t值的一種，對立假設也可能只位於單邊，但因為臨界值取自不同的分配（有時是相同的），一般不會特別區分雙尾檢定、單尾檢定（可以想成是以單尾機率實施雙尾檢定）。

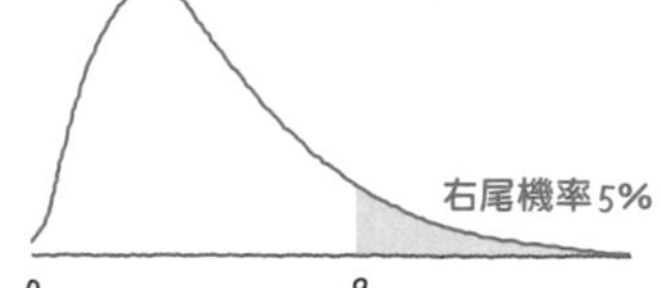

ν ＼ j	2	3	4	5	6	7	8	9
2	6.085	8.331	9.798	10.881	11.734	12.434	13.027	13.538
3	4.501	5.910	6.825	7.502	8.037	8.478	8.852	9.177
4	3.927	5.040	5.757	6.287	6.706	7.053	7.347	7.602
5	3.635	4.602	5.218	5.673	6.033	6.330	6.582	6.801
6	3.460	4.339	4.896	5.305	5.629	5.895	6.122	6.319
7	3.344	4.165	4.681	5.060	5.359	5.605	5.814	5.995
8	3.261	4.041	4.529	4.886	5.167	5.399	5.596	5.766
9	3.199	3.948	4.415	4.755	5.023	5.244	5.432	5.594
10	3.151	3.877	4.327	4.654	4.912	5.124	5.304	5.460
11	3.113	3.820	4.256	4.574	4.823	5.028	5.202	5.353
12	3.081	3.773	4.199	4.508	4.750	4.949	5.118	5.265
13	3.055	3.734	4.151	4.453	4.690	4.884	5.049	5.192
14	3.033	3.701	4.111	4.407	4.639	4.829	4.990	5.130
15	3.014	3.673	4.076	4.367	4.595	4.782	4.940	5.077
16	2.998	3.649	4.046	4.333	4.557	4.741	4.896	5.031
17	2.984	3.628	4.020	4.303	4.524	4.705	4.858	4.991
18	2.971	3.609	3.997	4.276	4.494	4.673	4.824	4.955
19	2.960	3.593	3.977	4.253	4.468	4.645	4.794	4.924
20	2.950	3.578	3.958	4.232	4.445	4.620	4.768	4.895
22	2.933	3.553	3.927	4.196	4.405	4.577	4.722	4.847
24	2.919	3.532	3.901	4.166	4.373	4.541	4.684	4.807
26	2.907	3.514	3.880	4.141	4.345	4.511	4.652	4.773
28	2.897	3.499	3.861	4.120	4.322	4.486	4.625	4.745
30	2.888	3.487	3.845	4.102	4.301	4.464	4.601	4.720
32	2.881	3.475	3.832	4.086	4.284	4.445	4.581	4.698
34	2.874	3.465	3.820	4.072	4.268	4.428	4.563	4.680
36	2.868	3.457	3.809	4.060	4.255	4.414	4.547	4.663
38	2.863	3.449	3.799	4.049	4.243	4.400	4.533	4.648
40	2.858	3.442	3.791	4.039	4.232	4.388	4.521	4.634
42	2.854	3.436	3.783	4.030	4.222	4.378	4.509	4.622
44	2.850	3.430	3.776	4.022	4.213	4.368	4.499	4.611
46	2.847	3.425	3.770	4.015	4.205	4.359	4.489	4.601
48	2.844	3.420	3.764	4.008	4.197	4.351	4.481	4.592
50	2.841	3.416	3.758	4.002	4.190	4.344	4.473	4.584
60	2.829	3.399	3.737	3.977	4.163	4.314	4.441	4.550
80	2.814	3.377	3.711	3.947	4.129	4.278	4.402	4.509
100	2.806	3.365	3.695	3.929	4.109	4.256	4.379	4.484
120	2.800	3.356	3.685	3.917	4.096	4.241	4.363	4.468
∞	2.772	3.314	3.633	3.858	4.030	4.170	4.286	4.387

（永田靖・吉田道弘（1997）『統計的多重比較法の基礎』サイエンティスト社、から一部抜粋）

6　曼恩－惠尼U檢定表（雙邊機率5%和1%）

註：表中數字表示樣本大小$n_B>n_A$時的左邊臨界值。亦即一般實施左尾檢定，只要檢定統計量U值小於表中數值，就可以在顯著水準5%或1%(雙邊）拒絕虛無假設。而「－」表示樣本太小無法檢定。

雙邊5%（單邊2.5%）		n_B（大的組的樣本大小）																
		4	5	6	7	8	9	10	11	12	13	14	15	16	17	18	19	20
n_A（小的組的樣本大小）	2	—	—	—	—	0	0	0	0	1	1	1	1	1	2	2	2	2
	3	—	0	1	1	2	2	3	3	4	4	5	5	6	6	7	7	8
	4	0	1	2	3	4	4	5	6	7	8	9	10	11	11	12	13	14
	5		2	3	5	6	7	8	9	11	12	13	14	15	17	18	19	20
	6			5	6	8	10	11	13	14	16	17	19	21	22	24	25	27
	7				8	10	12	14	16	18	20	22	24	26	28	30	32	34
	8					13	15	17	19	22	24	26	29	31	34	36	38	41
	9						17	20	23	26	28	31	34	37	39	42	45	48
	10							23	26	29	33	36	39	42	45	48	52	55
	11								30	33	37	40	44	47	51	55	58	62
	12									37	41	45	49	53	57	61	65	69
	13										45	50	54	59	63	67	72	76
	14											55	59	64	69	74	78	83
	15												64	70	75	80	85	90
	16													75	81	86	92	98
	17														87	93	99	105
	18															99	106	112
	19																113	119
	20																	127

雙邊1%		n_B（大的組的樣本大小）																
		4	5	6	7	8	9	10	11	12	13	14	15	16	17	18	19	20
n_A（小的組的樣本大小）	2	—	—	—	—	—	—	—	—	—	—	—	—	—	—	—	0	0
	3	—	—	—	—	—	0	0	0	1	1	1	2	2	2	2	3	3
	4	—	—	0	0	1	1	2	2	3	3	4	5	5	6	6	7	8
	5		0	1	1	2	3	4	5	6	7	7	8	9	10	11	12	13
	6			2	3	4	5	6	7	9	10	11	12	13	15	16	17	18
	7				4	6	7	9	10	12	13	15	16	18	19	21	22	24
	8					7	9	11	13	15	17	18	20	22	24	26	28	30
	9						11	13	16	18	20	22	24	27	29	31	33	36
	10							16	18	21	24	26	29	31	34	37	39	42
	11								21	24	27	30	33	36	39	42	45	48
	12									27	31	34	37	41	44	47	51	54
	13										34	38	42	45	49	53	57	60
	14											42	46	50	54	58	63	67
	15												51	55	60	64	69	73
	16													60	65	70	74	79
	17														70	75	81	86
	18															81	87	92
	19																93	99
	20																	105

（山內二郎編輯（1972）《統計數值表　JSA-1972》，日本規格協會，變更空白格式後摘錄）

7　符號檢定所需之機率為1/2的二項分配表（左尾機率）

註：表中數字表示n對資料中符號較少者為r以下的機率（由左側開始的累積機率）。例如6對資料，r為1時，p值為雙邊22%（只有左邊是11%），因此雙邊顯著水準5%（即使是10%）也無法拒絕虛無假設。

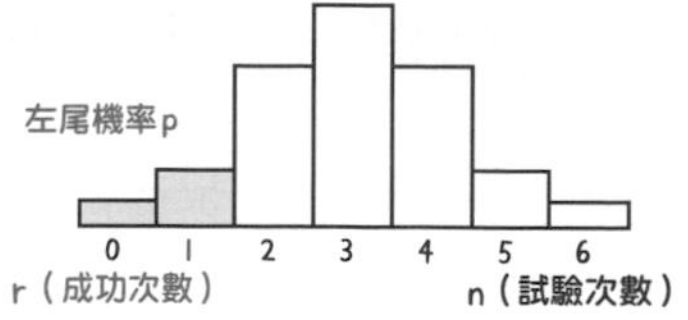

n \ r	0	1	2	3	4	5	6	7	8	9	10	11	12	13
4	0.06	0.31	0.69	0.94	1.00									
5	0.03	0.19	0.50	0.81	0.97	1.00								
6	0.02	0.11	0.34	0.66	0.89	0.98	1.00							
7	0.01	0.06	0.23	0.50	0.77	0.94	0.99	1.00						
8	0.00	0.04	0.14	0.36	0.64	0.86	0.96	1.00	1.00					
9	0.00	0.02	0.09	0.25	0.50	0.75	0.91	0.98	1.00	1.00				
10	0.00	0.01	0.05	0.17	0.38	0.62	0.83	0.95	0.99	1.00	1.00			
11	0.00	0.01	0.03	0.11	0.27	0.50	0.73	0.89	0.97	0.99	1.00	1.00		
12	0.00	0.00	0.02	0.07	0.19	0.39	0.61	0.81	0.93	0.98	1.00	1.00	1.00	
13	0.00	0.00	0.01	0.05	0.13	0.29	0.50	0.71	0.87	0.95	0.99	1.00	1.00	1.00
14	0.00	0.00	0.01	0.03	0.09	0.21	0.40	0.60	0.79	0.91	0.97	0.99	1.00	1.00
15	0.00	0.00	0.00	0.02	0.06	0.15	0.30	0.50	0.70	0.85	0.94	0.98	1.00	1.00
16		0.00	0.00	0.01	0.04	0.11	0.23	0.40	0.60	0.77	0.89	0.96	0.99	1.00
17		0.00	0.00	0.01	0.02	0.07	0.17	0.31	0.50	0.69	0.83	0.93	0.98	0.99
18		0.00	0.00	0.00	0.02	0.05	0.12	0.24	0.41	0.59	0.76	0.88	0.95	0.98
19			0.00	0.00	0.01	0.03	0.08	0.18	0.32	0.50	0.68	0.82	0.92	0.97
20			0.00	0.00	0.01	0.02	0.06	0.13	0.25	0.41	0.59	0.75	0.87	0.94
21			0.00	0.00	0.00	0.01	0.04	0.09	0.19	0.33	0.50	0.67	0.81	0.91
22				0.00	0.00	0.01	0.03	0.07	0.14	0.26	0.42	0.58	0.74	0.86
23				0.00	0.00	0.01	0.02	0.05	0.11	0.20	0.34	0.50	0.66	0.80
24				0.00	0.00	0.00	0.01	0.03	0.08	0.15	0.27	0.42	0.58	0.73
25					0.00	0.00	0.01	0.02	0.05	0.11	0.21	0.35	0.50	0.65

（著者作表）

8　魏克生符號檢定表

註：表中數字表示檢定統計量T為顯著時之左邊臨界值。也就是說T小於表中數值時就可以拒絕虛無假設。而顯著水準雙邊為5%時，使用p=0.025這一行的數值（以灰色網底標示）。

n ＼ P	0.050	0.025	0.010	0.005
5	0	—	—	—
6	2	0	—	—
7	3	2	0	—
8	5	3	1	0
9	8	5	3	1
10	10	8	5	3
11	13	10	7	5
12	17	13	9	7
13	21	17	12	9
14	25	21	15	12
15	30	25	19	15
16	35	29	23	19
17	41	34	27	23
18	47	40	32	27
19	53	46	37	32
20	60	52	43	37
21	67	58	49	42
22	75	65	55	48
23	83	73	62	54
24	91	81	69	61
25	100	89	76	68

（摘錄自山內二郎編輯（1972）《統計數值表　JSA-1972》，日本規格協會）

9　K–W檢定表（3組和4組）

註：表中數字表示檢定統計量H為顯著時之右邊臨界值。也就是說，H大於表中數值時，就可以拒絕虛無假設。此外，n為資料總數，n_1～n_4為各組的資料數。最常用的5%（3組以上的x^2檢定，所以是單邊機率）的行以灰色網底標示。

3組

n	n_1	n_2	n_3	p=0.05	p=0.01
7	2	2	3	4.714	—
8	2	2	4	5.333	—
	2	3	3	5.361	—
9	2	2	5	5.160	6.533
	2	3	4	5.444	6.444
	3	3	3	5.600	7.200
10	2	2	6	5.346	6.655
	2	3	5	5.251	6.909
	2	4	4	5.455	7.036
	3	3	4	5.791	6.746
11	2	2	7	5.143	7.000
	2	3	6	5.349	6.970
	2	4	5	5.273	7.205
	3	3	5	5.649	7.079
	3	4	4	5.599	7.144
12	2	2	8	5.356	6.664
	2	3	7	5.357	6.839
	2	4	6	5.340	7.340
	2	5	5	5.339	7.339
	3	3	6	5.615	7.410
	3	4	5	5.656	7.445
	4	4	4	5.692	7.654
13	2	2	9	5.260	6.897
	2	3	8	5.316	7.022
	2	4	7	5.376	7.321
	2	5	6	5.339	7.376
	3	3	7	5.620	7.228
	3	4	6	5.610	7.500
	3	5	5	5.706	7.578
	4	4	5	5.657	7.760
14	2	2	10	5.120	6.537
	2	3	9	5.340	7.006
	2	4	8	5.393	7.350
	2	5	7	5.393	7.450
	2	6	6	5.410	7.467
	3	3	8	5.617	7.350
	3	4	7	5.623	7.550
	3	5	6	5.602	7.591
	4	4	6	5.681	7.795
	4	5	5	5.657	7.823

（摘錄自山內二郎編輯（1977）《簡約統計數值表》，日本規格協會）

3組續

n	n_1	n_2	n_3	p=0.05	p=0.01
15	2	2	11	5.164	6.766
	2	3	10	5.362	7.042
	2	4	9	5.400	7.364
	2	5	8	5.415	7.440
	2	6	7	5.357	7.491
	3	3	9	5.589	7.422
	3	4	8	5.623	7.585
	3	5	7	5.607	7.697
	3	6	6	5.625	7.725
	4	4	7	5.650	7.814
	4	5	6	5.661	7.936
	5	5	5	5.780	8.000

4組

n	n_1	n_2	n_3	n_4	p=0.05	p=0.01
8	2	2	2	2	6.167	6.667
9	2	2	2	3	6.333	7.133
10	2	2	2	4	6.546	7.391
	2	2	3	3	6.527	7.636
11	2	2	2	5	6.564	7.773
	2	2	3	4	6.621	7.871
	2	3	3	3	6.727	8.015
12	2	2	2	6	6.539	7.923
	2	2	3	5	6.664	8.203
	2	2	4	4	6.731	8.346
	2	3	3	4	6.795	8.333
	3	3	3	3	7.000	8.539
13	2	2	2	7	6.565	8.053
	2	2	3	6	6.703	8.363
	2	2	4	5	6.725	8.473
	2	3	3	5	6.822	8.607
	2	3	4	4	6.874	8.621
	3	3	3	4	6.984	8.659
14	2	2	2	8	6.571	8.207
	2	2	3	7	6.718	8.407
	2	2	4	6	6.743	8.610
	2	2	5	5	6.777	8.634
	2	3	3	6	6.876	8.695
	2	3	4	5	6.926	8.802
	2	4	4	4	6.957	8.871
	3	3	3	5	7.019	8.848
	3	3	4	4	7.038	8.876

10 弗里曼檢定表（3組和4組）

註：表中數字表示檢定統計量Q為顯著時之右邊臨界值。也就是說，Q大於表中數值時，就可以拒絕虛無假設。此外，n為對數。最常用的5%(3組以上的x^2檢定，所以是單邊機率）的行以灰色網底標示。

3組

n \ p	0.050	0.010
3	6.00	—
4	6.50	8.00
5	6.40	8.40
6	7.00	9.00
7	7.14	8.86
8	6.25	9.00
9	6.22	9.56
∞	5.99	9.21

4組

n \ p	0.050	0.010
2	6.00	—
3	7.40	9.00
4	8.70	9.60
5	7.80	9.96
∞	7.81	11.34

（摘錄自山內二郎編輯（1977）《簡約統計數值表》，日本規格協會）

11－1　直交表（2水準要因）

註：表中數字表示水準。而各行下方的英文字是表示各行成分的記號，思考要因分配時，用來找出出現交互作用的行。

$L_4(2^3)$

行編號 / No.	1	2	3
1	1	1	1
2	1	2	2
3	2	1	2
4	2	2	1
成分	a	b	a
			b

←第 3 行會出現第 1 行和第 2 行的交互作用。

$L_8(2^7)$

行編號 / No.	1	2	3	4	5	6	7
1	1	1	1	1	1	1	1
2	1	1	1	2	2	2	2
3	1	2	2	1	1	2	2
4	1	2	2	2	2	1	1
5	2	1	2	1	2	1	2
6	2	1	2	2	1	2	1
7	2	2	1	1	2	2	1
8	2	2	1	2	1	1	2
成分	a	b	a	c	a	b	a
			b		c	c	b
							c

$L_{16}(2^{15})$

行編號 / No.	1	2	3	4	5	6	7	8	9	10	11	12	13	14	15
1	1	1	1	1	1	1	1	1	1	1	1	1	1	1	1
2	1	1	1	1	1	1	1	2	2	2	2	2	2	2	2
3	1	1	1	2	2	2	2	1	1	1	1	2	2	2	2
4	1	1	1	2	2	2	2	2	2	2	2	1	1	1	1
5	1	2	2	1	1	2	2	1	1	2	2	1	1	2	2
6	1	2	2	1	1	2	2	2	2	1	1	2	2	1	1
7	1	2	2	2	2	1	1	1	1	2	2	2	2	1	1
8	1	2	2	2	2	1	1	2	2	1	1	1	1	2	2
9	2	1	2	1	2	1	2	1	2	1	2	1	2	1	2
10	2	1	2	1	2	1	2	2	1	2	1	2	1	2	1
11	2	1	2	2	1	2	1	1	2	1	2	2	1	2	1
12	2	1	2	2	1	2	1	2	1	2	1	1	2	1	2
13	2	2	1	1	2	2	1	1	2	2	1	1	2	2	1
14	2	2	1	1	2	2	1	2	1	1	2	2	1	1	2
15	2	2	1	2	1	1	2	1	2	2	1	2	1	1	2
16	2	2	1	2	1	1	2	2	1	1	2	1	2	2	1
成分	a		a		a		a		a		a		a		a
		b	b			b	b			b	b			b	b
				c	c	c	c					c	c	c	c
								d	d	d	d	d	d	d	d

（摘錄、編輯自田口玄一（1977）《實驗設計法　下》丸善株式會社）

11－2　直交表續（3水準要因）

$L_9(3^4)$

No. ＼ 行編號	1	2	3	4
1	1	1	1	1
2	1	2	2	2
3	1	3	3	3
4	2	1	2	3
5	2	2	3	1
6	2	3	1	2
7	3	1	3	2
8	3	2	1	3
9	3	3	2	1
成分	a	b	ab	a^2 b

$L_{27}(3^{13})$

No. ＼ 行編號	1	2	3	4	5	6	7	8	9	10	11	12	13
1	1	1	1	1	1	1	1	1	1	1	1	1	1
2	1	1	1	1	2	2	2	2	2	2	2	2	2
3	1	1	1	1	3	3	3	3	3	3	3	3	3
4	1	2	2	2	1	1	1	2	2	2	3	3	3
5	1	2	2	2	2	2	2	3	3	3	1	1	1
6	1	2	2	2	3	3	3	1	1	1	2	2	2
7	1	3	3	3	1	1	1	3	3	3	2	2	2
8	1	3	3	3	2	2	2	1	1	1	3	3	3
9	1	3	3	3	3	3	3	2	2	2	1	1	1
10	2	1	2	3	1	2	3	1	2	3	1	2	3
11	2	1	2	3	2	3	1	2	3	1	2	3	1
12	2	1	2	3	3	1	2	3	1	2	3	1	2
13	2	2	3	1	1	2	3	2	3	1	3	1	2
14	2	2	3	1	2	3	1	3	1	2	1	2	3
15	2	2	3	1	3	1	2	1	2	3	2	3	1
16	2	3	1	2	1	2	3	3	1	2	2	3	1
17	2	3	1	2	2	3	1	1	2	3	3	1	2
18	2	3	1	2	3	1	2	2	3	1	1	2	3
19	3	1	3	2	1	3	2	1	3	2	1	3	2
20	3	1	3	2	2	1	3	2	1	3	2	1	3
21	3	1	3	2	3	2	1	3	2	1	3	2	1
22	3	2	1	3	1	3	2	2	1	3	3	2	1
23	3	2	1	3	2	1	3	3	2	1	1	3	2
24	3	2	1	3	3	2	1	1	3	2	2	1	3
25	3	3	2	1	1	3	2	3	2	1	2	1	3
26	3	3	2	1	2	1	3	1	3	2	3	2	1
27	3	3	2	1	3	2	1	2	1	3	1	3	2
成分	a	b	a b	a^2 b	c	a c	a c^2	b c	a b c	a b^2 c^2	b c^2	a b^2 c	a b c^2

（摘錄、編輯自田口玄一（1977）《實驗設計法　下》，丸善株式會社）

11－3　直交表續（混合）

註：交互作用平均分配至各行，因此用於（不設想交互作用）的品質工程參數設計等。

$L_{18}(2^1 \times 3^7)$

No. ＼ 行編號	1	2	3	4	5	6	7	8
1	1	1	1	1	1	1	1	1
2	1	1	2	2	2	2	2	2
3	1	1	3	3	3	3	3	3
4	1	2	1	1	2	2	3	3
5	1	2	2	2	3	3	1	1
6	1	2	3	3	1	1	2	2
7	1	3	1	2	1	3	2	3
8	1	3	2	3	2	1	3	1
9	1	3	3	1	3	2	1	2
10	2	1	1	3	3	2	2	1
11	2	1	2	1	1	3	3	2
12	2	1	3	2	2	1	1	3
13	2	2	1	2	3	1	3	2
14	2	2	2	3	1	2	1	3
15	2	2	3	1	2	3	2	1
16	2	3	1	3	2	3	1	2
17	2	3	2	1	3	1	2	3
18	2	3	3	2	1	2	3	1

$L_{36}(2^{11} \times 3^{12})$

No. ＼ 行編號	1	2	3	4	5	6	7	8	9	10	11	12	13	14	15	16	17	18	19	20	21	22	23
1	1	1	1	1	1	1	1	1	1	1	1	1	1	1	1	1	1	1	1	1	1	1	1
2	1	1	1	1	1	1	1	1	1	1	1	2	2	2	2	2	2	2	2	2	2	2	2
3	1	1	1	1	1	1	1	1	1	1	1	3	3	3	3	3	3	3	3	3	3	3	3
4	1	1	1	1	1	2	2	2	2	2	2	1	1	1	1	2	2	2	2	3	3	3	3
5	1	1	1	1	1	2	2	2	2	2	2	2	2	2	2	3	3	3	3	1	1	1	1
6	1	1	1	1	1	2	2	2	2	2	2	3	3	3	3	1	1	1	1	2	2	2	2
7	1	1	2	2	2	1	1	1	2	2	2	1	1	2	3	1	2	3	3	1	2	2	3
8	1	1	2	2	2	1	1	1	2	2	2	2	2	3	1	2	3	1	1	2	3	3	1
9	1	1	2	2	2	1	1	1	2	2	2	3	3	1	2	3	1	2	2	3	1	1	2
10	1	2	1	2	2	1	2	2	1	1	2	1	1	3	2	1	3	2	3	2	1	3	2
11	1	2	1	2	2	1	2	2	1	1	2	2	2	1	3	2	1	3	1	3	2	1	3
12	1	2	1	2	2	1	2	2	1	1	2	3	3	2	1	3	2	1	2	1	3	2	1
13	1	2	2	1	2	2	1	2	1	2	1	1	2	3	1	3	2	1	3	3	2	1	2
14	1	2	2	1	2	2	1	2	1	2	1	2	3	1	2	1	3	2	1	1	3	2	3
15	1	2	2	1	2	2	1	2	1	2	1	3	1	2	3	2	1	3	2	2	1	3	1
16	1	2	2	2	1	2	2	1	2	1	1	1	2	3	2	1	1	3	2	3	3	2	1
17	1	2	2	2	1	2	2	1	2	1	1	2	3	1	3	2	2	1	3	1	1	3	2
18	1	2	2	2	1	2	2	1	2	1	1	3	1	2	1	3	3	2	1	2	2	1	3
19	2	1	2	2	1	1	2	2	1	2	1	1	2	1	3	3	3	1	2	2	1	2	3
20	2	1	2	2	1	1	2	2	1	2	1	2	3	2	1	1	1	2	3	3	2	3	1
21	2	1	2	2	1	1	2	2	1	2	1	3	1	3	2	2	2	3	1	1	3	1	2
22	2	1	2	1	2	2	2	1	1	1	2	1	2	2	3	3	1	2	1	1	3	3	2
23	2	1	2	1	2	2	2	1	1	1	2	2	3	3	1	1	2	3	2	2	1	1	3
24	2	1	2	1	2	2	2	1	1	1	2	3	1	1	2	2	3	1	3	3	2	2	1
25	2	1	1	2	2	2	1	2	2	1	1	1	3	2	1	2	3	3	1	3	1	2	2
26	2	1	1	2	2	2	1	2	2	1	1	2	1	3	2	3	1	1	2	1	2	3	3
27	2	1	1	2	2	2	1	2	2	1	1	3	2	1	3	1	2	2	3	2	3	1	1
28	2	2	2	1	1	1	1	2	2	1	2	1	3	2	2	2	1	1	3	2	3	1	3
29	2	2	2	1	1	1	1	2	2	1	2	2	1	3	3	3	2	2	1	3	1	2	1
30	2	2	2	1	1	1	1	2	2	1	2	3	2	1	1	1	3	3	2	1	2	3	2
31	2	2	1	2	1	2	1	1	1	2	2	1	3	3	3	2	3	2	2	1	2	1	1
32	2	2	1	2	1	2	1	1	1	2	2	2	1	1	1	3	1	3	3	2	3	2	2
33	2	2	1	2	1	2	1	1	1	2	2	3	2	2	2	1	2	1	1	3	1	3	3
34	2	2	1	1	2	1	2	1	2	2	1	1	3	1	2	3	2	3	1	2	2	3	1
35	2	2	1	1	2	1	2	1	2	2	1	2	1	2	3	1	3	1	2	3	3	1	2
36	2	2	1	1	2	1	2	1	2	2	1	3	2	3	1	2	1	2	3	1	1	2	3

（摘錄、編輯自田口玄一（1977）《實驗設計法　下》，丸善株式會社）

12 希臘文字

大寫	小寫	讀音	對應之英文字母	統計學中的使用方法
Α	α	Alpha	a	型一誤差的機率（顯著機率）、迴歸模式的截距（常數項）
Β	β	Beta	b	型二誤差的機率、迴歸模式的偏迴歸係數
Γ	γ	Gamma	g	伽瑪函數（大寫）
Δ	δ	Delta	d	差（變化量）
Ε	ε	Epsilon	e	迴歸模式的誤差項
Ζ	ζ	Zeta	z	
Η	η	Eta	e（長音）	相關比
Θ	θ	Theta	th	母數、常數、估計值
Ι	ι	Iota	i	
Κ	κ	Kappa	k	
Λ	λ	Lambda	l	波瓦生分配的母數、特徵值、常數
Μ	μ	Mu	m	母體平均數
Ν	ν	Nu	n	自由度
Ξ	ξ	Xi	x	變數
Ο	ο	Omicron	o	
Π	π	Pi	p	總乘（大寫）、圓周率（小寫）
Ρ	ρ	Rho	r	相關係數
Σ	σ	Sigma	s	總和（大寫）、母體標準差（小寫）、母體變異數（σ^2）
Τ	τ	Tau	t	
Υ	υ	Upsilon	y	
Φ	φ	Phi	ph	自由度（小寫）
Χ	χ	Chi	ch	卡方分配的統計量（小寫）
Ψ	ψ	Psi	ps	
Ω	ω	Omega	o（長音）	

索 引

A

additivity of variance ······ 92
adjusted coef cient of determination ······ 197
Agresti-Coull confidence interval ······ 64
AIC (Akaike information criteria) ······ 227
alternative hypothesis ······ 74, 79
ANOVA (analysis of variance) ······ 104～119
ANOVA with replication ······ 116
arithmetic mean ······ 8
association analysis ······ 260

B

Bartlett's test ······ 110
basic principles of experimental designs ······ 158～163
Bayesian statistics ······ 5, 248～257
Bayes' theorem ······ 251
Bayesian update ······ 256
big data ······ 258～263
binominal distribution ······ 23
biplot ······ 224
block ······ 163
Bonferroni's method ······ 122
bootstrapping ······ 69

C

central limit theorem ······ 57
centroid method ······ 236
CFI (comparative t index) ······ 227
Cochran's Q test ······ 134
coef cient of association ······ 141
coef cient of correlation ······ 14
coef cient of determination ······ 191
coef cient of rank correlation ······ 16
coef cient of variation ······ 12
combination ······ 17
common factor ······ 221
commonality ······ 222
comparison of survival curve ······ 210
completely randomized design ······ 164
conditional probability ······ 250
con dence coef cient ······ 61
con dence interval ······ 60
con dence interval for correlation coef cient ······ 66
con dence interval for mean ······ 60～63
con dence interval for proportion ······ 64
confidence interval for variance ······ 65
con dence interval width ······ 63
confounding ······ 161
conjoint analysis ······ 174
continuity correction ······ 140

contribution ratio ······ 217
control group ······ 105
correlation coef cient ······ 232
correspondence analysis ······ 242
correspondence map ······ 243
Cox proportional hazards model ······ 211
Cramer's coef cient of association ······ 141
critical value ······ 81
cumulative contribution ratio ······ 217
cumulative distribution function ······ 205

D

d-group ······ 179
dendrogram ······ 235
descriptive statistics ······ 4
df (degree of freedom) ······ 46
distribution of the sample correlation coef cient ······ 52
dual scaling ······ 244
dummy variable ······ 195, 201 ~ 207
Dunnett's test ······ 128

E

effect size ······ 178
eigenvalue ······ 216
error ······ 54
estimate ······ 187
estimator ······ 189
Euclidean distance ······ 236
expected frequency ······ 137
experimental design ······ 5, 158 ~ 183

F

F-distribution ······ 36
F-test ······ 95, 193
F-value ······ 95, 108
factor analysis ······ 220
factor loading ······ 218
factorial ······ 33
false positive ······ 254
Fisher's exact test ······ 142
Fisher's z transformation ·· 52, 66
Frequentist ······ 248
Friedman test ······ 154

G

geometric mean ······ 9
GFI (goodness of fit index) ······ 227
goodness of fit ······ 227

H

H-test ······ 152
H-value ······ 153
harmonic mean ······ 9
Hayashi's quanti cation method III ······ 245
heteroscedasticity ······ 195
hierarchical cluster analysis ······ 234
hypothesis ······ 74

hypothesis testing 76

I

inferential statistics 4
interaction effect 115
intercept dummy 201
intersubject variation 113
interval estimation 60

J

joint probability 250

K

Kaplan-Meier method 209
Kendall's coefficient of concordance 155
Kruskal-Wallis test 152
kurtosis 31
k平均法 (k-means clustering) 238

L

Latin square design 165
law of large numbers 56
least squares method 188
level of measurement 135
likelihood 190, 253
limiting condition 47
linear graphs 168
local control 162
logit analysis (logistic regression) 207
lower tail 99

M

main effect 115
Mann-Whitney U test 144
marginal effect 206
marginal frequency 143
maximum likelihood method 190
McFadden's R2 207
McNemar's test 134
median 10
MIMIC model .... 228 ～ 229
multi-collinearity 198
multi-level method 170
multiple comparison 120
multiple indicator model 228
multiple indicator multiple cause 229
multiple regression analysis .. 196
multiplication theorem 251
multiplicity problem 121

N

non-hierarchical cluster analysis 234
non-inferiority margin 101
non-inferiority trials 100
non-parametric methods 133
normal distribution 24
normal equations 190
normality of residuals 195
null hypothesis 79

O

OLS (ordinaly least squares) ·· 188
one sample test ·········· 72, 78 ~ 89
one sample t-test ························ 78
one-way ANOVA ···························· 105
one-way ANOVA, repeated measurement ························ 112
orthogonal design method ········· 166
orthogonal table ························ 167

P

p-value ································ 82 ~ 83
paired data ································· 91
paired t test ······························ 96
parameter ···································· 44
parameter design ························ 173
parametric methods ···················· 132
partial least squares ··············· 229
partial regression coefficient ·· 196
path-diagram ······························ 226
Pearson's chi-square test ······· 136
Pearson's correlation coefficient ·· 14
PLS model ························ 228 ~ 229
Poisson distribution ·················· 32
polychoric correlation ············ 232
pooling ·· 118
population ····································· 42
posterior probability ·············· 252
POS system ································· 260
power analysis ··························· 176
prediction value ························ 187
principal component analysis ·· 216
principal component score ······ 219
prior probability ······················ 252
probability density function ···· 25
probability distribution ·········· 21
probit analysis ·························· 204
pro le card ································· 175
promax rotation ························· 223
property of proportional hazards ·· 212
pseudo-level method ················· 170
pseudoreplication ····················· 159

Q

q-value ·················· 124, 127, 155
quality engineering ················· 172
quartile ·· 10

R

R2 ·· 191
r-group ·· 179
r-value ·· 148
random error ································ 55
random variable ··························· 20
randomization ····························· 160
randomized block design ·········· 164
regression analysis ················· 186
regression line ·························· 186
replication ·································· 159
RMSEA (root mean square error of approximation) ···················· 227
rotation ······································· 223

RSS (residual sum of squares) 188

S

sample 42
sample distribution 48
sample ratio 50
sample variance distribution 51
Scheffe's method 123
SEM (structural equation modeling) 226
Shirley-Williams method 134
sign test 148
signi cance level 80
skewness 30
slope dummy 202
SN ratio 173
social media analytics 263
split-plot design 165
standard deviation 11
standard error 49
standardized coef cient 231
standardized normal distribution 26
standardized variate 27
statistical power 180
statistics 2
Steel-Dwass method 134
Steel method 134
stepwise multiple comparisons 129
studentized range distribution 126
survival curve 208
systematic error 54

T

t-distribution 37, 49
t-test 93, 96, 192
t-value 37, 150
test for goodness of t 139
test for homogeneity of variances 94
test for independence 138
testing for difference in means 90
testing for difference in proportions 98
testing for difference medians 145
testing for no correlation 88
testing for ratio 86
testing for variance 87
tie 146
tolerance 198
total effect 227
total probability 253
total variation 106
transaction data 261
trend prediction 262
Tukey-Kramer method 125
Tukey's test 124
two sample test ..... 73, 90～101
two-factor model 228

two-tailed test 81
two-way ANOVA 114
type I error 84
type II error 85
types of sums of squares 117

U

U-distribution 145
U-test ..... 145～146
U-value 144
unbiased estimate 44
unbiased estimator 45
unbiased variance 45
uniform distribution 22
unpaired data 91
upper tail 99

V

variable selection 200
variance 11
variation between subgroup 107
variation within subgroup 108
variety of data 259
varimax rotation 223
VIF (variance inflation factor) 199

W

Wald-test 194
Ward's method 64, 237
weighted average of variance 93
Welch's t test 94
Wilcoxon rank sum test 144
Wilcoxon signed-rank test 150

Y

Yates' correction 140

Z

z-distribution ..... 26～27, 49
z-test 82
z-value 26

數字、英文

2×2 交叉表
2 水準要因直交表
3 水準要因直交表
Bartlett 檢定 11
Bonferroni 法 122
Cox 比例風險模式 211
Cramer's V 係數 141
Dunnett's test 128
Kaplan-Meier (K-M) 法 209
Levene's 檢定 110
McFadden 的 R2 207
Poisson 分配 32
Promax 旋轉 223
Scheffe 法 123
Student 化（準標準化） 125
Student 化全距分布 124. 126
Tukey-Kramer 法 125-127
Tukey 法 124-125
Varimax 旋轉 223
Welch 檢定 94-95

χ2 分配 …… 82
χ2 統計量 …… 34.36.138.227
α（型一誤差機率，顯著水準）
…… 80.84
β（型二誤差機率）…… 84.85
σ 區間 …… 29

一劃

一個樣本（Sample）的檢定
一般化最小平方法 …… 225

二劃

二因子變異數分析 …… 114-119
二項分配

三劃

大數法則 …… 56
大數據 …… 258-263
小樣本的問題 …… 43

四劃

不平衡、非平衡 …… 119
不劣性試驗 …… 77.100
不劣性試驗的臨界值 …… 101
不相關 …… 14
不相關的檢定 …… 88
不偏估計 …… 44
不偏估計量 …… 44-45
不偏變異數 …… 45
中止資料 …… 208
中央極限定理 …… 57
中位數 …… 10
中位數差異檢定 …… 145
中位數檢定 …… 145
六標準差活動 …… 29
分位數 …… 10
分配的右邊 …… 99
切斷效果 …… 89
尺度水準 …… 135
方差比的分配（F 分配）…… 36
比例的分配 …… 50
比例風險假設 …… 211-212
比例差異檢定 …… 98
比率尺度 …… 135
比較存活曲線 …… 210

五劃

主因素法 …… 225
主成分 …… 216
主成分分析 …… 216
主成分分數 …… 219
主成分負荷量 …… 218
主要效果 …… 114.115
加權最小平方法 …… 225
四分位距 …… 10
四分位數 …… 10
尼曼－皮爾生引理 …… 85
平方和的種類 …… 117.119
平均數的分配 …… 49
平均數差異檢定 …… 90
弗里曼二因子等級變異數分析 …… 154
正相關 …… 14
正規方程式 …… 190
母數 …… 42.44

母體 …… 21.42
母體比例的信賴區間 …… 64
母體比例的檢定 …… 86
母體平均數的信賴區間 …… 65
母體平均數的檢定 …… 78-83
母體相關係數的信賴區間 …… 66
母體變異數的信賴區間 …… 65
母體變異數的檢定 …… 87
皮爾生 X2 檢定 …… 136
皮爾森積差相關係數 …… 14

六劃

交互作用 …… 114-115
交易資料 …… 261
全機率 …… 253
共通因素 …… 220-221
共通性 …… 222
共變異數結構分析 …… 226
危險率（型一誤差的機率）…… 84
合成變數（SEM）…… 229
同等級 …… 146
名目尺度 …… 135
因素分析 …… 220
因素負荷量 …… 218.220
因素軸的旋轉 …… 223.225
多元共線性 …… 198
多元共線性 …… 198
多元迴歸分析 …… 196.203
多分系列相關 …… 232
多分差相關 …… 232
多水準法 …… 170
多重比較 …… 120
多重比較法 …… 122-129
多重指標模式 …… 226.228
多重檢定的問題 …… 120-121
多變量分析 …… 5.215
如何決定樣本大小 …… 176-183
存活曲線（存活函數）…… 208
成對（雙樣本）平均數差異檢定 …… 96
成對資料 …… 91
有母數分析手法 …… 132
有重複試驗的（雙因子）變異數分析 …… 116
池化 …… 118
自由度 …… 45-46
自變數 …… 187

七劃

估計值 …… 187
估計量 …… 189
克－瓦二氏檢定 …… 152
判定係數 …… 191
均勻分配 …… 22
完全隨機設計（SEM）…… 164
局部控制 …… 158.162
沃德法 …… 237
沖銷效應（交互作用）…… 115
系統誤差 …… 54
貝氏定理 …… 250
貝氏修正 …… 256
貝氏統計學 …… 5.248-257
貝氏過濾法 …… 257
貝努利分配（二項分配）…… 23
貝努利試驗 …… 23

八劃

事件 …… 20
事件 …… 32.208
事前分析（檢定力分析）…… 176
事前分配 …… 253
事前機率 …… 252
事後分析（檢定力分析）…… 176
事後機率 …… 252
依變數 …… 187
兩組樣本的比例差異檢定
兩組樣本的平均數差異檢定
兩組樣本的檢定
兩組樣本的變異數差異檢定（變異數同質性檢定）
受試者間變異（個體間變異、樣本間變異）…… 112-113
命中率（普羅比迴歸分析）…… 207
命名（主成分分析、因素分析）…… 218.223
拉丁方格設計 …… 165
拔靴法 …… 69
直交表 …… 167
直交表實驗法 …… 166
直交轉軸 …… 223
直接效果（SEM）…… 227
肯德爾和諧係數 …… 155
肯德爾等級相關係數 …… 16
非階層式分群分析 …… 234

九劃

信號因子 …… 173
信賴係數（信賴度、信心水準）…… 61
信賴界線 …… 60.62
信賴區間 …… 60.101
品質工程 …… 172
型一誤差 …… 84
型二誤差 …… 84-85
相似率（貝氏統計學）…… 253
相乘效應（交互作用）…… 115
相關係數 …… 14
相關係數的分配 …… 52
相關矩陣 …… 217
要因變異數 …… 107
負相關 …… 14
重心連結聚合演算法 …… 236
重要度（聯合分析）…… 175
重複 …… 159
重複抽樣樣本（Resample）…… 69
重複抽樣樣本（Resample）…… 69
重複量數單因子變異數分析 …… 112
限制條件 …… 47
風險（瞬間死亡率）…… 211
風險比 …… 211

十劃

乘法定理 …… 251
個別成分效用 …… 175
個體差異 …… 96.112
容忍度 …… 198
峰度 …… 31
效果量 …… 177-179
特定值和樣本統計量的檢定 …… 78-88
特性 …… 173

特徵值 216
貢獻率 217
迴歸分析 186
迴歸係數 187.196
迴歸係數的變異數 194
迴歸線（迴歸直線、迴歸平面、迴歸曲線） 186
高斯分配（常態分配） 24

十一劃

假判定係數 207
假重複 159
假設 74
假設檢定 72.76
偏迴歸係數 196
偏微分 189
偏態 30
偶然誤差 54-55
偽陽性 254
區間尺度 135
區間估計 60
區塊化 163
參數（迴歸分析） 226
參數設計 110
寇克蘭 Q 檢定 134
常態分配 24.49-50
排列組合 17
控制因子（參數） 173
推論統計學 4.42
述統計學 4.42
斜交轉軸 223
曼恩－惠尼 U 檢定 144
條件機率 250-251
混合要因直交表 167.285
混淆 161
符號檢定 148
累積分配函數 205
累積貢獻率（主成分分析） 217
組內變異 106.108
組間變異 106-107
統計 2
統計學 2
逐步法 129
連續型均勻分配 22
連續校正 140
麥內瑪檢定 134

十二劃

單因子變異數分析 104-109
單邊檢定 77.80.81.100.109.139.153
幾何平均數（相乘平均數） 9
斯皮爾曼等級相關係數 16
普羅比迴歸分析 204-207
最大概似法 190.225
最小平方法 188
最小變異數法（沃德法） 237
期望次數 137
殘差 188
殘差分析（迴歸分析） 195
殘差分析（獨立性檢定） 138
殘差平方和（RSS） 188
殘差常態性 195
殘差圖 195

減少法 200
減增法 200
無母數分析方法 132-155
等比資料 135
等級和 150.152.154
等級相關係數 16
等級資料 135
等距資料 135
結構方程模式分析（SEM） 226
華德檢定 194
虛無假設 74.79
虛擬水準法 170
虛擬斜率 202
虛擬截距（虛擬常數項） 201
虛擬變數 195.201-207
裂區設計 165
費雪實驗設計三原則 158-163
費雪精確性檢定 142
量化資料 135
間接效果（SEM） 227
階乘 33
階層式分群分析 234
集群分析 234
順序尺度 135

十三劃

概似函數 190
概似度（參數估計法） 190
準標準化（Student 化） 37
準標準化變量（t 值） 37
葉氏連續校正 140
資料多樣性 259
路徑係數 226
路徑圖 226
預測值（迴歸分析） 187
飽和設計 169
飽和模式 227

十四劃

實驗設計法 5.158-183
對比 123
對立假設 74.79
對偶刻度法 244
對照組 105
對數等級檢定 210
對應分析 242
對應分析 242
對應圖 243
算術平均數（相加平均數） 8
綜合效果（SEM） 227
誤差 43.54
誤差因子 173
誤差變異數（SEM） 108
誤差變數 226

十五劃

增加法 200
增減法 200
數量化理論III類 245
暫時性虛擬變數 195
標準分數 28
標準化 26
標準化係數（SEM） 231
標準化變量（z 值） 27

標準差 …… 11
標準迴歸係數 …… 197
標準常態分配（z 分配）…… 26-27. 49
標準誤差 …… 48-49. 55
樣本 …… 42
樣本分配 …… 48
樣本比例 …… 50
樣本變異數 …… 44
樣本變異數的分配 …… 51
歐式距離 …… 236
潛在變數 …… 205. 226
線下品質工程（參數設計）…… 172-173
線點圖 …… 168
調和平均數 …… 9
調整後判定係數 …… 197
質化資料 …… 133. 135-136
輪廓表 …… 174. 242
輪廓表卡 …… 175
適合度（SEM）…… 227
適合度（普羅比迴歸分析）…… 207
適合度檢定 …… 138-139

十六劃

樹狀圖 …… 235
機率 …… 20
機率分配 …… 21
機率密度函數 …… 25
獨立（雙樣本）平均數差異檢定 …… 90-95
獨立性檢定 …… 136. 138
獨立係數 …… 141
獨立資料 …… 91
獨立模式（SEM）…… 227
選擇機率 …… 204
隨機區集設計 …… 164
隨機變數 …… 20
頻率論 …… 2. 248

十八劃

檢定力 …… 85. 177. 180
檢定力分析 …… 176
總平均數 …… 106. 107
總變異 …… 106-107. 191
聯合分析法 …… 174
聯合機率 …… 250
臨界值 …… 79. 81
購物籃分析（關聯分析）…… 260
趨勢預測 …… 262
簡單迴歸分析 …… 187. 196
轉軸（因素分析）…… 223. 225
雙因素模式
雙標圖 …… 224
雙邊檢定 …… 80-81
離差 …… 10
離散型均勻分配 …… 22
離群值 …… 11
離群值 …… 133
魏克生符號檢定 …… 150
魏克生等級和檢定(曼恩－惠尼 U 檢定) …… 144

十九劃以上

羅吉特迴歸分析 …… 207
邊際次數 …… 143

邊際效應（普羅比迴歸分析）…… 206
鏈結效應 …… 235
關聯分析 …… 260
關聯係數（獨立係數）…… 141
類別資料 …… 135
屬性（聯合分析）…… 174-175
變異（離均差平方和）…… 107
變異係數 …… 12
變異數 …… 10-11
變異數不齊一性 …… 195
變異數分析 …… 104-119
變異數分析的檢定統計量 …… 109
變異數加權平均 …… 93
變異數共變異數矩陣 …… 217
變異數同質性檢定 …… 95
變異數的可加性 …… 92
變異數膨脹因素 …… 199
變數分類（集群分配）…… 241
變數選擇（法）…… 200
顯著水準 …… 80
觀察變數（SEM）…… 226

作者介紹

栗原伸一（Kurihara Shinichi）

【序章、第3章、第4章、第5章、第6章、第7章、第8章、第11章（貝氏統計學）、附錄B、偉人傳】

1966年 生於茨城縣水戶市

1996年 東京農工大學大學院博士課程修了 博士（農學）

1997年 千葉大學園藝學部助手

2015年起 同大學大學院園藝學研究科教授

專攻農村計畫與政策評估，近年來參與多項食品安全性消費者意識調查研究。授課除了統計學外，也有計量經濟學和消費者行為論等課程。

丸山敦史（Maruyama Atsushi）

【第1章、第2章、第9章、第10章、第11章（大數據）、附錄A】

1972年 生於長野縣長野市

1996年 千葉大學大學院園藝學研究科碩士課程修了

2001年 千葉大學取得博士（學術）學位

2007年起 同大學大學院園藝學研究科准教授

專攻農業經濟學。運用計量經濟學手法，研究領域遍及農業生產、環境評估等。授課除統計學外，也有經濟數學和消費者行動論等課程。

統計學圖鑑

出　　版／楓葉社文化事業有限公司
地　　址／新北市板橋區信義路163巷3號10樓
郵政劃撥／19907596　楓書坊文化出版社
網　　址／www.maplebook.com.tw
電　　話／02-2957-6096
傳　　真／02-2957-6435
作　　者／栗原伸一、丸山敦史
審　　定／陳耀茂
翻　　譯／李貞慧
企劃編輯／陳依萱
校　　對／劉素芬
港澳經銷／泛華發行代理有限公司
定　　價／360元
二版日期／2023年9月

國家圖書館出版品預行編目資料

統計學圖鑑 / 栗原伸一, 丸山敦史作 ; 李貞慧翻譯. -- 初版. -- 新北市 : 楓葉社文化, 2019.05　面 ;　公分

ISBN 978-986-370-196-5（平裝）

1. 統計學

510　　108003287